Rick Joyner
ENTWICKLE DEINE
FÜHRUNGSQUALITÄTEN

Rick Joyner

Entwickle deine Führungsqualitäten

Die fünf Säulen des Erfolges

Projektion J Buch- und Musikverlag GmbH, Wiesbaden

Titel der Originalausgabe:
*Leadership, Management
and the Five Essentials for Success*

© 1990/1994 by Rick Joyner
MorningStar Publications
16 000 Lancaster Hwy.
Charlotte, North Carolina 28 277

© 1994 der deutschen Ausgabe
by Projektion J Buch- und Musikverlag GmbH
Niederwaldstr. 14, 65187 Wiesbaden

ISBN 3-89490-021-0

Übersetzung: Margit Lange
Umschlaggestaltung: Büro für Kommunikationsdesign
Wolfram Heidenreich, Haltern am See
Satz: Projektion J Buch- und Musikverlag GmbH, Wiesbaden
Druck: Schönbach-Druck GmbH, Erzhausen

Die Bibelstellen wurden der Einheitsübersetzung entnommen.

Nachdruck, auch auszugsweise, nur mit Genehmigung des Verlages.

1   2   3   4   97 96 95 94

INHALT

Kapitel 1: Was heißt: Führungsfähigkeit? .9

Führungsfähigkeit versus Management 10
Der Fehdehandschuh 12
Die unentbehrliche Partnerschaft 12
Führung, die auf Management basiert 13
Friede im Herzen – die Grundlage für den Sieg 15
Arroganz – die Grundlage für den Fehlschlag 15
Krise – Kokon der Großen 16
Niederlage – der Grundstein für spätere Siege 19

Kapitel 2: Das »Titanic-Syndrom« 21

Kapitel 3: Ihr Standpunkt 27

Die vier großen Epochen der Geschichte 27
Eine Grundlage, um die Zukunft zu verstehen 28
Das Verständnis von Wirtschaftskriegen 29
Ein neuer Typus von Führungskräften 30
Der Preis der Veränderung 32
Gott schütze die Demokratie 34
Eine neue Demokratie 35
Die Alternativen 36
Die Natur der Freiheit 38
Wir dürfen Menschen nicht vergessen 39

Kapitel 4: Vision und Planung 43

Eine Vision haben und zielorientiert sein 43
Eine Vision entwickeln 44
Die Fähigkeit, einen Plan zu formulieren 47

Kapitel 5: Charakter, Wille und Weisheit 51

Der Wille, einen Plan umzusetzen 51
Prioritäten einhalten 52
Standhaftigkeit 55
Ausdauer 56
Integrität 56

Mut 58
Loyalität 60
Initiative 60

Kapitel 6: Die Motivation von Menschen 61

Zwei Typen von Führungskräften 62
Die Seele Ihres Unternehmens verstehen 62
Die Quelle der Autorität 65
Eigentum und Motivation 68
Die kommende Veränderung im Kapitalismus 70
Der Leitungsstil des strategischen Rückzuges 71
Das menschliche Ego und die Zerstörung von Imperien 73

Kapitel 7: Sie veränderten den Lauf der Geschichte 77

Die erste Schlacht von Rhodos 78
Der Islam unter Kontrolle 81
Suleiman wird Sultan 82
Die zweite Schlacht von Rhodos 82
Die Güte des Sultans 84
Die Ritter besetzen Malta 85
Die Schlacht von Malta 86
Der Mut von St. Elmo 87
Nichts wird preisgegeben 89
Noch ein Wunder 89
Kein Rückzug 90
Sieg 90
Europa feiert 91
Die Lehre aus dieser Geschichte 91
Der gegenwärtige Stand des Ordens 92

Kapitel 8: Die fünf Säulen 95

Das Gleichgewicht 95
Management im Blick auf Ergebnisse 96
Management einer Sportmannschaft 97
Management einer Armee 98
Management eines Wirtschaftsunternehmens 98
Ein Balanceakt 99
Einfachheit in der Verschiedenartigkeit 100

Kapitel 9: Das Produkt 103

Die moralische Bedeutung des Produktes 103
Die erste Begeisterung aufrechterhalten 104
Zwei große Führungspersönlichkeiten 105
Ihr Produkt sind Sie 106
Das Fundament wahrer Größe 107
Die praktischen Prinzipien des Produktes 108

Kapitel 10: Verwaltung – Teil I 111

Das Wachstum kontrollieren oder den Krebs bekämpfen 111
Überlastung – Freund oder Feind? 112
Der Belohnungsfaktor 113
Der Hauptgeschäftsführer 113
Hartnäckigkeit, die von Flexibilität gemildert wird 114
Zwei Arten von Leiterschaft 115
Der Aggressor 115
Der Konservative 117
Not macht erfinderisch 118
Gefährlicher Wohlstand 119
Effektivität im mittleren Management 120
Geprüfter Glaube 121
Die Prüfung der Freiheit 123

Kapitel 11: Verwaltung – Teil II 125

Der erfolgreiche Nicht-Manager 125
Unser größtes Plus 126
Der erste Schritt, um Leiter heranzubilden 126
Der Umgang mit der Zeit 127
Zusammenfassung 131

Kapitel 12: Marketing 133

Strategische Forschung 133
Das Ziel treffen 134
Die »Einer für alle, alle für einen«-Falle 136
Bitte nur Fakten 137
Die beste Werbung 138
Hochrangige Unterstützung 138

Ehren Sie Ihre Botschafter 139
Die grundlegende Fertigkeit 140
Der richtige Anfang 140
Die Charakterzüge des perfekten Verkäufers 141
Verteilung 144

Kapitel 13: Ressourcen 147

Das Leben steckt im Blut 147
Hilfreiche Fachkräfte 148
Häufige Fehler 149
Die Kunst der Investition 152
Der Zeitwert des Geldes 153
Weisheit im Umgang mit Schulden 154
Antizyklisch investieren 155
Das Kursdurchschnittsverfahren 156
Eine Warnung 158
Die andere Seite der Schulden 158
Positives Inkasso 159
Negatives Inkasso 160
Zusammenfassung 160

Kapitel 14: Zeitplanung 163

Ein Aal wird zum Hai 164
Mut zur Geduld 165
Mut zur Entschlossenheit 166
Zusammenfassung 166

Kapitel 1

Was heißt: Führungsfähigkeit?

Führungsfähigkeit ist eine der bedeutendsten Kräfte der Menschheit. Mit ihrer Hilfe übernahm Napoleon, ein unbekannter Soldat aus Korsika, ein bankrottes und vom Kriege verwüstetes Frankreich und besiegte die mächtigsten Nationen auf Erden, so daß er zu seiner Zeit Europa beherrschte. Mit ihrer Hilfe brach ein bescheidener Rechtsanwalt aus Indien namens Gandhi die Stärke und den Willen des mächtigsten Königreiches der Welt und schuf eine neue Nation – ohne dabei einen einzigen Schuß abzufeuern oder ein politisches oder militärisches Amt innezuhaben. Mit ihrer Hilfe übernahm ein frommer Landedelmann namens Robert E. Lee während des amerikanischen Bürgerkrieges die hungrige und schlecht ausgerüstete Südstaatenarmee und brachte die Welt zum Staunen, als er trotz aller Widrigkeiten Sieg um Sieg errang.

Mit dieser Gabe wählte ein bescheidener Zimmermann aus einer verachteten Stadt in einer verachteten Nation ein Dutzend der am wenigsten für Leitungspositionen geeigneten Kandidaten – Fischersleute, unzufriedene und einfache Menschen, die sich wenig um Religion zu scheren schienen – und setzte mit ihnen die stärkste moralische Kraft frei, welche die Welt je gesehen hat. Durch Führungsqualitäten hinterließ dieses Sammelsurium von Männern und Frauen für ihren Leiter einen so starken Eindruck auf dieser Welt, daß wir sogar unsere Zeitrechnung an ihm orientieren.

Unabhängig von der eigenen religiösen Einstellung gehören die Errungenschaften von Jesus und seiner kleinen Schar doch zu den außergewöhnlichsten Beispielen für die Fähigkeit, Menschen zu führen, die es je gab. Obwohl sie schon zahlreiche Steinigungen, Mißhandlungen und ununterbrochene Verfolgungen über sich ergehen lassen mußten und sie zudem ohne Waffen und Gefolgschaft kamen, flößten zwei der Gefolgsleute dieses Zimmermannes den Repräsentanten der damals wichtigsten Weltmacht solche Furcht ein, als sie in eine Stadt hineinhumpelten, daß jene ausriefen: »Die den ganzen Weltkreis in Aufruhr versetzt haben, sind nun auch zu uns gekommen!« Nachdem er schließlich festgenommen worden war, schrieb eben dieser Paulus einige Briefe aus seiner Gefängniszelle – wohl kaum eine bedeutende literarische Leistung, doch keine anderen Worte, die je niedergeschrieben wurden, haben die Welt in solch einem Maße beeinflußt wie diese kurzen Briefe, die heute als kanonisierter Teil der biblischen Schriften unsterblich geworden sind.

Es ist eine sehr ehrfurchtgebietende Kraft, die uns Menschen mit der »Führungsfähigkeit« anvertraut ist. Doch gerade weil sie uns anvertraut ist, tun wir gut daran, sie auch zu verstehen. Wir werden diese Fähigkeit entweder gebrauchen oder von ihr gebraucht werden. Dieses Problem ist von fundamentaler Bedeutung für das Verständnis der Welt und des eigenen Platzes in ihr. »Führung« beeinflußt das Leben eines jeden Menschen jeden Tag, ganz unabhängig davon, ob uns das gefällt oder nicht und ob wir es verstehen. Leitungsprinzipien zu verstehen kann die Möglichkeit freisetzen, über das Gewöhnliche und Alltägliche hinauszuwachsen, um auf dieser Erde wirklich etwas zu verändern.

Die Fähigkeit zu führen umfaßt mehrere Eigenschaften mit dem Ziel, einem Menschen sowohl Scharfblick als auch Effektivität beim Erreichen seiner Ziele zu verleihen. Der effektive Leiter wird nicht nur die Weitsicht besitzen, um die Zukunft wahrzunehmen, er wird auch die Weisheit, den Mut und die Entschlossenheit haben, um sie zu beeinflussen. Man könnte sogar die Behauptung wagen, daß nichts in dieser Welt je ohne die Fähigkeit zu führen erreicht worden ist – jedes Voranschreiten der Menschheit hat mit Persönlichkeiten zu tun, die führen konnten. Ihr eigenes Voranschreiten wird davon abhängen, in welchem Ausmaß Ihnen Führungsqualitäten innewohnen.

Führungsfähigkeit versus Management

Um die »Fähigkeit zu führen« richtig zu verstehen, müssen wir sie zuerst vom »Management« unterscheiden. Management und Führungsfähigkeit miteinander zu verwechseln hat bei manch einem Unternehmen dazu geführt, daß es hinter seinem Potential zurückblieb und in vielen Fällen sogar gänzlich scheiterte. Diese Verwirrung ist die Ursache für einen Großteil der Mißerfolge und der Schwächung der westlichen Wirtschaftskraft in der letzten Zeit. Sowohl Leitung als auch Management sind für die Verwaltung fast eines jeden Unternehmens notwendig, doch sie müssen als zwei verschiedene Dinge erkannt werden und auf ihren eigenen Autoritätsbereich beschränkt bleiben.

Die Eigenschaften, die eine Person zu einer echten Führungspersönlichkeit machen, werden häufig bewirken, daß dieselbe Person zu einem schlechten Manager wird. Die Eigenschaften, die ein guter Manager braucht, können zugleich verhindern, daß jemand ein effektiver Leiter wird. Deshalb geben gute Führungscharakteristika noch keine Garantie dafür ab, ein erfolgreicher Leiter zu werden. Um eine erfolgreiche Führungspersönlichkeit zu sein, muß man wissen, wie man gute Manager aussucht. Das fehlende Bewußtsein für die Notwendigkeit, auf Menschen mit unterschiedlichen Begabungen angewiesen zu sein, war der Grund dafür, daß einige wirklich hervorragende Führungspersönlichkeiten ihre Umgebung nur für kurze Zeit in Bann gehalten haben, um dann wie ein ausgebrannter Feuerwerkskörper zu verpuffen, eben weil ihnen die Grundlage für einen beständigen Erfolg fehlte.

Manager müssen detailorientiert sein, um Erfolg zu haben; Führungspersönlichkeiten müssen konzeptorientiert sein, die Fähigkeit besitzen, die großen Zusammenhänge zu sehen. Ein guter Leiter ist gewöhnlich kein Freund von Details; für einen guten Manager dagegen kann es leicht ein Problem sein, über Einzelheiten hinauszublicken. Natürlich gibt es hier auch Ausnahmen. Es gibt erfolgreiche Manager mit den Fähigkeiten einer Führungspersönlichkeit und Leiter mit guten Managementqualitäten. Dennoch werden wir umso effektiver sein, je ungeteilter wir unsere Aufmerksamkeit unseren ausgeprägtesten Gaben widmen.

Wenn man zu sehr mit den Einzelheiten beschäftigt ist, wird es schwierig, die großen Zusammenhänge zu erkennen. Wenn man seine Aufmerksamkeit ganz auf die großen Zusammenhänge richtet, ist es ebenso schwierig, die Einzelheiten wirkungsvoll im Blick zu behalten. Die effektivste Art der Leiterschaft entspringt aus einer Partnerschaft zwischen denen, die leiten und denen, die managen, einer Partnerschaft, die es jedem erlaubt, sich auf seine persönliche Rolle zu konzentrieren.

Beinahe jedes große Unternehmen ist von einer Führungspersönlichkeit gegründet worden, nicht von einem Manager. Nichtsdestotrotz ist fast jedes Unternehmen, das über seinen Gründer hinaus Bestand hatte, später von einem Manager übernommen worden. Hierfür kann man hauptsächlich zwei Gründe anführen:

1. Es gibt sehr wenig Führungspersönlichkeiten, die es schaffen, sich innerhalb einer Hierarchie mit ihren besonderen Regeln hochzuarbeiten.
2. Die meisten Führungspersönlichkeiten sind schlechte Manager und begreifen nicht, daß eine Partnerschaft mit Managern notwendig ist; deshalb wird das Unternehmen ein dringendes Bedürfnis dafür entwickeln, eine Zeitlang einen Manager an der Spitze zu haben.

Wenn der Manager dann das Steuer übernimmt, werden Rentabilität und Effizienz normalerweise für eine gewisse Zeitspanne ansteigen, doch wird sich die Weiterentwicklung unter dem Managertyp unausweichlich verlangsamen und so künftige Erfolge aufs Spiel setzen. Dann greift die Organisation für gewöhnlich wieder auf einen Leitertypen als ihren nächsten Spitzenmann zurück. Die meisten Organisationen, angefangen bei Wirtschaftsunternehmen bis hin zu Kirchengemeinden, die schon seit geraumer Zeit existieren, wechseln andauernd zwischen Manager- und Leitertypen an der Spitze ab.

Der Fehdehandschuh

Das Aufstiegssystem in einer typischen Hierarchie – die meisten menschlichen Unternehmen sind hierarchisch strukturiert – erschwert es einer Person mit guten Führungsqualitäten, zu einer Stellung auf der Leitungsebene aufzusteigen. Die niedrigeren Stufen einer Hierarchie belohnen Managementqualitäten normalerweise mehr als die Fähigkeit zu führen. Ein Leiter wird nur selten die Managementfähigkeiten gut genug beherrschen, die erforderlich sind, um im System vorwärts zu kommen – außer, wenn er sich ganz auf die Eigenschaft konzentriert, die am meisten vonnöten sein wird, wenn er tatsächlich seinen Platz auf der Leiterebene einnehmen will – die Disziplin.

Die am Detail orientierten Managementfähigkeiten, die ihrer Natur so fremd sind, müssen von einer Führungspersönlichkeit verstanden werden, wenn sie eine effektive Zusammenarbeit mit jenen sucht, deren Arbeit für ihren Erfolg als Leiter so wesentlich ist. Die typische Hierarchie stellt selbst für eine begabte Führungspersönlichkeit eine große Hürde auf dem Weg zum Aufstieg dar, doch diejenigen, die den Aufstieg schaffen, werden auch die sein, die am besten für ihre Aufgabe vorbereitet sind. Selbst wenn sie mühsam und langweilig ist, sollte der potentielle Leiter die Hierarchie als eine Art Kokon für sich betrachten. Es ist der harte Kampf, den der Schmetterling ausfechten muß, um aus seinem Kokon freizukommen, der ihm die nötige Stärke dafür verleiht, seine wunderbaren Flügel zu gebrauchen. In ähnlicher Weise bereitet der Kampf des potentiellen Leiters, der notwendig ist, um an die Spitze zu gelangen, ihn für die große Verantwortung, die Leiterschaft bedeutet, vor.

Die unentbehrliche Partnerschaft

Um vorwärtszukommen ist es unentbehrlich, daß man über die gegenwärtigen Grenzen unserer Zeit hinausblicken kann. In diesem Bereich fühlt sich die wahre Führungspersönlichkeit zu Hause, aber der Manager hat hier seine Schwierigkeiten. Ein Manager sieht das, was *ist*, während ein Leiter immer nach dem sucht, was *sein könnte*. Beide Eigenschaften sind notwendig, um einen vollständigen Eindruck von einer Sache zu bekommen; die eine Eigenschaft ohne die andere wird letztendlich zur Mittelmäßigkeit oder zum Scheitern verurteilt sein. Wenn die Manager Leiterschaft verstehen würden und die Leiter Management, gäbe es mit großer Wahrscheinlichkeit weit weniger Verfallserscheinungen in der Wirtschaft, und sowohl Führung als auch Management wären effektiver.

Es ist die Aufgabe des Führenden, den Managern Richtung, Vision und Inspiration zu geben. Ganz unabhängig davon, wie gut eine solche Führungspersönlichkeit ist, wird sie doch ohne gute Manager nicht effektiv arbeiten können. Der Grad ihres Erfolges oder Mißerfolges wird von der Qualität der Manager abhängen, die sie für ihr Unternehmen gewinnt. Die Eigenschaften und Fähigkeiten ihrer Leute einzuschätzen und sie richtig einzusetzen, ist genauso wichtig für das Erreichen der gesetzten Ziele wie die Verfolgung einer Vision und die Suche nach anderen Resourcen, die das Unternehmen benötigt. General Robert E. Lee war einer der großen militärischen Führer der Geschichte und General »Stonewall« Jackson einer der größten militärischen Manager aller Zeiten. Als Team kamen sie der Unbesiegbarkeit wohl so nahe wie keine zwei Generäle je zuvor. Es war eine einfache Koalition; Lee war derjenige, der bestimmte, was zu tun war, und Jackson war derjenige, der bestimmte, wie man es am besten ausführte.

Keiner dieser beiden berühmten Generäle hätte wahrscheinlich jemals solch große Erfolge, wie sie es als Team schafften, ohne den anderen erzielt. Lee hätte niemals ein solch großer Heerführer sein können, wenn Jackson nicht die Last des Managements auf sich genommen hätte. Mit Jackson konnte sich Lee auf den Bereich konzentrieren, in dem seine Stärken lagen – nämlich die großen Zusammenhänge zu erkennen. Ohne Lee wären Jacksons Fähigkeiten, Strategien in Kraft zu setzen, vielleicht unbemerkt geblieben oder zu wenig genutzt worden. Diese beiden Menschen verliehen einander Größe und gaben dem jeweils anderen die Gelegenheit, sein volles Potential zu entfalten. Solche Teams sind selten, aber sie wären wahrscheinlich weiter verbreitet, wenn wir nur die Einsicht hätten, die Qualitäten und das Potential unserer Mitarbeiter zu sehen und ihnen Möglickeiten gäben, sich einzubringen.

Lee war auch ein sehr guter militärischer Manager, und Jackson war sicher eine herausragende Führungspersönlichkeit. Diese Fähigkeiten schließen sich nicht immer gegenseitig aus, doch die meisten führenden Männer und Frauen, die Erfolg hatten, erreichten dies mit der Unterstützung von begabten Managern, die es ihnen ermöglichten, sich auf die großen Zusammenhänge zu konzentrieren. Obwohl Ausnahmen hierzu selten sind, lebten zwei, die in der Geschichte besonders herausragten, bemerkenswerterweise zur gleichen Zeit und traten einander in einer der größten Militärschlachten aller Zeiten gegenüber – Napoleon und Wellington, die in der Schlacht von Waterloo aufeinandertrafen.

Napoleon war eine Ausnahmeerscheinung, der Typ einer Führungspersönlichkeit, den es nur alle paar Jahrhunderte einmal gibt. Er war nicht nur ein großes militärisches Genie, er war auch ein politisches Genie. Diese Kombination ermöglichte es ihm, das Zeitalter, in dem er lebte, zu beherrschen, und den Lauf der Geschichte nach ihm in einem hohen Maße mitzubestimmen. Einige seiner militärischen Innovationen bilden die Grundlage für moderne Militärstrategien. Einige seiner politischen Innovationen spielen die gleiche Rolle auf dem Gebiet von Regierung und Gesetzgebung.

Führung, die auf Management basiert

Napoleons große Begabung für Militärstrategie beruhte in der Tat auf seiner großen Begabung für militärisches Management. Genauso basierte seine große Begabung für politische Leitung auf seiner großen Begabung für politisches Management. Napoleon können wir als Studie dafür heranziehen, wie diese selten in einer Person vereinte Kombination von herausragenden Führungsqualitäten und herausragenden Fähigkeiten im Bereich des Managements jemanden bis an die äußersten Grenzen der menschlichen Möglichkeiten bringen kann. Die wenigen Führungspersönlichkeiten, die in solcher Weise begabt waren, haben beinahe jede große geschichtliche Epoche dominiert.

Napoleons innovative Militärstrategien basierten auf der Beweglichkeit seiner Truppen. Diese Beweglichkeit beruhte wiederum auf seinen Managementstrategien, welche die Methode rationalisierten, mit der die Truppen ihren Nachschub erhielten. Dies eröffnete strategische Möglichkeiten für Napoleon, welche die gegnerischen Heere noch nicht einmal in Betracht ziehen konnten. Aus diesem Grund war er in der Lage, ein überlegenes Heer schnell zu überwältigen und manchmal sogar mit nur einer einzigen Armee mehrere andere gleichzeitig zu vernichten.

Abgesehen von Wellington, so könnte man sagen, kannte Napoleon in der Kriegsgeschichte nicht seinesgleichen. Doch Wellington war ihm nicht nur ebenbürtig, er war sowohl ein besserer militärischer Führer als auch Manager als Napoleon. Der wahrscheinlich einzige Mann in der Geschichte, der Napoleon auf dem Schlachtfeld aufhalten konnte, war auch der, der ihn tatsächlich aufhielt. Die Wahrscheinlichkeit, daß zwei so bemerkenswerte Männer wie Napoleon und Wellington zur gleichen Zeit lebten und noch viel mehr, daß sie tatsächlich auf dem Schlachtfeld aufeinanderträfen, würde jedweder Berechnung trotzen. Die Schlacht bei Waterloo selbst erfüllte oder übertraf sogar alle Erwartungen an genialem Management und kraftvoller Führung, die jeder der beiden dem anderen zugetraut hätte.

Wellington war ein britischer Offizier, der seine militärische Karriere in Indien begann. Er erlangte gewisse Bekanntheit, indem er mit Klugheit und Innovativgeist Schlachten gewann und Festungen eroberte. Jedoch erntete er nicht sehr viel Respekt, was an der Geringschätzung lag, welche die Öffentlichkeit für seine Gegner hegte. Aufgrund einer bemerkenswerten Verkettung von Umständen wurde er zum Spanienfeldzug nach Portugal und Spanien versetzt und erhielt auch das Oberkommando über diese Unternehmung. Während die niedergeschlagenen Alliierten sich wenig von diesem Feldzug versprachen, überraschte Wellington die Welt damit, daß er Portugal und Spanien befreite, indem er einige von Napoleons Spitzengenerälen und -truppen besiegte.

Wellingtons Siege zusammen mit Napoleons Debakel in Rußland brachten Napoleon ins Exil. Nachdem die Truppen aufgelöst waren, kehrte Wellington nach Großbritannien zurück. Im Frühling des darauffolgenden Jahres kam Napoleon wieder nach Frankreich, sammelte rasch seine loyalen Truppenverbände und marschierte gegen Brüssel. Wellington wurde damit beauftragt, eine schnell aufgestellte alliierte Armee zu kommandieren, die aus unterschiedlichen Truppen mit verschiedenen

Sprachen und streitsüchtigen Generälen bestand, bei denen es sich in manchen Fällen um politische Ernennungen mit wenig militärischem Geschick handelte. Kaum einer seiner Leutnants verstand Wellingtons neu ausgearbeitete Strategien. Die Aufgabe des britischen Generals schien nicht zu bewältigen zu sein. Die Probleme, die ihm auf dem Schlachtfeld begegneten, waren enorm und seine Truppen waren auch zahlenmäßig weit unterlegen.

Friede im Herzen – die Grundlage für den Sieg

Wellingtons Ruhe in der tobenden Schlacht hatte schon einen legendären Ruf bekommen. Bei einer Gelegenheit, als er gerade Order erlassen hatte, von der er meinte, daß sie den Sieg vollbringen würde, sah man ihn sogar dabei, wie er mitten auf dem Schlachtfeld ein kleines Nickerchen hielt. Am Abend vor Waterloo nahm er doch tatsächlich an einem Ball teil. Eine ganze Anzahl seiner Siege wurde seinem persönlichen Erscheinen an den Orten zugeschrieben, wo die Schlacht am heftigsten tobte, um dort seine Truppen anzufeuern, und niemand sah ihn jemals zusammenzucken, selbst wenn die Männer um ihn herum fielen. Wellington räumte ein, daß der Friede, der ihn inmitten solch harter Auseinandersetzungen begleitete, übernatürlichen Ursprunges war, ein Geschenk von oben. In Waterloo wurden ihm sowohl übernatürliche Führungsqualitäten als auch übernatürliches Management abverlangt.

Südlich von Brüssel standen sich 150 000 Männer auf weniger als drei Quadratmeilen Fläche gegenüber. Napoleon empfand nichts als Verachtung für den »Sepoy-General« (*Sepoy* nannte man die eingeborenen Soldaten im früheren anglo-indischen Heer, Anm.d.Ü.), dem er an diesem Tag begegnete; er schien beinahe gelangweilt von der sich zusammenbrauenden Schlacht und freute sich schon auf das festliche Abendessen in Brüssel an diesem Abend.

Arroganz – die Grundlage für den Fehlschlag

Abgesehen von seiner Geringschätzung der Fähigkeiten seines Gegners wußte Napoleon, daß er zahlenmäßig bedeutende Vorteile an Truppen und Gewehren hatte. Er stand an diesem Morgen erst spät auf, stellte seine Truppen beinahe gleichgültig auf und begann die Schlacht erst nach elf Uhr. Dieser schlechte Zeitplan war wahrscheinlich der einzige strategische Fehler, den Napoleon an diesem Tag beging, aber es war auch der einzige, den Wellington brauchte.

Ein biblischer Sinnspruch besagt: »Hochmut kommt vor dem Fall«, und das erklärt den Untergang von vielen großen Führern in der Geschichte. Napoleon gibt uns in Waterloo eines der eklatantesten Beispiele für diese Wahrheit. Vorausgehende Erfolge können der Same für die endgültige Zerstörung sein, wenn sie zu Arroganz führen.

Als die Sonne schon hoch am Himmel stand, ordnete Napoleon seine Artillerie und begann mit einer der größten Kanonaden, die uns je überliefert wurde. Doch dann brach über dem Schlachtfeld ein gewaltiges Gewitter aus, das ddie Kanonen zum Verstummen und die Franzosen völlig aus der Fassung brachte. (Das Phänomen solcher Gewitter hatte einige von Wellingtons wichtigsten Siegen begleitet; er selbst war überzeugt, daß es sich um ein Eingreifen Gottes handelte.) Der sintflutartige Regen weichte das Schlachtfeld so sehr auf, daß die Kanonenkugeln einiges von ihrer tödlichen Sprengkraft einbüßten, da der Erdboden sie einfach verschluckte. Der Schlamm verringerte auch Napoleons Beweglichkeit. Dies war nur der Anfang einer ganzen Anzahl von »Wundern«, die Wellington an diesem Tag benötigen und auch erhalten würde. Aber es waren nicht nur die Wunder, die ihn retteten; er war ein Mensch, der die Bereitschaft besaß, jedes Fünkchen Hilfe, das er von den Menschen um ihn herum auch nur bekommen konnte, auf hervorragende Art und Weise zu ergreifen und einzusetzen.

Krise – Kokon der Großen

Den ganzen Tag lang strömten die verwundeten und in die Flucht geschlagenen alliierten Soldaten nach Brüssel hinein. Jede neue Gruppe lieferte denselben Bericht – Wellington war geschlagen und die Franzosen waren nur kurz hinter ihnen. Sicherlich kann man ihre Aussagen verstehen. Zu jedweder Zeit an diesem Tag hätte man die Lage der Alliierten betrachten und feststellen können, daß sie aussichtslos war. Ein General berichtete später: »Vom Mittag bis zum allerletzten Augenblick der Schlacht befanden wir uns in einer pausenlosen Krisensituation.«

Gerade unter solchem Druck brillierte Wellington. Er schien allgegenwärtig. Er befand sich immer am ärgsten Krisenherd und gab dort seinen Männern Anweisungen und munterte sie auf. Er behielt den Überblick über die ganze Schlacht, während er gleichzeitig einzelne Regimenter persönlich dirigierte. Er behielt jeden »Bauern« in diesem todbringenden Schachspiel im Auge. Er schien immer zur rechten Zeit aufzutauchen, mit gerade genug Männern, mit gerade genug Entschlossenheit, um der Katastrophe mit knapper Not zu entgehen. Nachdem er ein Loch gestopft hatte, galoppierte er davon zum anderen Ende des Schlachtfeldes, wo er einen anderen Notfall vermutete und für gewöhnlich fand er ihn auch wie erwartet vor. Ein geringerer Mann hätte an jenem Tag ein Dutzend Mal zum Rückzug geblasen oder die Niederlage eingestanden. Napoleon nutzte jeden Vorteil auf exzellente Weise aus, aber wiederholt wurde ihm im letzten Moment Einhalt geboten.

Als der Nachmittag zur Hälfte um war, begann Napoleon zu vermuten, daß der »Sepoy-General« doch einige Fähigkeiten aufwies. An jenem Morgen hatte Napoleon seinen Leuten gesagt, daß die Chancen zehn zu eins standen, daß sie vor Anbruch der Nacht in Brüssel sein würden. Am Nachmittag räumte er denen gegenüber, die um ihn versammelt waren, ein, daß die Chancen nun nur noch sechs zu vier waren.

Schließlich überwältigte Napoleons General Ney die weit in der Minderzahl befindlichen Alliierten und nahm strategischen Boden mitten in Wellingtons Stellung ein. Die von den Alliierten am meisten gefürchtete Katastrophe war eingetroffen. Napoleon nutzte diesen Vorteil mit aller Gerissenheit aus. Nun würde er ihnen sicherlich den Todesstoß versetzen – er sandte seine berühmte *Alte Garde* in das klaffende Loch in Wellingtons Zentrum.

In keiner ihrer vielen Schlachten war die Garde je zurückgedrängt worden. Beide Armeen standen erschrocken dabei, als sie in Paradeformation ihren massiven Angriff quer über das Feld begannen. Wellington war vielleicht der Einzige auf dem ganzen Schlachtfeld, der sich selbst in diesem Augenblick eine Chance gab. Überraschenderweise fand man ihn so zuversichtlich und ruhig wie immer. Ein Kanonenschuß flog über den Nacken seines Pferdes und trennte das Bein seines zweiten Kommandeurs ab. Wellington beugte sich einfach hinüber und schüttelte die Hand des Generals, um ihm sein Beileid zu bezeugen, dann galoppierte er davon an einen anderen strategisch wichtigen Punkt.

Als sich die Garde Wellingtons Zentrum näherte, winkte er mit der Hand, worauf sich ein Regiment hinter einer Steinmauer erhob, und eine tödliche Gewehrsalve mitten unter die Franzosen prasselte. Darauf tauchte aus einem Maisfeld Kolonel Colbornes Regiment auf. Colbornes General galoppierte zu ihm hinüber, um ihn nach seinem Vorhaben zu fragen. Colborne erwiderte einfach: »Ich werde diese Truppe mein Feuer spüren lassen.« In diesem Augenblick traf Wellingtons Berater mit der Order für Colborne ein, sich aus dem Maisfeld herauszubewegen.

Den ganzen Tag über hatte Wellington bemerkenswerterweise die Stellung jeder einzelnen Brigade und jedes Regiments im Kopf behalten. Trotz der Vielzahl von Krisen, während der er dieses Regiment dringend gebraucht hätte, hielt er es in Reserve bis zum perfekten Zeitpunkt.

Die Schlacht um das Zentrum wurde zu einem Todeskessel. Die *Alte Garde* bekam Colbornes Feuer zu spüren und kam ins Stocken. In diesem Augenblick hörte Colborne eine Stimme neben sich sagen: »Machen Sie weiter, treiben Sie sie in die Enge. Sie schaffen es, treiben Sie sie jetzt in die Enge.« Der Kolonel drehte sich um, um nachzusehen, wer da sprach, und war hocherstaunt darüber, Wellington selbst vorzufinden.

Die ganze französische Armee wurde erschüttert, als sich ihr ein Schauspiel bot, wie sie es noch nie zuvor gesehen hatte – die perfekten Formationen der Garde lösten sich auf, die Sodaten flohen in völliger Unordnung und gaben dabei ihre hervorragende strategische Stellung auf. Nachdem er den ganzen Tag lang bis an seine Grenzen getrieben worden war, wurde Wellingtons verzweifeltste Krise schnell zu seiner einzigen kurzen Gelegenheit zum Sieg – und er ergriff sie. Er sandte seine wenigen verbliebenen Reserven in den Kampf, und genau zur rechten Zeit tauchte die belgische Division auf.

Nur wenige Augenblicke zuvor hatte die Situation völlig hoffnungslos gewirkt, und nun begann die ganze französische Armee auseinanderzubrechen. Die Reserven der Garde sammelten sich zu Quadraten und bezogen Stellung, um den Rückzug zu sichern. Nachdem sie umzingelt waren und man sie aufforderte, sich zu ergeben, lautete ihre Antwort in etwa wie folgt: »Die Alte Garde stirbt, aber sie ergibt sich niemals.« Sie starben, und mit ihnen zusammen starb Napoleons Macht über Europa.

Bei Anbruch der Nacht lagen 50 000 Mann auf dem Schlachtfeld. Über ein Dutzend Männer hatten Wellington an jenem Morgen aufgewartet; am Abend saß er mit seinem einzigen verbliebenen Berater zu Tisch. Er empfand keinen Stolz über den Sieg. Auch an diesem Punkt blieb er seinem schon berühmten Hang zur Untertreibung treu und meinte einfach, daß er nur das getan habe, was jedermann sonst an seiner Stelle auch getan hätte. Diese Tendenz in seinem Wesen erweckte nie den Anschein einer falschen Bescheidenheit und war auch niemals so gemeint; Wellington war ein außerordentlich bescheidener Mensch. Wenn er jemals zu Übertreibungen neigte, dann war das in Verbindung mit seinen Unzulänglichkeiten, nicht mit seinen Errungenschaften. Die wahrhaft Großen müssen nicht ins eigene Horn blasen – andere werden das für sie tun.

Napoleon wurde von seiner eigenen Arroganz besiegt. Wellington war zuversichtlich, aber nie arrogant. Hier existiert ein Unterschied, den jede wahrhaft große Führungspersönlichkeit verstanden hat. Effektive Zuversicht liegt in einer Bescheidenheit gegründet, die eine angemessene Perspektive der eigenen Umstände hervorbringt. Wellingtons Vertrauen in das ihm zugeteilte Schicksal verlieh ihm die Fähigkeit, auch unter dem größten Druck den Frieden im Herzen zu bewahren. Möglicherweise war kein anderer Mensch in der Geschichte jemals solchem Druck ausgesetzt, war mit einer Krise nach der anderen im Laufe eines einzigen Tages konfrontiert, hatte so vieles zu verlieren und vollbrachte so herausragende Leistungen. Selbst der kleinste Fehler oder das geringste Zögern in der Reaktion auf eine einzige dieser Krisensituationen hätte für seine Armee das »Aus« und für Europa schlimme Zeiten bedeuten können.

Die wirkliche Prüfung für einen Leiter wird immer durch eine Krise herbeigeführt, und Krisen wird es für jedermann in einer Leitungsposition geben. Beinahe jeder Geschäftsmann wird früher oder später Entscheidungen zu treffen haben, die Leben oder Tod für sein Unternehmen bedeuten können. Oft ist es so, daß, je erfolgreicher ein Geschäftsmann ist, er desto häufiger solche Entscheidungen treffen muß. Je mehr Erfolgspotential der Entscheidung innewohnt, desto größer wird auch das Potential zum Mißerfolg sein, das sie mit sich bringt.

Jeder Trainer wird Spiele organisieren müssen, die Sieg oder Niederlage bedeuten. Je erfolgreicher der Trainer, desto mehr solcher Spiele wird es für ihn geben, und desto höher wird das Risiko für ihn sein. Es mag vielleicht nicht sehr schwierig sein, die richtige Entscheidung zu treffen oder das richtige Spiel zu organisieren, wenn es wenig zu verlieren gibt; der Unterschied zwischen den wahrhaft Großen und den Übrigen besteht allerdings in der Fähigkeit, dies auch in der Krise zu tun, in der mehr auf dem Spiel steht.

Niederlage – der Grundstein für spätere Siege

Vor etlichen Jahren baute ich in kurzer Zeit ein erfolgreiches Unternehmen auf. Um dies so schnell zu tun, hatte ich Dutzende von Entscheidungen zu treffen, die Fortbestand oder Untergang für das Unternehmen bedeuten konnten. Ich traf einige richtige Entscheidungen, die großen Profit abwarfen. Dann traf ich nur eine schlechte Entscheidung, und dieser einzige Fehler führte letztendlich zum Bankrott des gesamten Unternehmens. Das war ein schmerzhafter und erniedrigender Mißerfolg, doch betrachte ich ihn heute als eine meiner wertvollsten Erfahrungen. Durch diese eine Niederlage lernte ich mehr als durch alle meine Siege zusammen.

Der Baseball-Spieler, der mit dem Potential zum Helden am Schlagmal steht, kann genauso leicht zum Sündenbock werden. Wir müssen die gleiche Entschlossenheit aufrechterhalten, die Wellington an den Tag legte, als er die größte Schlappe des Tages in seine Chance zum Sieg verwandelte. Wenn Sie inmitten einer Krise die Geduld und den inneren Frieden bewahren, werden Sie normalerweise auch eine Gelegenheit erkennen, um die Situation zu Ihrem Vorteil zu nutzen.

In den achtziger Jahren war der rasante Aufstieg der christlichen Mega-Gemeinden und -werke zu beobachten. Es überrascht nicht, daß solche Werke, die so schnell wuchsen, in einer andauernden Krisensituation blieben, schwankend zwischen totalem Vergessenwerden und außergewöhnlichem Wachstum. Nachdem sie eine Vielzahl von Überlebenskämpfen überstanden hatten, begannen einige der größten und erfolgreichsten dieser Werke sich aufzulösen, weil ihre Leiter nur einen schwerwiegenden Fehler begangen hatten. Es gäbe eine Vielzahl von Beispielen dafür anzuführen, wie ein Augenblick der Schwäche und des eingeschränkten Urteilsvermögens dazu in der Lage ist, viele Jahre harter Arbeit zu zerschlagen, die während vieler Krisensituationen auf gutem Urteilsvermögen und effektivem Führungsstil aufgebaut waren.

Mit dem Erfolg geht die Macht einher, und Macht bringt unausweichlich eine schleichende Aufweichung unseres Urteilsvermögens mit sich, eine scheinbare Unbesiegbarkeit, die oft tödliche Täuschung ist. Eine der wichtigsten Eigenschaften in Wellingtons Charakter war seine Fähigkeit, zuversichtlich zu sein, ohne sich selbst höher zu bewerten, als dies angebracht war. In den Briefen, die der Apostel Paulus aus dem Gefängnis schrieb, sprach er eine äußerst passende Warnung an diejenigen in Führungspositionen aus: »Wer also zu stehen meint, der gebe acht, daß er nicht fällt« (1 Kor 10,12). Diese eingebildete Unbesiegbarkeit könnte man auch das »Titanic-Syndrom« nennen.

*Wenige sind klug genug,
auch etwas anderes zu sehen als das,
was sie in den Trends und den um sie herum
geschehenden Ereignissen sehen wollen.*

Kapitel 2

Das »Titanic-Syndrom«

Als sie gebaut wurde, galt die *Titanic* als ein Symbol für den Überfluß und das Gefühl der Unbesiegbarkeit, welches das Britische Imperium in jenen Tagen prägte. Sie spiegelte die Extravaganz und Arroganz jener Epoche genauso wider wie den Glauben, daß nichts deren expandierende Weltwirtschaft und Weltherrschaft zum Sinken bringen konnte. Nur wenige hatten zu jener Zeit eine Ahnung davon, daß sich die Welt in knapp zwei Jahren im Kriegszustand befinden würde, und daß ihr unbesiegbares Imperium kurz davor stand, auf einen Eisberg aufzulaufen, der ihnen letztendlich das gleiche Ende bescheren würde wie allen menschlichen Imperien vorher. Die Reichen und Berühmten der Welt strömten für die Jungfernfahrt an Deck der *Titanic*. Weil sie in keinem Moment daran dachten, daß diese sinken könnte, fuhren sie mit unbekümmerter Begeisterung kühn mitten in gefährliche Gewässer. Dieser »unversenkbare« Stolz des Imperiums offenbarte sich als unglaublich zerbrechlich – genau wie das Imperium selbst, genau wie eben jedes Imperium. Arroganz kann die größte Schwäche von allen sein.

In bezug auf die gegenwärtige Weltwirtschaftslage ist schon oft wiederholt worden, daß das, was 1929 passiert ist, nie wieder vorkommen könnte, und die meisten schenken dieser Aussage auch Glauben. Experten sagen, daß es dafür zu viele Schutzvorrichtungen gibt – stärkere Reserven der Föderalregierung, höhere Deckungsanforderungen an Spekulanten und Institutionen, die Bundeseinlagenversicherung, die Bundesversicherung für das Spar- und Kreditwesen, usw. Glauben Sie das nicht eine Minute lang! Wir sind heute anfälliger für eine weltweite Wirtschaftskatastrophe als je zuvor in der Geschichte, und wir fahren fröhlich auf dem verräterischsten aller Meere dahin.

1929 besaßen U.S.-amerikanische Unternehmen $ 1,54 in bar für jeden $ 1,00 an Schulden. Gegenwärtig besitzen sie weniger als $ 0,15 in bar für jeden Dollar Schulden. Wenn wir damit anfangen, die Schulden Einzelner und der Dritten Welt zu messen, ganz abgesehen von dem riesigen staatlichen Defizit, beginnen die wirtschaftlichen Eisberge auf unserem Weg völlig unpassierbar auszusehen. Die staatlichen Reserven, die Bundeseinlagenversicherung und all die anderen Schutzvorrichtungen gleichen Rettungsbooten, die vielleicht einigen wenigen helfen können, aber sie sind gänzlich unangemessen für die Reise, auf der wir uns befinden. Die Eigentümer der *Titanic* meinten, daß sogar die Hälfte der Rettungsboote, die ein Schiff ihrer Größe mit sich führen sollte, überflüssig war; schließlich konnte sie ja nicht sinken! Die Führungskräfte von heute segeln mit der gleichen Verachtung für die Vernunft dahin, während sie sich ihres Einfallsreichtums rühmen, ein Schiff konstruiert zu haben, von dem sie glauben, daß es nicht sinken kann. Wir dürfen nicht zulassen, daß die Euphorie über den offensichtlichen Zusammenbruch des Kommunismus uns dazu bringt, uns nun ganz und gar der Täuschung hinzugeben, die uns schon ergriffen hat.

Demokratie ist die gerechteste und wohlmeinendste Regierungsform, die je von Menschen geschaffen wurde, doch ist sie keineswegs die effizienteste. Ihre Natur erschwert es Menschen in Verantwortung, Probleme anzupacken, bevor sie zu Krisen ausgewachsen sind. Aufgrund des Prozesses, der notwendig ist, um in einer Demokratie gewählt zu werden, erhalten die, welche die besten Qualifikationen entweder für einen Posten in der Leitung oder im Management besitzen, selten eine Chance. Im geschichtlichen Rückblick betrachtet waren wir mit gerade ausreichend Männern und Frauen gesegnet und das zur rechten Zeit, um nicht unterzugehen, als die Krisensituationen über unsere Köpfe hereinbrachen. Die gegenwärtige finanzielle Krise besitzt das Potential, die gefährlichste zu sein, mit der wir je konfrontiert wurden.

Als die *Titanic* mit dem Eisberg zusammenstieß, verursachte dies einen äußerst beunruhigenden Stoß. Beinahe jedermann bemerkte ihn, doch nach wenigen Minuten ging die Party weiter. Angefangen beim Kapitän bis hin zum letzten Dritte-Klasse-Passagier kam niemand auf den Gedanken, daß die meisten von ihnen in knapp zwei Stunden auf dem Meeresgrund liegen würden. Das Schiff war so groß und gemütlich, und alle »Experten« sagten, daß es unsinkbar sei. Es war nicht der Eisberg, der die *Titanic* versenkte – es war die arrogante Selbstsicherheit. Weise und entscheidungsfreudige Führungspersönlichkeiten hätten die Katastrophe verhindern können; vielleicht können sie uns heute noch retten.

Historiker geraten ins Staunen über die sich immer aufs neue wiederholenden Zyklen menschlichen Irrtums. Wenige schaffen es, aus diesen Zyklen auszubrechen. Wenige sind klug genug, auch etwas anderes zu sehen als das, was sie in den Trends und den um sie herum geschehenden Ereignissen sehen *wollen*. Diejenigen in Verantwortung fühlen sich durch die Natur ihrer Macht dazu gezwungen, Problemen einen möglichst positiven Anstrich zu geben. Nur die mutigsten Leiter sind in der Lage, die Warnungen zu hören und etwas zu unternehmen. Imperium um Imperium, Nation um Nation, Firmen, Organisationen, Kirchen und Familien versagen weiterhin, weil ihre Leiter sich weigern, Problemen ins Auge zu sehen, bevor diese außer Kontrolle geraten sind.

Roger Smith, der frühere Vorstandsvorsitzende von General Motors, sagte nach dem Börsenkrach vom 19. Oktober 1987: »Das war nicht nur ein wenig Bauchweh, was wir hier in unserem Land hatten; das war ein echter, ärztlich bescheinigter Herzinfarkt! Wenn Sie das nicht als Herzinfarkt erkennen, und wenn Sie nicht anfangen, Ihre Ernährung umzustellen und mit der Gymnastik zu beginnen, können Sie leicht einen zweiten bekommen, und der könnte tödlich sein.«

Es gibt viele Parallelen zwischen der Wirtschaft und der Arbeit eines Motors, weswegen man die Wirtschaft oft als solchen bezeichnet. Als Langstreckenpilot war eines der ersten Dinge, die ich lernte, auf meine Motorinstrumente achtzugeben und zu wissen, was sie mir jeweils anzeigten. Selbst wenn bestimmte Systeme innerhalb ihrer Toleranzgrenzen blieben, konnten doch gewisse Tendenzen ernsthafte Probleme ankündigen. Wenn unregelmäßige Schwingungen auftreten, selbst wenn diese sich in ihren erlaubten Parametern bewegen, so kann es doch passieren, daß der Motor nicht nur stoppt, sondern sogar explodiert! Die wirtschaftlichen Instrumente der ganzen Welt befinden sich nicht nur in wilden Schwingungen, sondern sie haben schon vor langer Zeit ihre sicheren Parameter bei weitem überschritten.

Der Grad der Selbstgefälligkeit der Leiter auf der *Titanic* war völlig unverständlich und ganz klar der Grund für das Unglück. Kapitän Smith und seine Mannschaft erhielten zahlreiche Warnungen in bezug auf das Eisfeld, das direkt auf ihrer Route lag – und sie verlangsamten noch nicht einmal ihre Fahrt! Selbst wenn die *Titanic* unsinkbar gewesen wäre, so hätte doch der frontale Zusammenstoß mit einem Eisberg großen Schaden angerichtet und wahrscheinlich auch Leben aufs Spiel gesetzt. Doch Smith ignorierte die Gefahr und erhielt ein unvorstellbar falsches Gefühl von Sicherheit aufrecht. Wenn wir den Kurs der westlichen Wirtschaftspolitik der letzten paar Jahrzehnte betrachten, erscheinen uns die Parallelen frappierend. Was denken sich wohl unsere führenden Leute dabei?

Die Mannschaft der *Titanic* hatte niemals eine richtige Rettungsübung abgehalten. Sie besaßen keinen Plan für eine ordentliche Führung der Passagiere zu den Rettungsbooten hin, und die meisten Mitglieder der Mannschaft wußten noch nicht einmal, wie man die Boote ins Wasser ließ. Jede Einzelheit mußte geplant und gelernt werden, während das Schiff unter ihren Füßen wegsank. Es ist offensichtlich, daß dies zu einem viel größeren Verlust an Menschenleben führte als ohnedies zu erwarten gewesen wäre. Viele Boote wurden nur teilweise gefüllt ins Wasser gelassen, in einem saßen nur zwölf Personen, während Hunderte von Passagieren von der Mannschaft unter Deck festgehalten wurden. Das ganze Schiff war von den Ereignissen jener schicksalshaften Nacht ohne jede Vorbereitung überrollt worden, und sie bezahlten teuer dafür. Wird es uns in gleicher Weise treffen? Wenn ja, dann werden wir genauso teuer bezahlen. Die Fähigkeit, mit Krisensituationen fertig zu werden, ist für jeden

Menschen in Leitungspositionen notwendig, doch ein noch höheres Ziel sollte es sein, genügend Weisheit zu besitzen, um aktiv zu werden, bevor die Situation einen kritischen Punkt erreicht. Wie viele unserer Krisen sind gar nicht notwendig und in Wirklichkeit das Resultat schlechter Leitung?

Zwei andere Schiffe spielten eine bedeutende Rolle in dem Drama um den Untergang der *Titanic*: Die *Californian* und die *Carpathia*. Die Kapitäne dieser Schiffe spiegeln zusammen mit Smith von der *Titanic* einige der besten und der schlimmsten Eigenschaften von Persönlichkeiten in führenden Positionen wider.

Die *California* besaß einen beherrschten und vorsichtigen Kapitän. Als er von dem Eis in seinem Fahrwasser hörte, verlangsamte er die Fahrt. Als er das Eis dann sah, gab er Order, das Schiff zu stoppen, und wartete auf den Tagesanbruch. Sein Funker begann, die anderen Schiffe in dem Gebiet vor der Gefahr zu warnen. Um 19.30 Uhr wurde seine Warnung von der *Titanic* empfangen und ins Logbuch eingetragen.

Dies war eine der sechs Warnungen, die die *Titanic* an jenem Abend empfing, und jede einzelne wurde mißachtet. Hier zeigt sich die Gleichgültigkeit, die auf der Brücke der *Titanic* herrschte, in ihrem ganzen Ausmaß. Nicht nur der Kapitän, sondern die gesamte Brückenmannschaft empfingen die Warnungen und schenkten ihnen wenig oder keine Aufmerksamkeit. Wenn solch eine Haltung von der Leitung Besitz ergreift, steht der Untergang kurz bevor.

Der für gewöhnlich stürmische Nordatlantik war in jener Nacht erstaunlich still. Mehr als ein Offizier äußerte, daß er das Meer noch nie so ruhig gesehen hatte. Der Erste Offizier Lightoller äußerte bei der Befragung diese Beobachtung, als er erklärte, daß »alles gegen uns war.«

Die friedliche See hatte anscheinend auch die Mannschaft der *Californian* überwältigt. Die Wache auf ihrer Brücke sah, wie die *Titanic* sich in nur wenigen Meilen Entfernung näherte, dann aber plötzlich stoppte. Zuerst dachten sie, daß sie dieselben Vorsichtsmaßnahmen wegen des Eises ergriffen hätte wie sie selbst. Der Kapitän wies die Wache an, ihn zu wecken, falls es irgendwelche Entwicklungen gäbe. Dann feuerte die *Titanic* eine Rakete ab, was auf hoher See immer ein Zeichen von Not bedeutet. Als man ihn weckte, überlegte sich der Kapitän, daß sie wohl einem anderen Begleitschiff Signale gesendet haben mußten, das sie selbst nicht sehen konnten. Der Funker schlief und man weckte ihn nicht einmal, damit er ausprobieren könnte, ob eine Kontaktaufnahme mit der *Titanic* möglich wäre. Schließlich wurden weitere Raketen abgefeuert, und die Mannschaft der *Californian* machte sich mit derselben Erklärung weiterhin etwas vor. Sie beobachteten sogar, wie die *Titanic* sank und erzählten einander, während ihre Lichter schwächer wurden und ins Meer hinabglitten, daß sie davonfuhr! Hätten sie auf das erste Notsignal reagiert, hätte die *Californian* vielleicht all jene retten können, die umkamen.

Die Selbstgefälligkeit der *Titanic* und der *Californian* mag unglaublich erscheinen, aber starren die heutigen politischen und wirtschaftlichen

Führungsleute nicht genauso teilnahmslos auf die kommende Generation? Wenn das letzte Gericht kommt und die ganze Geschichte erzählt wird, werden wir dann dasselbe Urteil über uns ergehen lassen müssen? Wird die Musikkapelle weiter für uns aufspielen, während wir langsam im Meer versinken? Rationalistisches Denken ist ein schwacher Schutzschild für Feiglinge, während Menschen, die den Mut haben, die Warnung auszusprechen, als »Panikmacher« bezeichnet werden und ihre Botschaft als Negativismus.

Das andere Schiff in dem schicksalhaften Drama um die *Titanic* war die *Carpathia* unter Kapitän Arthur H. Rostron. Er war bekannt für seine Fähigkeit, schnelle Entscheidungen zu treffen und diejenigen, die unter ihm dienten, anzuspornen. Er war ein gläubiger Mann, der viel betete. Um 0.35 Uhr stürzte der Funker der *Carpathia* in Rostrons Quartier, um zu berichten, daß die *Titanic* einen Eisberg gerammt hatte. Rostrons Reaktion bewies Charakterstärke – er erließ sofort die Order, die *Carpathia* zu drehen und mit voller Kraft voraus auf die *Titanic* zuzuhalten; dann fragte er den Funker, ob er sich seiner Sache auch wirklich sicher sei! Seine Reaktion bildet einen bemerkenswerten Kontrast zum Verhalten der Mannschaft auf der *Californian*.

Rostron lieferte dann eine packende Demonstration für wirklich gewachsene Führungsqualität – er dachte an alles. Er beorderte den englischen Arzt in den Speisesaal der Ersten Klasse, den italienischen Arzt in den Speisesaal der Zweiten Klasse, den ungarischen in die Dritte Klasse, zusammen mit allen möglichen Ausrüstungsgegenständen und Vorräten, die für Kranke oder Verletzte vonnöten sein könnten. Er rief verschiedene Offiziere zu den verschiedenen Landungsbrücken und instruierte sie, die Namen Überlebender zu erfragen, um sie per Funk weiterzugeben. Sie bereiteten Rollen und Seile mit Sitzschlingen für die Verwundeten vor. Entlang der Seiten des Schiffes wurden Bugseile festgemacht, Bootsschnüre und Zugseile, um die Rettungsboote zu bergen. Die Tore zu allen Landungsbrücken wurden geöffnet. Dann wies er spezielle Offiziere an, die für seine eigenen Passagiere verantwortlich sein sollten, sich um ihre Bedürfnisse zu kümmern und sie aus dem Wege zu halten. Jedermann wurde angewiesen, Kaffee, Suppe und andere Vorräte vorzubereiten. Dann bestimmte er die Offizierskabinen, Rauchzimmer, die Bibliothek, usw. dazu, die Überlebenden aufzunehmen. Stewards wurden geschickt, um die eigenen Passagiere zu beruhigen und ihnen die Aktivitäten zu erklären.

Dann wandte sich Rostron dem größten von allen Problemen zu, dem Eis. Er war mit voller Kraft voraus in dasselbe Feld unterwegs, das die *Titanic* aufgehalten hatte. Es kam für ihn nicht in Frage, die Geschwindigkeit zu drosseln, doch traf er alle Vorkehrungen, um das Risiko für sein eigenes Schiff und die Passagiere zu verringern. Er verstärkte den Ausguck um einen Mann, stellte zwei weitere an den Bug, einen auf jeden Flügel der Brücke, und er blieb auch selbst auf der Brücke. Sein Zweiter Offizier James Bisset bemerkte anschließend, wie der Kapitän eine letzte Maßnahme ergriff, die er für die wichtigste überhaupt hielt – er betete.

Um 2.45 Uhr sah Bisset den ersten Eisberg. Sie steuerten um ihn herum und fuhren weiter. Im Laufe der nächsten Stunde umfuhren sie noch fünf weitere. Um 4.00 Uhr erreichten sie die zuletzt angegebene Position der *Titanic* und begannen, Rettungsboote aufzusammeln. Als die Sonne aufging, bot sich ihnen ein Anblick, den sie niemals vergessen würden – die See war voll von Eisbergen, soweit das Auge reichte. Selbst mit all den Wachtposten hatte die *Carpathia* zahlreiche Eisberge passiert, die sie nicht einmal gesehen hatten.

Die schwierige Rettungsaktion für die Überlebenden der *Titanic* wurde mit solcher Ordnung ausgeführt, daß über allem Friede herrschte. Die Passagiere der *Carpathia* übernahmen den Geist der Selbstaufopferung von der Mannschaft. Die Passagiere der Ersten Klasse überließen ihre eigenen Quartiere den Überlebenden; andere taten, was sie konnten. In einer der dunkelsten Unglücksnächte, die es je auf hoher See gab, stehen der Kapitän der *Carpathia*, ihre Mannschaft und ihre Passagiere als leuchtende Vorbilder für Mut und Heldentum allen vor Augen. Sie sind ein Beispiel dafür, worum es bei echten Führungsqualitäten geht. Sie schliefen nicht, wie andere das taten, und ließen sich nicht von der Ruhe der See zum Narren halten – sie waren vorbereitet und sie unternahmen etwas.

Kapitel 3

Ihr Standpunkt

Ein Freund von mir, Dr. Jack Deere, erzählte einmal von einem kleinen Vorfall, der mir sehr wichtig wurde. Er war zu einem großen Einkaufszentrum gegangen, um ein paar Freunde an einem verabredeten Ort zu treffen. Er betrat das Einkaufszentrum und ging zu einem großen Plan, der die Lage der einzelnen Läden zeigte. Als er den Ort gefunden hatte, wo er seine Freunde treffen sollte, ging er in eine Richtung los, die sich schließlich als falsch herausstellte, weil er es versäumt hatte, zuerst nach dem Pfeil zu suchen, der anzeigt: »*Ihr Standpunkt*«.

Ein Leiter muß sich schon per definitionem irgendwohin bewegen, doch bevor wir uns zu schnell auf den Weg machen, müssen wir herausfinden, wohin wir gehen und von welchem Ort aus wir uns in Bewegung setzen. Dieses Kapitel ist ein Versuch, in einem allgemeinen Sinn aus geschichtlicher Perspektive betrachtet den Pfeil aufzuzeigen, der uns Auskunft über unseren eigenen Standpunkt gibt.

Die vier großen Epochen der Geschichte

Bis jetzt gab es vier große Epochen in der Menschheitsgeschichte. Jede wurde von einer anderen »Machtbasis« dominiert, die der Ära ihre Definition verlieh. Diese Machtbasen waren: *das Militär, die Religion, die Politik* und *die Wirtschaft*. Diese Machtbasen zu verstehen und zu gebrauchen, ist das Fundament, auf dem sich die Führungspersönlichkeiten der Welt bewegen.

Zum Beispiel wurde die Zeitspanne vor dem Kommen Christi von der Militärmacht dominiert. Es war das Zeitalter der Eroberer. Das Christentum wurde zur ersten Religion, die gegen die Militärmacht als Rivale um den Einfluß auf den Lauf der Weltgeschichte auftrat. Im vierten Jahrhundert nach Christi Geburt erkannte der Römische Kaiser Konstantin zu Recht, daß die Machtbasis der Religion die des Militärs sogar noch in den

Schatten stellen würde, was ihren Einfluß anbelangte. Nachdem er gemerkt hatte, daß er sie nicht besiegen konnte, schloß er sich ihr an. (Im Zusammenhang dieses Kapitels bezieht sich die »Religiöse Machtbasis« auf religiöse Institutionen und wird unterschieden vom persönlichen religiösen Glauben.)

Vom vierten Jahrhundert bis in die Renaissance stieg die Religiöse Machtbasis so weit auf, daß sie weltweite Angelegenheiten beherrschte, wobei das institutionelle Christentum im Westen an Macht gewann und der Islam im Osten. Während dieser Zeit wurde Militärmacht als Werkzeug genutzt, um religiöse Herrschaft auszuüben. Sowohl Politik als auch Wirtschaft wurden während dieser Zeit entwickelt und gewannen auch an Einfluß, doch in den meisten Fällen wurden sie genutzt, um der Religiösen Machtbasis zu dienen.

Als sich im sechzehnten Jahrhundert die Politik als eine der Hauptquellen für Einfluß abzuzeichnen begann, wurden Regierungen erfunden und entwickelt, während die Institution des Feudalismus ihre Macht verlor. Zu dieser Zeit wurden die Machtbasen von Militär und Religion zu verlängerten Armen der politischen Mächte. Die Wirtschaft, die seit Jahrhunderten an Macht zugenommen hatte, begann sich im zwanzigsten Jahrhundert als Haupteinflußquelle abzuzeichnen. Mit dem Wetteifern der Polaritäten von Kommunismus und Kapitalismus um die beherrschende Rolle in dieser neuen Machtbasis wurden die Machtbasen von Militär, Religion und Politik alle zu einem bestimmten Grad zu verlängerten Armen der wirtschaftlichen Mächte.

Geschichte funktioniert nicht ganz so geradlinig und flüssig, wie man nach den obigen Ausführungen meinen könnte, doch allgemein gesprochen können wir erkennen, daß diese vier großen Machtbasen die vier Haupteinflußbereiche darstellen, die den Lauf der Zivilisation beherrschen. In verschiedenen Regionen gab es Zeitspannen, während der die Militärische Machtbasis ihren Einfluß wiederherstellen konnte und für kurze Zeit auch während der Religiösen, Politischen und Ökonomischen Epochen die dominierende Rolle übernahm. Genauso können wir beobachten, wie die Religiöse Machtbasis sich als Haupteinflußquelle während der Epochen der anderen Machtbasen wieder geltend machen konnte wie z.B. die großen Erweckungsbewegungen im achtzehnten und neunzehnten Jahrhundert, und die Islamisch-Fundamentalistische Revolution vor einigen Jahren im Iran. In der früheren Sowjetunion begegnen wir gerade einem interessanten Zusammenprall der Politischen, Ökonomischen und Militärischen Machtbasen, die alle die beherrschende Rolle einzunehmen suchen, während der religiöse Einfluß durch eine Basisbewegung genauso dramatisch an Einfluß gewinnt.

Eine Grundlage, um die Zukunft zu verstehen

Das Verständnis dieser vier Hauptquellen der Macht, die grundsätzliche zivilisatorische Verschiebungen beeinflussen, kann uns ein Paradigma für das Verständnis der generellen Entwicklungen der Vergangenheit, Gegenwart und Zukunft liefern. Ein Paradigma ist ein Modell, das wir dazu benutzen, um die Welt wahrzunehmen, zu verstehen und zu interpretieren. Das Wissen um die Geschehnisse in der Geschichte ist nutzlos, wenn wir es nicht verstehen und nicht dazu in der Lage sind, dieses Verständnis derart anzuwenden, daß es unsere Zukunft beeinflußt. Wenn wir jedoch völlig verstehen wollen, wohin wir unterwegs sind und warum, so müssen wir auch eine solide Grundlage besitzen, was das Verständnis unserer Vergangenheit betrifft.

Clausewitz war ein deutscher Offizier während der Napoleonischen Kriege und in seinem Buch »Über den Krieg« interpretierte er den Platz der Militärischen Machtbasis in sehr ähnlicher Weise, wie das Machiavelli in seinem Buch »Il Principe« mit der Politischen Machtbasis getan hatte. Clausewitz definierte Krieg als den Versuch einer Nation, ihren politischen Willen über eine andere auszudehnen. Zur Zeit von Clausewitz war Krieg tatsächlich ein verlängerter Arm der Politik, denn er schrieb im neunzehnten Jahrhundert, als die Politische Machtbasis vorherrschte.

Wenn er seinen Klassiker jedoch heute schreiben würde, wäre es für ihn mit großer Wahrscheinlichkeit völlig einsichtig, daß Kriege im Grunde der verlängerte Arm wirtschaftlicher Interessen sind. Um die Welt von heute zu verstehen, müssen wir uns im klaren darüber sein, daß alle anderen Machtbasen der vorherrschenden Ökonomischen Machtbasis dienen. Dies ist keine Aussage darüber, was richtig oder falsch ist, sondern allein über die Tatsachen.

Das Verständnis von Wirtschaftskriegen

Während die Welt sich immer tiefer in die Epoche bewegt, die von der Ökonomischen Machtbasis beherrscht wird, ist klar, daß die meisten der weltverändernden Konflikte wirtschaflicher Natur sind. Der Kalte Krieg war ein sehr realer Krieg, aber er war ein wirtschaftlicher Krieg, kein militärischer. Der große Zusammenstoß zwischen Kommunismus und Kapitalismus war eher ein wirtschaftlicher Zusammenstoß als ein politischer. Die frühere Sowjetunion wurde wirtschaftlich besiegt und nicht militärisch. Religiöse Machtkämpfe degenerierten im Mittelalter häufig zu militärischen Kriegen, und ähnliches hätte auch während des Kalten Krieges passieren können, doch durch Gottes Gnade wurde das verhindert. Trotzdem waren die politischen und wirtschaftlichen Veränderungen, die durch den Kalten Krieg geschahen, so umwälzend und tiefgreifend wie alles, was je durch einen militärischen Krieg, einschließlich des Zweiten Weltkrieges, »erreicht« wurde.

Die europäische Währungskrise von 1992 war das ökonomische Äquivalent einer bedeutenden militärischen Schlacht, doch wurde diese Schlacht mit Banken, Währungen und Computern ausgefochten anstatt mit Infanterie, Artillerie und Luftwaffe. Der Langzeiteffekt dieses Währungskonfliktes verspricht so weitreichend in seinen Auswirkungen auf den Kurs Europas zu sein wie viele der großen militärischen Schlachten, die früher zwischen denselben Völkern ausgetragen wurden.

Es wird oft gesagt, daß die Vereinigten Staaten den Krieg gegen Japan gewonnen haben, aber daß Japan den Frieden gewonnen hat. Tatsächlich ist das, was wir als »Frieden« betrachtet haben, ein sehr realer Krieg mit in allen Einzelheiten genauso bedeutenden strategischen Auswirkungen wie der Weltkrieg, der mit Armeen und Seeflotten ausgefochten wurde. Die Vereinigten Staaten haben tatsächlich den militärischen Krieg gewonnen, doch Japan gewinnt seit langem den Wirtschaftskrieg, einen Krieg, der die Macht hat, sowohl politische als auch ökonomische und sogar religiöse Veränderungen herbeizuführen, die genauso weitreichend sind wie die, welche durch den Zweiten Weltkrieg ausgelöst wurden.

Das Verständnis der gegenwärtigen Natur dieser Auseinandersetzung ist von enormer Bedeutung für jedes Volk, das erwartet, in dieser Epoche eine erfolgreiche »Armee« aufzustellen. Die wichtigsten »Generäle« im gegenwärtigen Weltkrieg sind Firmenvorstände, Bankiers und andere Wirtschaftsführer. Die wichtigste Armee besteht nun aus Arbeitern, kleinen Geschäftsleuten, Buchhaltern und anderen in Richtung Wirtschaft orientierten Berufssparten. Computer sind heute mächtiger als Bomben und Gewehrkugeln. Wirtschaftsspionage wird stärker betont als Militärspionage. (Interessanterweise betrachteten die Sowjets in Wirklichkeit die I.R.S. (die amerikanische Steuerbehörde, Anm. d. Ü.) als das wahre Gegenstück zum K.G.B.)

Die Wirtschaft ist jetzt die mächtigste Kraft, die politische Veränderungen diktiert. Obwohl George Bush die Vereinigten Staaten in einem der entscheidendsten Militärsiege ihrer Geschichte führte, er dem ausschlaggebenden Sieg des Kalten Krieges vorstand und eine Zeitlang nie vorher erlebte Popularität erreichte, schlug ihn Bill Clinton bei der darauffolgenden Wahl vernichtend, indem er diese bedeutende Machtverschiebung ausnutzte. Clinton erkannte, daß die Ökonomische Machtbasis heute stärker ist als militärische, religiöse oder politische Einflüsse, also baute er seine programmatische Wahlerklärung um den Punkt, an dem die wirkliche Macht lag. Bushs Popularität als Präsident begann abzunehmen, als die Öffentlichkeit anfing zu erkennen, daß er Ökonomische Leitung nicht als die wichtigste Art von Leitung, die der Präsident heutzutage haben muß, verstand oder zumindest nicht betonte.

Ein neuer Typus von Führungskräften

Heute hängt die Fähigkeit jedweder Nation, in Weltangelegenheiten in bezug auf militärische, religiöse oder politische Fragen eine führende Rolle auszuüben, von ihrer wirtschaftlichen Stärke ab. Viele der allgemeinen Leitungsprinzipien treffen auf alle Arten von Führungskräften zu – militärische, religiöse, politische Leiter oder den Trainer einer kleinen Sportliga. Doch haben sich mit dem Übergang von jeder Machtbasis auf eine neue auch einige Regeln für den Führungsstil geändert. Mit dem

Übergang auf jede neue vorherrschende Machtbasis sind auch die Risiken für die Verantortlichen dramatisch angestiegen. Das heißt, daß die Entscheidungen, die von führenden Leuten getroffen werden, immer schneller Auswirkungen auf mehr und mehr Menschen haben werden. Es ist heute offensichtlicher denn je, daß dann, wenn keine gute Führung auf den Plan tritt, um die grundsätzlichen Fragen unserer Zeit anzugehen, negative Mächte schnell das Vakuum ausfüllen werden, um unsere Zukunft kontrollieren zu können.

In den späten achtziger Jahren waren wir Zeugen des erstaunlich raschen Zusammenbruchs der mächtigsten kommunistischen Reiche. Wie wir schon gesagt haben, verursachte keineswegs militärische Macht diesen Zusammenbruch, sondern wirtschaftliche. Das Resultat war eine der tiefgreifendsten Machtverschiebungen in der Geschichte – und das alles passierte innerhalb weniger Wochen! Nie zuvor in der Weltgeschichte gab es eine so umwälzende Machtverschiebung in solch einer kurzen Zeitspanne. Da die Veränderungen in jeder der Machtbasen die Hauptantriebskraft im Weltgeschehen darstellen, hat sich die Geschwindigkeit weltweiter Veränderungen auch sehr stark beschleunigt. Führungskräfte in dieser Zeit müssen in der Lage sein, sich viel schneller Wissen anzueignen und es in die Tat umzusetzen als das früher der Fall war. Um in der heutigen Welt ein Mann oder eine Frau in leitender Position zu sein, benötigt man mehr als nur das Wissen um das Woher oder sogar um unseren heutigen Standpunkt – heute brauchen Leiter mit weltweitem Einflußbereich prophetische Einsichten in das Wohin, verbunden mit der Weisheit und dem Willen, auf zukünftige Wahrscheinlichkeiten hin so zu handeln, als wären sie historische Fakten.

Die Sachkenntnis, die einer Führungspersönlichkeit von heute abverlangt wird, ist ebenso unterschiedlich. Für einen Leiter während der Militärischen Epoche war es zum Beispiel ein wichtiges Wissen zu verstehen, wie Menschen in extremer Gefahr reagieren und zu wissen, wie man sie in solch einer Situation unter Kontrolle halten kann. Genauso mußte er die verschiedenen Waffen und ihr effektivstes Einsatzgebiet verstehen.

Während der Religiösen Epoche beinhaltete das Wissen zur Macht die Wahrnehmung und Kontrolle von menschlichen Ängsten und Hoffnungen. In der Politischen Epoche wäre kulturelles Wissen und die Fähigkeit, motivierende Reden zu schreiben oder zu halten, wichtiger gewesen, um weltweit eine Führungsrolle einzunehmen.

In diesem Ökonomischen Zeitalter ist die Fähigkeit, Informationen schnell zu finden und richtig einzusetzen, eine grundlegende Ausrüstung für jeden, der dabei ist, eine Führungspersönlichkeit zu werden. Information kann heute mächtiger sein als Armeen, und sie ist heutzutage die wertvollste Ware der Welt, wenn man sie anhand des prozentualen Anteils von Menschen, Zeit und anderen Ressourcen mißt, den man in sie investiert.

Der Preis der Veränderung

Die Fähigkeit, Veränderungen vorauszusehen und sich ihnen schnell anzupassen, ist unentbehrlich, um heute in den Kreisen, die Macht ausüben, zu überleben. Dies gilt besonders für Demokratien, in denen die Regierungsgeschäfte immer noch von politischen Leitern geführt werden, die sich der Macht der Wirtschaft nicht bewußt sind oder kein Gespür dafür haben. Das mag überraschen, wenn wir bedenken, daß Demokratien oft am stärksten vom Kapitalismus geprägt sind, und daß sie den wirtschaftlich geführten Kalten Krieg gegen den Kommunismus gewonnen haben. Doch obwohl der Kapitalismus den Kommunismus überlebt haben mag, stolpert er genauso am Rande von Veränderungen umher, die ebenso radikal zu sein versprechen wie diejenigen, die die kommunistischen Staaten durchgemacht haben.

Viel von der Fähigkeit des Westens, den Kommunismus zu überleben, beruhte auf seiner Kunst, mehr Anleihen für längere Zeit aufzunehmen. Dieses Fundament von Schulden bildet kein sehr solides Fundament, und schon heute sind tiefe Risse darin zu sehen. Bald wird die Rechnung fällig sein, und die Unfähigkeit unserer politischen Führer, die drohende wirtschaftliche Katastrophe zu begreifen, wird sie sogar noch schmerzhafter machen als dies nötig wäre.

Das bedeutet nicht, daß wir zum Kommunismus zurückkehren, aber es existieren andere Alternativen. Die Weigerung der religiösen Führer mit ihrer mittelalterlichen Mentalität, ihre Autorität der emporsteigenden Politischen Machtbasis zu überlassen, trieb den Preis der Veränderung, was Menschenleben und die Zerstörung von religiösem Einfluß anbelangte, viel mehr in die Höhe als notwendig gewesen wäre. Das vergleichbare Widerstreben der politischen Führer, die Kontrolle in Bereichen der Wirtschaft abzugeben, wo sie nicht genügend Klugheit besitzen, um effektiv leiten zu können, verspricht in ähnlicher Weise einen äußerst zerstörerischen Übergang zu forcieren.

Beispielsweise hat die andauernde Änderung der Steuergesetze eine Geschäftsatmosphäre geschaffen, die mit derjenigen eines Spieles vergleichbar ist, bei dem die Spielregeln ununterbrochen geändert werden; dies wird einem aber erst hinterher gesagt. Sobald man in einem durch Regeln festgelegten Rahmen eine Strategie entwickelt hat, werden diese Regeln geändert, was nicht nur Ihre Strategie überflüssig macht, sondern was Sie auch in eine Lage bringt, in die Sie ganz gewiß nicht kommen wollten.

Ein frappierendes Beispiel hierfür hatte das Steuerreformgesetz der Reagan-Verwaltung zur Folge. Selbst ein flüchtiger Blick in dieses Gesetz hätte jedermann dahingehend alarmieren müssen, daß die Spar- und Kreditindustrie zu Verlusten verurteilt war, die sie niemals auffangen konnte. Ein hoher Prozentsatz der kommerziellen Grundstückserschließungen, die die Spar- und Kreditindustrie finanziert hatte, war aufgrund der existierenden Steuergesetze getätigt worden. Es stimmt, daß diese Regeln künstliche Werte auf diesem Markt geschaffen haben, doch die Investoren spielten einfach gemäß der Regeln, wobei sie keine Ahnung davon hatten, daß diese mitten im Spiel geändert werden würden. Als die Regeln geändert wurden, fielen die Eigentumswerte ins Bodenlose, und stürzten viele Spar- und Kreditunternehmen, Investoren und andere große Unternehmen in die Zahlungsunfähigkeit.

Fairerweise muß man der Reagan-Verwaltung zugestehen, daß die Steuerreformen dringend gebraucht wurden, um einige Gebiete wirtschaftlicher Ungerechtigkeit und sogar wirtschaftlichen Wahnsinns zu begegnen, die von unrealistischen Steuerschlüsseln stimuliert worden waren. Jedoch wären viel mehr Einsicht und Geduld angebracht gewesen als zum Einsatz kamen. Wären die Veränderungen über einen bestimmten Zeitraum von vielleicht fünf oder zehn Jahren hinweg herbeigeführt worden, hätten die Unternehmen ihre Strategien anpassen können und die Änderungen auffangen können, ohne die vernichtenden Verluste in Kauf zu nehmen, die letztendlich das ganze Land bezahlen mußte, und von denen das Debakel der Spar- und Kreditgesellschaften nur ein kleiner, allerdings sichtbarer Teil war.

Die Reagansche Steuerreform schlug in der gesamten Wirtschaft solche Wellen, daß es Jahre dauern wird, bis sie sich wieder erholen wird. Eine der negativen Hauptfolgen wurde durch einen Vertrauensverlust in die Regeln ausgelöst. Viele, die heute in dem wirtschaftlichen Spiel mitmachen wollen, indem sie neue Unternehmen gründen, oder Investitionen tätigen, finden es schwierig, die Art von Langzeitplänen zu machen, die eine solide, beständige wirtschaftliche Entwicklung verlangt. Diese Folgeerscheinung kann nicht in Kurven festgehalten und gemessen werden, doch sind die dramatischen Folgen leicht an der Art und Weise zu beobachten, wie viele heute Geschäfte machen – und dies ist fraglos eine negative Folge.

Die Regierung, die offensichtlich darauf bedacht war, ihren tragischen Fehler zu vertuschen, führte einige der Spar- und Kreditgauner der Nation als Beispiel dafür vor Augen, wie diese Bösewichte einen ganzen Industriezweig zerstört hatten. Solche Gauner gibt es in jedem Bereich der Industrie, doch waren sie keineswegs der Grund für den Zusammenbruch des Spar- und Kreditwesens. Das Ganze ist nur ein weiteres Beispiel dafür, daß eine Regierung, die aus Politikern besteht, die Konsequenzen ihrer Handlungen in diesem Wirtschaftszeitalter nicht wirklich versteht.

Landwirtschaftssubventionen tun den Landwirten ähnliches an wie das, was man mit vielen kommerziellen Grundstücksinvestoren getan hat. Viele der Subventionen und Programme sind weitgehend veraltet und müssen verändert werden, doch muß dies unter sorgfältiger Planung über einen längeren Zeitraum hinweg geschehen, sonst werden viele Landwirte unnötigerweise dem Bankrott ausgeliefert.

Gott schütze die Demokratie

Aufgrund der Natur des Menschen, die er im Lauf seiner Geschichte gezeigt hat, ist Demokratie die beste Regierungsform auf Erden. Jedoch müssen wir auch erkennen, daß sie die am wenigsten effiziente ist. Trotzdem existieren einige Faktoren, die wichtiger als Effizienz sind wie zum Beispiel Freiheit. Aber um zu überleben, muß sich die Demokratie einigen Veränderungen unterziehen. Wenn wir es ihr erlauben, die notwendigen Veränderungen zu machen, um sich den Zeiten anzupassen, wird sie besser werden, nicht schlechter. Wenn sie sich diesen Veränderungen nicht unterzieht, wird sie dem Untergang preisgegeben sein, was einer der größten Tragödien unserer Zivilisation gleichkäme.

Gegenwärtig sind Regierungen, bis auf einige wenige Ausnahmen, für gewöhnlich die größten Hindernisse auf dem Weg zu einer soliden und vernünftigen wirtschaftlichen Entwicklung. Dieser Konflikt ist selten bewußt gewollt, doch selbst wenn die Regierung versucht, der Wirtschaft zu helfen, sind die Ergebnisse oft genug kontraproduktiv. Wenn die Regeln für das »Wirtschaftsspiel« mit jeder neuen Wahl geändert werden und manchmal sogar noch häufiger, wird es für die Wirtschaft unmöglich, die Art von Strategien zu entwickeln und dabei zu bleiben, die für einen soliden und andauernden Fortschritt notwendig sind, welcher auf echter Produktivität gegründet ist und nicht nur auf Schulden. Die angemessene Aufgabe für eine Regierung ist es, ein »ebenes Spielfeld« zur Verfügung zu stellen, doch gebührt es ihr nicht, die Regeln immer wieder mitten im Spiel zu verändern.

Ich bin schon vielen der wichtigen Leiter in der Geschäftswelt und der Regierung der Vereinigten Staaten begegnet. Normalerweise kann ich echte Gaben der Leiterschaft sehr schnell erkennen, und viele der größten Leiter finden sich heute in der Wirtschaft. Trotzdem werden nur wenige Geschäftsleute sich an der Regierung beteiligen, weil der Wahlprozeß ihrem Temperament so fremd und abstoßend erscheint. Unsere Gesetzgebung setzt sich zum Großteil aus Rechtsanwälten zusammen, von denen nur wenige eine Ahnung von der Wirtschaft haben. Nur ein Geschäftsmann wird die Wirtschaft wirklich verstehen, doch zur Zeit sind sie fast ganz aus den echten Kreisen der Macht in unserem System ausgeschlossen. Wenn sich das in Amerika nicht ändert, werden wir nicht nur Gefahr laufen, unsere führende Rolle in der Zukunft zu verlieren, wir werden vielleicht nicht einmal mehr einen Zuschauerplatz haben, um den Dingen von dort aus folgen zu können.

Demokratien haben gezeigt, daß sie unfähig sind, tiefgreifende Veränderungen vorzunehmen, bevor sie durch eine Krise dazu gezwungen werden. Wir sind auf dem besten Weg in solch eine Krise. Kluge Köpfe wissen dies und bereiten sich darauf vor. Die wirtschaftliche Krise, die uns droht, wird uns entweder auf eine neue Ebene der Zivilisation befördern oder auf eine noch nie dagewesene Ebene von Tyrannei und Anarchie.

Eine neue Demokratie

Dieser Gleichung müssen wir auch noch die Tatsache hinzufügen, daß Demokratie nicht nur ineffizient ist, sondern auch die langsamste Regierungsform. Nachdem wir völlig hinter der Tatsache stehen, daß Demokratie die einzig sichere Regierungsform ist, wird es Zeit, nach Wegen zu suchen, den demokratischen Prozeß zu beschleunigen, wenn wir ihr Überleben sichern wollen. Die Mittel und die Technologie, um dies zu tun, existieren schon und so würde die Möglichkeit der Bürger, am Regierungsprozeß teilzunehmen, um ein Vielfaches gesteigert.

Die nationale Ausrichtung auf »Städtetagungen«, die von den Medien ins Leben gerufen und von den Kandidaten bei der letzten Wahl genutzt wurden, ist eine interessante Entwicklung. Mit der gegenwärtig verfügbaren Technologie könnte »Basisdemokratie« bald Wirklichkeit sein, bei der Referenden, die jeden Bürger miteinbeziehen, genutzt werden, um wichtige Entscheidungen auf Regierungsebene zu treffen. Die Börsenmärkte funktionieren schon jetzt nach diesem Prinzip. Jeder Börsentransfer ist jemandes positive oder negative Stimme über eine Firma. Auf diese Weise wird heute wirtschaftliche Autorität ausgeübt. An jedem Wochentag werden mehrere Hundertmillionen solcher »Stimmen« beinahe sofort verarbeitet und verbucht. Wenn sie das können, warum dann nicht die Regierung?

Es hat einigen Fortschritt in dieser Richtung gegeben. In der Vergangenheit mußte ein Präsident, der ein bestimmtes Gesetz ergehen lassen wollte, sich mit dem Kongreß auseinandersetzen. Jetzt gehen sie via Fernsehen und anderer Medien, die beinahe sofortigen Kontakt mit dem Empfänger ermöglichen, direkt zu den Menschen, und fordern die Menschen dazu auf, ihren Abgeordneten zu schreiben oder sie anzurufen. Aber warum nicht den teuren Zwischenschritt herausnehmen und die Leute abstimmen lassen, nachdem sie die Debatte gehört haben?

Der Hauptgrund, warum dies nicht vorgeschlagen wird, besteht darin, daß diejenigen, die an der Macht sind, sehr viel von ihrer Macht verlieren würden. Trotzdem wird diese Neuerung kommen, wenn Demokratie überleben soll. In der Vergangenheit wurden demokratische Abgeordnete gewählt, weil die Menschen zu sehr mit dem täglichen Überlebenskampf beschäftigt waren und viele einfach nicht die Bildung oder die Zeit besaßen, die anstehenden Fragen zu analysieren. Also wählten sie diejenigen, von denen sie glaubten, daß sie das am besten an ihrer Stelle erledigen könnten. Mit dem Auftreten der modernen Kommunikationsmedien ist heute beinahe jeder Bürger besser über jede einzelne Frage unterrichtet als es vor wenigen Jahrzehnten noch die Abgeordneten selbst waren. Das Bedürfnis nach Abgeordneten wird immer existieren, doch wird sich ihr Arbeitsfeld stärker zu den Aufgaben hin bewegen, die heute von den Ausschüssen erledigt werden – die Gesetze auszuwählen und in Worte zu fassen, die zur Wahl gestellt werden sollen.

Wenn die Politische Machtbasis nicht mit den Veränderungen Schritt hält, welche die Wirtschaftliche Machtbasis einführt, wird sie als echter Machtträger existentiell bedroht sein. Die Alternativen werden sich von der Tyrannei von Despoten bis zu den schauerlichen biblischen Prophetien über das unmenschliche »Tier« bewegen, das die ganze Erde durch die Möglichkeit unter seine Gewalt bringt, das »Kaufen, Verkaufen und Handeln« zu kontrollieren.

Die Alternativen

Zu Zeiten einer wirtschaftlichen Krise blicken Menschen gerne auf Alleinherrscher, weil sie wirtschaftliche »Wunder« vollbringen können. Hitler übernahm in den 30er Jahren ein bankrottes und vom Krieg zerstörtes Deutschland mit über 50% Arbeitslosigkeit und einem Schuldenberg und Defizit, das, umgerechnet in den heutigen Geldwert, das jeder gegenwärtigen westlichen Nation um ein Vielfaches übersteigt. In nur vier Jahren glich er den Staatshaushalt nicht nur aus, sondern er bezahlte auch alle Schulden! Er stellte außerdem die Vollbeschäftigung wieder her und erreichte einen Produktivitätsgrad, wie es ihn wahrscheinlich nie zuvor in der Geschichte gegeben hatte. Seine wirtschaftlichen Errungenschaften könnte man durchaus als »übernatürlich« bezeichnen.

Hitlers soziale Errungenschaften waren genauso bemerkenswert wie sein Wirtschaftswunder. Er rottete Verbrechen und Perversion fast vollständig aus – bis auf das Verbrechen und die Perversion, die er gegen die Juden in Gang setzte. Alleinherrschaft ist in der Lage, große Dinge zu erreichen, aber ist dies den Preis wert? Ohne einige tiefgreifende Veränderungen in die an sich unsinnige, wirtschaftliche Richtung, in die wir gelenkt wurden, werden wir das mit großer Wahrscheinlichkeit bald selbst herausfinden.

Hitler verachtete die Demokratie als Zufluchtsort für die Schwachen, und er ließ dafür Bomben auf etliche demokratische Länder werfen. Demokratien können schwach und unentschlossen sein, wenn sie vor einem starken und entschlossenen Leiter stehen, aber sie müssen es nicht sein. Sie müssen einfach nur empfänglicher für die Art von guter, starker und entschlußfreudiger Führung gemacht werden, die die Zukunft uns abverlangen wird. Niemand, der Angst vor Veränderung hat, hat jemals den Weg in die Zukunft gebahnt. Wenn Demokratie nicht in der Lage ist, sich den notwendigen Veränderungen zu unterziehen, um die aufstrebenden Kräfte zu regieren, gibt es noch eine andere Alternative, die vielleicht sogar noch erschreckender als menschliche Tyrannei ist, nämlich unmenschliche Tyrannei.

Bestimmte Tendenzen stechen uns besonders ins Auge, wenn wir diese geschichtliche Entwicklung der Macht beobachten. Erstens erhöht sich die Geschwindigkeit, mit der Veränderungen vonstatten gehen, radikal. Die Militärische Machtbasis behauptete ihre Vorherrschaft für 2 000 bis 3 000 Jahre. Die Religiöse Machtbasis behauptete ihre Vorherrschaft für wenig mehr als ein Jahrtausend. Die Politische Machtbasis behielt die Vorherrschaft gerade drei- oder vierhundert Jahre lang. Diese Tendenz zur Beschleunigung wird wahrscheinlich nicht nur weiterbestehen, sondern sich noch verstärken. Wenn dem so ist, wie lange können wir dann erwarten, daß die Wirtschaftliche Machtbasis ihre Stellung behauptet? Existiert eine andere Machtbasis, die bald auftauchen wird? Oder wird eine der früher vorherrschenden Machtbasen ihre alte Vormachtrolle wieder einnehmen?

Kein ernsthafter Student der Geschichte kann die Bibel als eine Quelle für Einsichten verleugnen, und interessanterweise hat die Heilige Schrift sowohl diese Tendenzen in den menschlichen Angelegenheiten genau vorhergesagt als auch, wohin wir von hier aus gehen werden. Jesus und auch seine Apostel sagten, daß dies »wie die Wehen über eine Frau kommen würde«. Viele Theologen, die offensichtlich keine Frauen waren, meinten immer, daß dies schnell bedeuten würde. Tatsächlich überkommen die Wehen eine Frau aber nicht schnell, sondern sie beginnen langsam und verhältnismäßig leicht. Wenn sich der Zeitpunkt der Geburt nähert, werden die Kontraktionen sowohl intensiver als auch häufiger. Hier finden wir eine starke Parallele zu dem Muster, nach dem diese Kräfte sich im Laufe der Geschichte entwickelten.

Genauso interessant ist es, daß viele Theologen die Beendigung dieser Kräfte als das Ende der Welt interpretiert haben, während Jesus und seine Anhänger darauf als den Beginn einer neuen Epoche hinwiesen, in der Friede, Gerechtigkeit und Wohlstand auf der ganzen Erde vorherrschen würden. Diese Epoche beginnt, wenn Gott gerade zur rechten Zeit in die weltweiten Angelegenheiten eingreift, um uns davor zu bewahren, uns selbst zu zerstören. Dieses Eingreifen Gottes findet zu einer Zeit statt, in der es eine große »Zunahme an Wissen« gibt. Diese Beschreibung trifft sicherlich auf die Zeit zu, in der wir uns jetzt befinden, wo innerhalb von drei Jahren der Sammlung aller intellektueller Reichtümer der Menschheit mehr Wissen hinzugefügt wird, als über die letzten 6 000 Jahre der dokumentierten Menschheitsgeschichte angehäuft werden konnte.

Unabhängig davon, ob Sie der biblischen Sichtweise zustimmen, sind wir doch, wenn die Tendenzen der Geschichte eine Basis für die Wahrnehmung der Zukunft sind, auf dem Weg in eine Periode, in der die Kräfte jetzt so mächtig sind, daß sie die Fähigkeit der Menschen, sie zu kontrollieren, bei weitem zu übersteigen scheinen. Die Geschwindigkeit, mit der wirtschaftliche Veränderungen vor sich gehen, ist schon so schnell, daß wir an den Grenzen unserer Fähigkeit angelangt sind, auf diejenigen zu reagieren, die schon passiert sind, ganz zu schweigen davon, in die Zukunft vorauszugreifen, um künftige Veränderungen zu kontrollieren.

Die Geschwindigkeit und Leistungsfähigkeit von Computern nimmt dramatisch zu, und sie scheinen der erstaunlichen Geschwindigkeit, mit der Veränderung geschieht, immer eine Haaresbreite voraus zu sein. Es ist denkbar, daß wir sehr schnell an den Punkt gelangen werden, wo wir den Computern völlige Autorität und Kontrolle übertragen und ihnen aus dem Weg gehen müssen, wenn sie mit der Geschwindigkeit der Veränderung

Schritt halten sollen. Ist es das, was wir tun wollen? Wir sollten uns darüber jetzt unsere Gedanken machen, denn die Entscheidung wird bald fällig sein. Wir betreten eine Dimension, in der konstante Veränderung die einzige Konstante ist.

Wir dürfen uns nicht davor fürchten, die notwendigen Veränderungen in unseren Regierungen zu treffen, sonst werden unsere Regierungen durch die Kräfte der Veränderung dem Untergang geweiht sein. Dies soll nicht implizieren, daß Geschäftsleute oder Ökonomen unsere Retter sein werden. Die Wirtschaft, und vor allem die amerikanische Wirtschaft, hat zuerst vor ihrer eigenen Türe zu kehren. Die Welt verändert sich, und sie verändert sich schnell, doch weite Teile der amerikanischen Wirtschaft haben ihre Leitungsverantwortung aufgegeben und sind einem Management verfallen, das sich an Berichten von dem orientiert, was im letzten Quartal geschehen ist – das ist zu spät! Wahre Führungspersönlichkeiten managen nicht das, was hinter ihnen liegt, sondern, das, wohin sie gehen wollen. Noch passen sich Leiter nur den Möglichkeiten der Zukunft an – wir müssen aber die Vision haben, die Entschlossenheit und Charakterstärke, um die Zukunft zu dem zu machen, was sie sein soll.

Die Natur der Freiheit

Die Geschichte hat gezeigt, daß Menschen außerordentlich anpassungsfähig sind, aber daß wir unsere Grenzen haben. Genauso offensichtlich ist es, daß wir uns mit Riesenschritten dem Punkt der Überlastung nähern, was Veränderung anbelangt. Wie der Historiker Will Durant bemerkte:

> *»Ohne die Spurrinnen, entlang derer unser Verstand sich mit unbewußter Leichtigkeit bewegen kann, werden wir ewig Zögernde und von Unsicherheit Ergriffene.«*

Das Endresultat von überwältigender Unsicherheit ist eine geistige Arbeitsniederlegung oder Wahnsinn. Wenn es einen Weg gäbe, die kollektive Wesensart der Gesellschaft zu analysieren, würden wir sicher irgendwo zwischen disfunktional und wahnsinnig eingeschätzt werden und auf dem besten Weg dahin, die äußere Hülle um die verrückte Raserei auch noch abzuwerfen.

Die Tradition stellt die grundsätzlichen, kulturellen Spurrinnen, in denen unser Verstand sich befreit bewegen kann. Traditionen versorgen Menschen mit der gleichen Art von Freiheit wie Bahngleise einen Zug. Zuerst mögen wir meinen, daß Bahngleise einen Zug nicht befreien, sondern ihn eher beschränken, und das ist auch wahr, doch es handelt sich um eine Beschränkung, die befreit. Ein Zug wäre vielleicht »freier«, um das Land zu durchstreifen, wenn die Gleise nicht wären, aber wie weit würde er überhaupt kommen? Die Gleise befreien den Zug in der Tat dazu, das zu sein, wozu er geschaffen wurde. Was nützt es, einen gewaltigen Dieselmotor mit 6 000 Pferdestärken zu haben, wenn wir im Schlamm stecken und die Räder nur durchdrehen?

Wenn wir zu einem formellen Abendessen mit wichtigen Würdenträgern eingeladen wären, aber nie irgendeine Schulung über gutes Benehmen oder Etikette bekommen hätten, wären wir höchstwahrscheinlich unsicher und hätten Probleme damit, uns an dem Abend richtig zu verhalten. Wenn wir jedoch diese Schulung in Manieren und Etikette gehabt hätten, könnten wir selbstbewußt in den Abend hineingehen und »frei« sein, um ihn sowohl zu genießen, als auch die Zeit richtig zu nutzen. Ähnlich würde sich der beste Sportler in einem Spiel, dessen Grundregeln er nicht kennt, irgendwo zwischen zögerlich und hilflos bewegen.

Die Verbrechensrate steigt nicht so dramatisch an, nur weil die jungen Leute dafür anfällig sind, das zu tun, was falsch ist, sondern vor allem, weil ihnen nicht beigebracht wurde, was richtig ist. Die Folge davon ist ein massiver Angriff auf kulturelle Traditionen und die Moral. Der technologische Fortschritt geschieht so schnell, daß es schwer genug ist, nur allein schon damit fertig zu werden, doch fügen wir dem noch die Plünderung von Traditionen und moralischen Werten hinzu, dann fügen wir dem Glyzerin das Nitro hinzu – es wird eine Explosion geben! Dieses Ergebnis hat sogar den früheren kalifornischen Gouverneur Jerry Brown, den politischen Modernisten par excellence und den selbsternannten »Meister der Veränderung«, dazu gebracht, einen Rückzug zu beginnen und zu bekennen: »Ich möchte die Dinge verlangsamen, damit ich sie besser verstehen kann.«

Religiöser Fundamentalismus mag die Welt krank gemacht haben, doch die Überreaktion der Gesellschaft wird uns nicht nur krank machen – sie wird tödlich sein. Gesetzlosigkeit nimmt heute exponentiell zu. In einer Zeit, in der wir gesunde, traditionelle Ankerplätze am meisten benötigen, werden diese so schnell es geht von philosophischen Extremisten gekappt, und die Fundamentalisten sind die Einzigen, die versuchen, das aufzuhalten. Viele von ihnen vertreten ähnlich unerträgliche Extreme, doch dürfen wir nicht erlauben, daß uns das am anderen Ende in den Abgrund moralischer und buchstäblicher Anarchie stürzt, an dessen Rand wir gerade entlang balancieren.

Zur Zeit versuchen die Medien, beinahe jeden zu karikieren, der mit Bestimmtheit für moralische oder traditionelle Werte eintritt, doch ist der Tag nahe, an dem die Welt auf der Suche nach Hilfe in Scharen an die Türen dieser Menschen strömt. Eine gesunde, kompromißlose moralische Einstellung stellt sich immer mehr als das wohl größte Kapital für eine wahre Führungspersönlichkeit auf jedem Gebiet heraus. Allein solche werden standhaft genug sein, den Kompaß für die Zukunft zu lesen.

Wir dürfen Menschen nicht vergessen

Ich kenne nur eine Handvoll Leute, die den nahe bevorstehenden Zusammenbruch des Kommunismus in Europa vorhersahen. Keiner von ihnen war eine wirtschaftliche Führungkraft oder ein Verantwortlicher in der Politik, es waren religiöse Leiter. Die religiösen Leiter nahmen es wahr, weil sie nicht dabei steckengeblieben waren, Kurven und Berichte zu studieren, sondern weil sie sich mit Menschen abgaben. Unabhängig von der Machtbasis einer Epoche hat es nie eine Revolution gegeben, bevor nicht die einfachen Leute entschlossen waren mitzumachen. Unabhängig von Ihrer Leitungsposition werden Sie nicht in der Lage sein, die Kräfte und großen Veränderungen zu erkennen, die vor uns liegen, wenn Sie nicht Ihre Hand am Puls des einfachen Mannes halten.

Eine der großen und vielleicht unwiderstehlichen Kräfte, die die Menschen heute überall bewegt, ist die Entschlossenheit, die Mauern niederzureißen, die die Menschen voneinander trennen. Die meisten der Barrieren, die zwischen Völkern errichtet wurden, sind die Erfindung unsicherer Leiter, die von dem Drang nach territorialem Schutz motiviert werden. Wenn diejenigen in Führungspositionen den Trugschluß hierin nicht erkennen und die Mauern nicht selbst niederreißen, werden die Menschen sich erheben und es tun. Wenn die Menschen es tun müssen, dann werden die führenden Verantwortlichen zusammen mit ihren Mauern fallen.

Wahre Führungsqualität, genau wie wahre Religion, besitzt einen edlen Charakter, der von der Pseudoführung durch Zwang und Furcht abgestoßen wird. Sich zu solchen Mitteln herabzulassen heißt, auf wahre Autorität zu verzichten und nicht, sie zu bestätigen. Selbstverständlich brauchen wir Gesetze und Beschränkungen, besonders heute aufgrund der wachsenden Gesetzlosigkeit. Doch wie wir schon bei der Betrachtung der Natur echter Traditionen gesehen haben, muß das wahre Gesetz eine Gnade und Würde besitzen, die Menschen befreit und sie nicht mit Hilfe von Unterdrückung durch Furcht bindet.

Wahre Führungskunst wird die Synthese zwischen Bevölkerungsgruppen finden, ohne sie dazu zu zwingen, sich einander anzugleichen. Der Ruhm der Schöpfung ist ihre Vielfältigkeit – Gott wollte sie offensichtlich zu einer Sinfonie machen, nicht zu einem Solo. Jeder Baum ist unterschiedlich, jede Schneeflocke, sogar jeder Mensch unterscheidet sich von jedem anderen Menschen. Die Möglichkeit der Zivilisation, sich weiterzuentwickeln ist von der Fähigkeit verschiedener Menschen genährt worden zu lernen, wie man zusammenarbeiten kann.

Die Gewalt und Zerstörung, die der Zivilisation innewohnen, sind immer dann aufgetaucht, wenn die Unterschiede als Konfliktpunkt ausgenutzt wurden. Mit der mächtigen Kraft, die in der ganzen Welt weht, um die Mauern niederzureißen, welche die Menschen trennen, geht jedoch eine schreckliche Kraft einher, die danach strebt, Menschen gegeneinander aufzuwiegeln. Der Rassismus ist sicherlich eines der zerstörerischsten Übel der Menschheit, und er kann als wesentliche Motivation hinter beinahe jedem Krieg in der Geschichte ausgemacht werden. Ich spreche nicht nur von auf die Physis des Anderen bezogener Engstirnigkeit, sondern auch von spiritueller Engstirnigkeit. Rassismus existiert nicht nur zwischen physischen Rassen, sondern auch gegen Personengruppen, die sich von uns unterscheiden, ob die Unterschiede in der tatsächlichen Rasse begründet liegen, in der Religion, Kultur, Geographie oder anderen Faktoren, die Menschen voneinander unterscheiden.

Wir befinden uns heute tief im Zeitalter der Ökonomischen Machtbasis. Wirtschaft ist auf ihrer elementarsten Ebene einfach menschliche Transaktion. Die größten Leiter während dieser Epoche werden diejenigen sein, die am erfolgreichsten darin sind, diese Transaktionen zu erleichtern, indem sie Brücken für den Austausch zwischen Menschen bauen. Die größten Feinde des Fortschrittes in diesem Zeitalter sind diejenigen, die Barrieren errichten, die menschliche Transaktionen zwischen Personen unterbinden.

*Der allerwichtigste Schritt,
den die meisten von uns tun können,
um unsere Hoffnungen und Visionen
in Erfolge umzuwandeln, beginnt damit,
daß wir nur das Allerbeste über jeden
Menschen und jede Situation denken.*

Kapitel 4

Vision und Planung

Effektive Führungspersönlichkeiten haben ihre eigenen Ziele erreicht; große Leiter bestimmten den Lauf der Geschichte, und obwohl sie schon längst nicht mehr auf dieser Erde weilen, formt ihr Impuls immer noch die Welt. In diesem Kapitel werden wir zwei grundlegende Eigenschaften ansprechen, ohne die niemand zu einem erfolgreichen Leiter wird.

Eine Vision haben und zielorientiert sein

Dies ist die fundamentale Qualifikation zum Leiter. Per definitionem ist man kein Leiter, solange niemand einem nachfolgt. Nur ein Narr wird jemandem folgen, der nicht weiß, wohin er unterwegs ist.

Ein Leiter muß nicht nur Ziele haben, seine Ziele müssen auch spezifisch sein. Je klarer das Ziel definiert ist, desto wahrscheinlicher werden andere sich ihm anschließen. Ein Ziel zu haben, das zu allgemein gehalten ist, kann schlimmer sein als gar keines zu haben. Allgemeine Ziele werden selten erreicht und verursachen nur Frustration. Diejenigen, die »reich werden wollen« oder »ins Geschäftsleben einsteigen wollen«, tun das selten.

Unsere Ziele müssen edler Natur sein. Wir sollten nicht nur die Richtung betreffend spezifisch sein, sondern wir sollten genauso spezifisch sein, was den Grund für diese Richtung angeht. Diese Energie, die von einem wertvollen Ziel herkommt, inspiriert andere zu dem Opfer und der Disziplin, die für den Erfolg notwendig ist. Wenn unsere Ziele egoistisch sind, werden wir andere nur zum Egoismus inspirieren; dann sind wir aber keine Leiter, sondern nur Opportunisten. Je selbstloser und edler unsere Ziele sind, desto inspirierender werden sie sein.

Doch Edelmut in den Zielen kann nicht vorgetäuscht werden; Heuchler in diesem Punkt werden entdeckt werden. Genau wie wir im physischen Bereich »sind, was wir essen«, werden wir intellektuell und spirituell von dem geprägt, woran wir teilhaben. Der gleiche Zeitraum, seit dem Egoismus in der westlichen Welt in Mode ist, spiegelt auch direkt den Abstieg des Westens wieder. Die zielorientierten und selbstlosen Japaner füllten das Vakuum schnell aus. Die Leere und Oberflächlichkeit der Egozentrik sticht heute jedermann ins Auge. Das Sich-Ausstrecken nach höheren Zielen wird als Ergebnis persönliche Inspiration hervorrufen und die Inspiration von anderen.

Große Führungspersönlichkeiten haben die Fähigkeit, andere Leiter dazu zu bringen, ihnen zu folgen. Die Qualität derer, die Ihnen folgen, wird die Qualität Ihres eigenen Könnens direkt wiederspiegeln. Um andere Leiter zu Nachfolgern zu machen, braucht es eine größere Charaktertiefe, größere Hingabe und Vision. Je intelligenter und edler Ihre Ziele sind, desto intelligenter und edler werden Ihre Nachfolger sein.

Martin Luther King Jr. war ein großer Leiter. Er gab seinen Traum mit solcher Überzeugung weiter, daß es der Traum von Millionen von anderen wurde. Von einem seiner Mitarbeiter weiß ich, daß er während der Treffen mit anderen Bürgerrechtlern geduldig dabeizusitzen pflegte und sich alles, was gesagt wurde, genauestens anhörte. Das, was andere glaubten, war ihm ein echtes Anliegen, und er hielt es für wichtig, sie zu verstehen. Dies wiederum machte sie geneigter, ihm zuzuhören. Weil er immer so intensiv zuhörte, wurde er automatisch gebeten, seine Gedanken mitzuteilen. Dann sprach er immer mit solch tiefem Verständnis, solch klarer Zielgerichtetheit und solchem Vertrauen in seinen Weg, daß es nicht mehr viel zu sagen gab, nachdem er geendet hatte. Große Leiter neigen gewöhnlich mehr dazu, zuzuhören als zu reden. Deshalb hat das, was sie dann sagen, mehr Gehalt.

Große Führungspersönlichkeiten haben das Zepter der Leiterschaft selten zum Selbstzweck ergriffen. Wahre Leitung wird aus einer Vision und Strategie heraus geboren, die fest auf dem Fels von Überzeugung und Ziel verankert ist. Leiter sein ist ein Mittel zum Zweck und nicht Selbstzweck. Wenn wir das im Kopf behalten, können wir unsere spezifischen, materiellen Ziele veredeln. Zum Beispiel werden wenige davon inspiriert werden, wenn es Ihr Ziel ist, das größte Unternehmen in einer bestimmten Sparte zu haben (ein spezifisches Ziel), doch viele lassen sich vielleicht davon inspirieren, wenn es Ihr Ziel ist, dies zur Verbesserung der wirtschaftlichen Bedingungen in Ihrem Ort zu erreichen, oder um den Kindern Ihrer treuen, langjährigen Angestellten das Universitätsstudium zu ermöglichen, um Ihre eigene Seniorenwohnanlage zu bauen, usw.

Eine Vision entwickeln

Die Fähigkeit, ein großer Visionär zu sein ist zu einem bestimmten Grad eine geistliche Gabe, mit der einige einfach geboren werden. Viele, die diese natürliche Gabe zu besitzen scheinen, haben jedoch andere Defizite in ihrem Charakter, wie zum Beispiel einen Mangel an Entschlußkraft, Beständigkeit, usw., der sie daran hindert, ihre Vision zu verwirklichen.

Es gibt Träumer, die vielleicht viel reden, aber selten viel tun. Es gibt viele andere, die alle die Eigenschaften besitzen, um sich eine Vision vorzunehmen und sie zu verwirklichen, aber Schwierigkeiten damit haben, die Vision zu formulieren. Diese Fähigkeit kann auch von denen entwickelt werden, die genug Antriebskraft in sich haben, um sich der Sache auch intensiv zu widmen.

Per definitionem ist eine Vision ein Konzept, das noch nicht real ist. Der erste Schritt beim Formulieren einer Vision besteht ganz einfach darin, anzufangen darüber nachzudenken, was sein könnte, anstatt darüber, wie es zur Zeit aussieht. Dafür benötigt man ein bestimmtes Maß an Optimismus; die Kritiker und Skeptiker werden selten Visionen oder Träume haben.

Optimistisch zu sein ist keine geringe Leistung – neuere Studien zeigen auf, daß beinahe 70 % der Gedanken der Durchschnittsamerikaner negativ sind (d.h. etwas Schlechtes über eine Person oder eine Sache zu denken oder erwarten, daß etwas Schlechtes passiert). Die schockierende Tatsache dieser Studie ist, daß dies Amerikaner sind, die sich selber für das optimistischste Volk in der Welt halten! Wieso erlauben wir es uns eigentlich, in solch großer, geistiger Trübsal zu leben? Solche Menschen führen ein Leben, das zum Großteil aus Bitterkeit besteht, und sie bleiben weit hinter ihren eigenen Möglichkeiten zurück. Nur diejenigen, die glauben, daß sie Erfolg haben können, werden genug Mut aufbringen, die Anstrengungen auf sich zu nehmen, die es braucht, um erfolgreich zu sein.

Der allerwichtigste Schritt, den die meisten von uns tun können, um unsere Hoffnungen und Visionen in Erfolge umzuwandeln, beginnt damit, daß wir nur das Allerbeste über jeden Menschen und jede Situation denken. Selbst wenn wir manchmal falsch liegen, wenn wir das tun, ist es viel besser, sich zu irren, wenn man an Menschen glaubt als wenn man an ihnen zweifelt, ganz abgesehen davon, daß unser Leben uns so unendlich mehr Freude machen wird!

Jede Begebenheit in unserem Leben wird uns entweder bitter machen oder bessern, doch die Wahl liegt bei uns. Jede Niederlage kann uns klüger und stärker machen. Thomas Edison machte über 1 000 Versuche, die mißlangen, bevor er das Experiment machte, aus dem die Glühbirne hervorging. Diese 1 000 Experimente waren nicht vergeblich; durch jedes einzelne lernte er ein wenig mehr über das, was Elektrizität ist und das, was sie nicht ist. Bald hatte er die richtige Gleichung so eingekreist, daß sie ihm einfach nicht entgehen konnte. Es war eine außerordentliche Vision, gegründet auf dem Entschluß, einfach nicht aufzugeben, die Edison zu einem großen Erfinder machte. Solche Entschlossenheit ist ohne Optimismus unmöglich, der ja der grundsätzliche Glaube daran ist, daß man am Ende doch Erfolg haben wird.

Beginnen Sie damit, Vision dort zu praktizieren, wo Sie gerade sind. Betrachten Sie Ihre Arbeit und listen Sie alle positiven Dinge darüber auf. Dann beginnen Sie eine Liste mit Dingen, die Sie verbessern könnten.

Danach beschließen Sie, diese zu verwirklichen und die Arbeit so gut wie nur irgend möglich zu machen. Martin Luther King Jr. sagte es einmal so:

>»Wenn Sie Straßenkehrer sind, beschließen Sie, der beste Straßenkehrer zu werden, den es je gab. Wenn Sie der Beste in Ihrem Bereich werden, selbst wenn es beim Straßenkehren ist, wird die ganze Welt an ihre Tür pilgern und erklären: ›Hier wohnt der beste Straßenkehrer, den es je gab.‹«

Beginnen Sie damit, dies in jedem Bereich Ihres Lebens in die Praxis umzusetzen. Wenn es Ihrer Ehe nicht so gut geht, dann beschließen Sie, sie zu verbessern. Wenn Sie Ihrer Frau gelegentlich Blumen mitbrächten, würde sie vielleicht den Wunsch entwickeln, abzunehmen; sie würde vielleicht damit aufhören, sich immer über Nichtigkeiten zu beschweren, die sie an Ihnen ärgern. Sie müssen sich vielleicht demütigen, um dies zu tun, aber der Mensch, der sich demütigen kann, wird immer derjenige mit der größeren Charakterstärke sein.

Wenn man sich an Ihr Leben erinnert, wird man Ihre Größe an den Dingen messen, die Sie besser machen konnten als sie vorher waren. Praktizieren Sie dies in allen Bereichen Ihres Lebens. Zählen Sie Ihre Erfolge und messen Sie Ihren Fortschritt. Sie werden sehen, daß jeder Erfolg zu noch größeren Erfolgen führen wird. Wenn Sie lernen, was nötig ist, um Ihre Ehe zu verändern, werden Sie anschließend vielleicht in der Lage sein, ein Unternehmen zu verändern oder eine Stadt. Bauen Sie Ihr Leben auf Erfolge auf, auf Vorwärtskommen und Sie werden immer mehr befähigt werden, die Bedingungen von allem und allen in Ihrem Leben zu verbessern. Daraus wächst ganz natürlich die Fähigkeit zu sehen, daß alles und jedermann besser sein kann, und das ist die Quintessenz von Vision.

Übung

Eine einfache, und dennoch effektive Übung, um Vision zu entwickeln, besteht darin, Ihre Ziele zu spezifizieren. Nehmen Sie sich ein paar Minuten Zeit, um sie niederzuschreiben. Als Hilfe wollen Sie vielleicht die folgenden Fragen beantworten und dann Ihre eigenen hinzufügen.

Allgemeines Lebensziel: Was ist das wichtigste Ziel, das Sie in Ihrem Leben verwirklichen wollen? (Mögliche Antworten wären zum Beispiel, ein Buch zu schreiben, eine Firma aufzubauen, in ein öffentliches Amt gewählt zu werden, ein Leiter in einer christlichen Gemeinde zu werden, usw.)

Familiäres Ziel: Was ist das wichtigste Ziel für Ihre Familie? (Betrachten Sie hier jedes Familienmitglied einzeln. Sie können sie auch nach ihren Zielen fragen und es zu Ihrem persönlichen Ziel machen, alle ihre Ziele in Erfüllung gehen zu sehen.)

Finanzielle Ziele: Was ist Ihr persönliches finanzielles Ziel? (Hier kann alles auftauchen von »Besitzer eines Eigenheimes werden und bis zu einem bestimmten Alter schuldenfrei sein«, bis »ein bestimmtes Nettoeinkommen haben«, oder »finanziell unabhängig werden«.)

Ziele für die Freizeit: Was ist Ihr größtes Ziel für Erholung oder Vergnügen? (Dies könnte solche Dinge beinhalten wie ein Ferienhaus zu besitzen oder ein Boot, den Flugschein zu machen, usw.)
Es könnte hilfreich für Sie sein, jedes Ziel in ein Tagebuch zu schreiben, so daß Sie es in regelmäßigen Abständen überprüfen können, um Ihren Fortschritt zu messen. Dies bringt uns zu der nächsten grundlegenden Eigenschaft wahrer Leiter.

Die Fähigkeit, einen Plan zu formulieren

Hier liegt der Hauptunterschied zwischen den *Machern* und den *Träumern*. Ein altes Sprichwort besagt: »Wer im Planen versagt, plant zu versagen.« Selbst wenn wir die edelsten und rechtschaffensten Ziele haben, sind unsere Chancen, sie auch zu erreichen, gering, wenn wir nicht richtig planen.

Mehr als seine Genialität war es wahrscheinlich Napoleons Hingabe an Planung, die ihn viel erfolgreicher machte als die rivalisierenden Generäle, die er besiegte. Er lernte ohne Unterlaß, brütete über den Landkarten potentieller Schlachtfelder, den Geheimdienstberichten über die Verfassung und Stärke des Feindes und sogar über den Charaktereigenschaften und der persönlichen Geschichte gegnerischer Generäle.

Wie die meisten Unternehmungen werden auch Schlachten selten so ausgeführt wie geplant, doch Napoleon war so ein unermüdlicher Planer, daß er die Schlacht schon viele Male in Gedanken ausgefochten hatte, bevor sie in Wirklichkeit stattfand. Das half ihm, sich auf jede Eventualität vorzubereiten: Er setzte einfach seinen revidierten Plan ein, während seine Gegner gerade ihre Landkarten hervorholten und darüber nachzudenken begannen, was sie wohl als nächstes tun sollten. Auf diese Weise war er fast immer in der Lage, seinen Gegnern einen Schritt voraus zu sein und sie so in der Defensive zu halten und für sich selbst Gelegenheiten zu schaffen, die denen, die weniger gut vorbereitet waren, verschlossen blieben. Durch Planung können wir das Gleiche erreichen.

Planung ist gleichzeitig Kunst und Disziplin. Selbst der größte Künstler muß seine Fähigkeiten entwickeln; genauso muß der Leiter seine Fähigkeit zu planen entwickeln. Effektive Planung verlangt die Befähigung, Fakten, welche die Wirklichkeit, mit der man sich auseinanderzusetzen hat, betreffen, aufzunehmen und zu ordnen. Wir müssen auch in der Lage sein, Fakten auf eine Weise zu beobachten, die Einblicke schafft, welche wiederum zu Vorteilen und Erfolg verhelfen. Lassen Sie uns diesen Prozeß kurz in seine drei grundsätzlichen Bestandteile aufgliedern:

1. *Benennen Sie das Ziel (die Ziele).*
   Dies haben wir schon in unserer vorhergehenden Übung getan. Planung verlangt eine Befähigung, sich die Zukunft vorzustellen und dann eine Art Straßenkarte zu erstellen, um sie zu befahren. Wir werden nie wissen, wo wir die Straße bauen sollen, wenn wir nicht wissen, wohin wir überhaupt wollen.

2. *Die notwendigen Fakten sammeln und ordnen.*
   Die Fähigkeit, Informationen zu bekommen, ist schon an sich eine wichtige Kunst. Zuerst müssen wir entscheiden, wo wir die besten und wichtigsten Fakten bekommen können, die uns weiterhelfen. Wie sieben wir alle die uns zur Verfügung stehenden Informationen aus, um am Ende nur das übrig zu haben, was wir brauchen? An diesem Punkt versanden viele Leiter, weil sie konzeptorientiert und nicht detailorientiert sind. Hier geht ihr Leiterpotential häufig verloren.

3. *Den Plan erstellen.*
   Ein erster Schritt bei der Erstellung eines guten Planes ist die Erkenntnis, daß der Plan geändert werden kann. Machen Sie sich keine Sorgen darum, einen perfekten Plan erstellen zu müssen, denn Sie werden auch unterwegs noch Änderungen vornehmen können. Als Pilot mußte ich vor dem Abflug immer einen Flugplan abgeben, aber oft zwangen veränderte oder unvorhergesehene Wetter- oder andere Bedingungen zu einer Abänderung des Planes. Ich erkannte bald, daß es genauso wichtig für mich war zu wissen, wann und wie ich meinen Plan abändern mußte wie einen zu erstellen – der Plan half mir beim Start und dabei, die richtige Richtung zu finden. So werden viele unserer Pläne beschaffen sein, doch ohne sie würden wir nicht einmal mit einer Sache beginnen.

Am besten fängt man damit an, einen guten Plan zu machen, indem man die Ziele formuliert. Dann formuliert man den ersten Schritt und die folgenden bis hin zum Schluß. Wichtige Faktoren, die man in den Plan einfügen sollte, sind Prioritäten, notwendige Handlungen, gut gewählte Zeitpunkte, Personal, andere benötigte Ressourcen, Parameter, um den Fortschritt im Blick auf das Ziel messen zu können, usw.

Übung

Nehmen Sie die Ziele, die Sie zuvor aufgelistet haben, zur Hand und schreiben Sie einen Plan für jedes einzelne nieder. Notieren Sie auch Fragen, die Ihnen in den Sinn kommen, wie zum Beispiel: Wie lautet der erste Schritt, den ich zu tun habe? Wie sehen die folgenden Schritte aus? Wo muß ich mit Hindernissen auf dem Weg zur Erfüllung des Zieles rechnen? Wo finde ich positive Hilfen auf dem Weg dorthin? Welche Ressourcen benötige ich? Welche Ressourcen stehen zur Verfügung? Wer hat dieses Ziel vorher schon erreicht und wie hat er das geschafft? Vielleicht ist es auch gut, Einjahres- oder Fünfjahrespläne zu überlegen, usw.

Nachdem Sie Ihren Plan abgeschlossen haben, sollten Sie wenn möglich noch das sogenannte »Todfeindspiel« durchmachen. Wenn Sie der Feind Ihres Planes wären, was würden Sie tun, um seine Verwirklichung zu verhindern? Diese Überlegung wird Ihnen helfen, mögliche Schwachpunkte oder ernste Probleme zu erkennen, die nicht offensichtlich sind.

*Nur weil etwas legal ist,
ist es noch lange nicht richtig.
Es gibt grundlegende Gesetze,
welche in der Natur vorherrschen,
die ein viel größeres Maß an Weisheit
verraten als die Politiker zur Schau stellen.*

Kapitel 5

Charakter, Wille und Weisheit

Die Geschichte bezeugt, daß selbst die herausragendsten Führungspersönlichkeiten ganz unabhängig von ihrer Brillanz schlußendlich doch versagen werden, wenn ihr Leben nicht auf einem Unterbau aus Ehre, moralischem Bewußtsein und Charakterstärke ruht. In diesem Teil werden wir einige der tieferen Charaktereigenschaften betrachten, die das wesentliche Fundament für Erfolg in einer Leitungsposition darstellen. Die erste könnte man folgendermaßen beschreiben.

Der Wille, einen Plan umzusetzen

Im letzten Kapitel beschäftigten wir uns mit der tiefen Notwendigkeit für jeden, der in einer verantwortlichen Führung steht, Vision zu besitzen und die Fähigkeit zu planen. Viele haben diese Fähigkeiten und versagen doch, weil sie nicht die Entschlossenheit, den Mut und die Ausdauer besitzen, um ihre Pläne in die Tat umzusetzen.

»Wissen ist Macht«, so lautet ein bekanntes Sprichwort. Wissen ist wesentlich für die Erfüllung jedes Vorhabens, und wir alle tun gut daran, nach Wissen zu streben. Doch wenn wir unserem Wissen nicht auch noch Weisheit und Mut hinzufügen, werden wir wahrscheinlich sehr wenig erreichen, egal, wie viel Wissen wir besitzen. Weisheit ist die Fähigkeit, Wissen richtig anzuwenden. Mut ist der Wille, es anzuwenden. Ohne Weisheit und Mut wird uns wachsendes Wissen nur mit der »Lähmung des Analysierens« infizieren. Planung und Vorbereitung müssen zum Handeln führen, was wiederum die Umsetzung unserer Pläne ist. Es ist sehr unwahrscheinlich, daß jemand sich hundertprozentig vorbereitet und sicher fühlt oder es gar ist, wenn er zur Tat schreitet. Wenn wir bei irgendeinem Vorhaben auf völlige Sicherheit warten, ist es gut möglich, daß wir nie einen Anfang finden, geschweige denn etwas zur Vollendung führen. Oft überraschen uns Umstände, die einen Handlungsbedarf aufzeigen, wenn wir uns vollkommen unvorbereitet fühlen. In diesen Situationen scheint es so, als ob Sicherheit und Weisheit dann wachsen, wenn wir es wagen zu handeln. Ein Leiter muß handlungsorientiert sein und darf nicht nur in Theorie und Planung ein Könner sein. Die Fähigkeit zu planen ist wesentlich für echten Erfolg, doch sie muß mit dem Handeln verbunden sein.

Eine Führungspersönlichkeit muß genau wie der Kapitän eines Schiffes wissen, wohin er will und wie er dorthin kommt, bevor er den Hafen verläßt. Ebenso muß er fähig sein, seine Pläne während der Reise der Situation anzupassen, wo Stürme, Fehler in der Mechanik und andere Überraschungen dies notwendig machen. Es ist wichtig, die Entschlossenheit zu besitzen, auf Kurs zu bleiben, wenn dies möglich ist, doch es ist genauso wichtig zu wissen, wann der Kurs abgeändert werden muß oder wann wieder auf Kurs zu gehen ist, nachdem eine Abweichung erforderlich war. Hätte Kapitän Smith von der *Titanic* diese Weisheit besessen, wäre das Schiff wahrscheinlich nie gesunken. Entschlossenheit, den Kurs zu halten, ist notwendig, doch sie kann tödlich sein, wenn sie nicht mit Weisheit gekoppelt ist.

Prioritäten einhalten

Vielfach werden die Führungsqualitäten untergraben, weil ein Leiter große Anstrengung auf Kleinigkeiten verwendet. Ein populäres Sprichwort im Geschäftsleben von heute lautet: »Zähle die Pfennige, dann werden die Markstücke von alleine rollen.« Dies stimmt wahrscheinlich nur teilweise, denn wenn wir der Leiter unserer Organisation sind und unsere Zeit darauf verwenden, die Pfennige zu zählen, werden wir wahrscheinlich gar keine Markstücke besitzen, um die wir uns Sorgen zu machen brauchen! Suchen Sie jemand anders, der die Pfennige zählt! Der Leiter muß seine Zeit in die wesentlichen Dinge investieren.

Wenn wir unsere Zeit nicht unter Kontrolle halten, wird das, was 10 % oder weniger von unserer Firma repräsentiert 90 % oder mehr von unserer Aufmerksamkeit binden. In vielen Fällen liegt hier der Grund für ein Burnout-Syndrom bei verantwortlichen Führungskräften und für beträchtliche Verluste in einem Unternehmen. Wenn wir uns in einer Führungsposition befinden, müssen wir lernen, die Einzelheiten zu delegieren und unsere Aufmerksamkeit dem Leiten und der Planung zu widmen. Dies ist schwer für Leiter, denn von Natur aus sind sie Macher und neigen dazu, sich einzumischen – doch es muß sein, wenn wir unser ganzes Potential ausleben wollen.

Zu lernen, Ihre Pflichten zu priorisieren, kann Ihre Produktivität tatsächlich um ein Vielfaches steigern. Ein einfaches Ordnungssystem kann hierbei hilfreich sein. Führen Sie eine aktuelle Liste der Dinge, die »Zu erledigen« sind. Wenn in Ihrem Ordnungssystem »1« die höchste Priorität ist, dann arbeiten Sie nicht an den »2«-ern, bevor die »1«-er erledigt sind, und so weiter bis zum Ende. Ein paar Pfennige mehr fallen vielleicht durch die Ritzen, aber Sie werden erstaunt darüber sein, wieviel mehr Markstücke hereinkommen!

Wenn wir dazu befähigt werden wollen, unsere Prioritäten in der richtigen Reihenfolge zu halten, müssen wir zuerst von dem Fluch der Egozentrik befreit werden. Nur wenige Weltreiche, Zivilisationen, oder Unternehmen sind von äußeren Feinden überrannt worden – fast alle sind an dem Krebs der Egozentrik zerbrochen, der oft ein Ergebnis ihres Reichtums war. Krebs besteht aus Zellen, die nur im Blick auf ihre eigenen Bedürfnisse vor sich hin fressen, ohne Rücksicht auf den Rest des Körpers. In gewissem Sinne ist Krebs ein Sinnbild für personifizierte Egozentrik.

In vielen Bereichen ist die westliche Zivilisation zum höchsten Standard aufgestiegen, was Ehre, Gerechtigkeit, Moral und den Schutz des Lebens anbelangt. Ganz offensichtlich sind diese guten Eigenschaften das Fundament für den Fortschritt im Westen. Heute steht dieses Fundament auf dem Prüfstein. Es überrascht nicht, daß das Abtreibungsthema heutzutage eine beinahe genauso entzweiende Frage wird wie die Sklaverei im letzten Jahrhundert und noch das Potential in sich hat, sie an Brisanz zu übertreffen. Doch das Thema ist nicht nur die Abtreibung, es ist der Wert, den wir dem Leben zuschreiben.

In der Natur ist der Erhalt des Lebens die fundamentalste und stärkste Motivation. Deswegen ist, abgesehen von nur wenigen der einfachsten Gattungen in der Tierwelt, »Familie« einer der wichtigsten Triebe im Leben. Es existieren nur wenige Kreaturen, die nicht ohne Zögern instinktiv ihr eigenes Leben opfern, um das ihrer Jungen zu schützen. Es war kein Zufall, daß die allererste Prüfung von König Salomos Weisheit die Frage nach der Achtung einer Mutter für das Leben beinhaltete. Die allererste Prüfung für jede Regierung ist ihre Hingabe an die Achtung des Lebens. Alle Eltern, die ihre Kinder opfern würden, sind nicht nur unmenschlich, sie würden sogar Schwierigkeiten haben, in der Tierwelt akzeptiert zu werden.

Es wird keinen Seelenfrieden oder Frieden auf Erden geben, bevor nicht das Leben mehr geschätzt wird als egoistischer Ehrgeiz oder Bequemlichkeit. Es ist nicht nur unnatürlich für eine Mutter, ihr Kind zu zerstören, ob es nun schon geboren oder noch ungeboren ist, es verrät auch eine tiefgreifende Abweichung von der Zivilisation, um statt dessen einer Barbarei in ihren niedrigsten und unmenschlichsten Formen anzuhängen. Die Lösung der Abtreibungsproblematik bietet uns die Gelegenheit, es den führenden Verantwortlichen der Welt zu ermöglichen, einen noch höheren Standard an Moral, Gerechtigkeit und Achtung des Lebens zu finden. Versagen wir dabei, dieses Problem mit Mut und Ehrgefühl und nicht nur mit dem Gesetz zu lösen, dann wird sicherlich ein tiefer Riß in unserem Fundament aus Ehre und Moralgefühl zurückbleiben, der letztendlich zur Tyrannei führt.

Nur weil etwas legal ist, ist es noch lange nicht richtig. Es gibt grundlegende Gesetze, welche in der Natur vorherrschen, die ein viel größeres

Maß an Weisheit verraten als die Politiker zur Schau stellen. Eine wirkliche sittliche Qualität hat nicht viel mit bloßer Befolgung der Gesetze zu tun; wahre Moralität heißt, das zu tun, was richtig ist. Eine Zivilisation, die nicht auf Gesetzen basiert, wird anfällig für Despotismus und Tyrannei sein. Doch eine Zivilisation, die nicht über das Gesetz hinauswachsen kann, um nach den Prinzipien zu leben, die nicht nur legal sind, sondern auch moralisch richtig, hat ihre Menschlichkeit verloren und ihr Potential für wahre Größe. Gesetzlosigkeit führt immer in die Tyrannei. Die Unfähigkeit, über das Gesetz hinauszuwachsen, führt jedoch auch in die Tyrannei. Die Bewahrung des Lebens ist sowohl für die Natur als auch für die Moral fundamental.

Trotzdem können wir keine Steine auf die Mutter werfen, die ihr Kind abtreibt, wenn wir selbst unsere lebendigen Kinder auf den Altären der nichtigen Götter selbstsüchtigen Ehrgeizes und persönlichen Erfolges opfern. Könnte selbst der größte Erfolg bei unseren Unternehmungen anders interpretiert werden als schreckliches menschliches Versagen, wenn wir unsere eigenen Kinder auf dem Weg dorthin verlieren? Wer kann die »erfolgreichen« Geschäftsleute, Sportler, Trainer und sogar christlichen Gemeindeleiter zählen, die ihre Ziele nur erreicht haben, um am Ende zu sagen, daß sie gerne alles hergeben würden, wenn sie nur ihre Familien wiederbekommen könnten. Die erste Bedingung, die Gott genannt hatte, lautete, daß es nicht gut für den Menschen sei, allein zu sein; es ist nicht gut, doch genau dort werden wir landen, wenn wir unseren Familien nicht die Priorität einräumen, die ihnen gebührt.

Dieses Buch ist nicht als Handbuch für Familienberatung gedacht. Trotzdem, wenn wir eine Familie haben, wird sie mit großer Wahrscheinlichkeit entweder einen großen Quell der Motivation darstellen oder eine große Last, die Sie von Ihrem Unternehmen ablenkt. Wozu Ihre Familie für Sie wird, liegt beinahe vollständig in Ihrer Hand. Wenn Sie Ihre Familie mehr lieben als Ihr Unternehmen, werden Sie als Folge wahrscheinlich Ihr Unternehmen und alles andere mehr schätzen als Sie dies täten, wenn Sie es mehr liebten als Ihre Familie. Wie schon gesagt verläuft das Abfallen der Produktivität Amerikas parallel zur Hingabe an den Egoismus, der der Hauptfaktor für den Abstieg der amerikanischen Familie ist. Familie ist ein ursächlicher Faktor. Die Geschichte beweist, daß der sicherste und schnellste Weg einer Zivilisation in den Untergang über die Zerstörung des moralischen Gewebes führt, das in der Wertschätzung der Familie verankert ist. Jeder andere Standard in Sinngebung und Moral wird leicht überrannt, wenn der elementare Trieb des Lebens – die Familie – aufgeweicht wird.

Nach unserer unmittelbaren Familie sollten als Nächstes auf unserer Prioritätenliste Menschen kommen. Betrachten wir unser Unternehmen als ein »Ding« oder als die Menschen, aus denen es besteht? Menschen sind wichtiger als Dinge, und wenn Sie Ihr Unternehmen personalisieren, werden Ihre Leute ganz neu für den gemeinsamen Erfolg motiviert und gestärkt sein. Ein vorrangiges Ziel für den Leiter sollte es sein, seine

Leute dahin zu bringen, daß sie sich selbst soweit als möglich als Famile betrachten. Eine solche Identität wird Ihre beste Chance sein, sie zur Hingabe herauszufordern an Stelle der Selbstzentriertheit, die immer der elementaren Vision und dem Sinn Ihres Unternehmens entgegenwirkt.

Standhaftigkeit

»Standhaftigkeit« war ursprünglich ein Begriff aus der Marine für die Fähigkeit, auf Kurs zu bleiben. Wir könnten dem hinzufügen, daß es sich auch um die Fähigkeit handelt, immer wieder auf den richtigen Kurs zurückzukehren, nachdem eine Abweichung notwendig war, so lange, bis das Ziel erreicht ist. Damit Ihnen dies gelingt, muß das Ziel selbst mehr Macht in Ihrem Leben haben als die Vielzahl von unterschiedlichen äußeren Druckfaktoren, die versuchen, Sie von Ihrem Kurs abzubringen. Die Fähigkeit hierfür hängt vor allem davon ab, wie gut Sie sich auf diese Reise zum Erfolg mit all ihren Konflikten und ihren Stürmen vorbereitet haben.

Als Flugzeugpilot geriet ich mehrmals in solch turbulente Stürme, daß ich noch nicht einmal meine Karten lesen konnte. Ich hätte ernsthafte Probleme bekommen, wenn ich mir nicht vorher die Zeit genommen hätte, den Flug vorzubereiten. In solchen Stürmen war ich immer sehr dankbar dafür, daß ich während meiner Ausbildung keine Abkürzungen genommen hatte, und daß ich gewissenhaft genug gewesen war, meine Flugroute zu studieren, bevor ich losgeflogen war.

Als Vorbereitung auf jeden Flug prägte ich mir die wichtigsten Frequenzen und Steuerkurse ein und auch einen alternativen Flughafen mit guten Wetterbedingungen, den ich mit dem mir zur Verfügung stehenden Treibstoff erreichen konnte. Regelmäßig wiederholte ich Notprogramme für mögliche Motorausfälle, führte mir vor Augen, welche Instrumente ich verlieren würde, wenn mein Vakuumsystem ausfiel oder das elektrische oder irgendein anderes System, und wie ich ihren Verlust wettmachen konnte, usw. Für die Mehrheit meiner Flüge mag das alles wie eine große Zeitverschwendung erschienen sein, doch es gab einige wenige Gelegenheiten, wo ich merkte, daß alle meine Anstrengungen bei der Planung und Ausbildung sich gelohnt hatten. Ich habe mehrere Motorausfälle erlebt, mein Flugzeug wurde mehrmals vom Blitz getroffen, Kurzschlüsse haben Feuer verursacht, und öfters wurde ich durch Stürme weit vom Kurs abgetrieben. In den meisten dieser Fälle schlug mein Puls kaum schneller, denn ich war vorbereitet und wußte, was zu tun war. Ein Mangel an Vorbereitung kann in Panik münden, die ein tödlicheres Potential in sich trägt als der Notfall selbst. Jedes Unternehmen wird Notfälle erleben. Unsere Vorbereitung zu den relativ ruhigen Zeiten wird sich sehr stark auf unsere Leistung während der Krise auswirken.

Innerer Friede ist eines der wertvollsten Kapitalgüter für einen Leiter. Sorgen behindern unsere Urteilsfähigkeit und entziehen uns mehr Energie als große körperliche Anstrengung; Stress ist der schlimmste Feind von klarem Denken und Planen. Neben der Vorbereitung für den Weg gibt es auch noch andere Faktoren, die uns helfen, unseren inneren Frieden zu bewahren.

Die Generäle Robert E. Lee und Stonewall Jackson waren gläubige Männer, die einen echten Glauben daran hatten, daß es einen Gott gibt, der größer ist als sie selbst und der die Dinge der Menschen ordnet. Dies ermöglichte es ihnen, ihren inneren Frieden selbst zu Zeiten der schlimmsten Konflikte, der größten Verwirrung und des stärksten Drucks zu bewahren. Darin bestand solch ein großer Vorteil, daß manche Historiker nahelegten, daß es der *größte* Vorteil war, den diese großen Generäle über ihre Gegner besaßen. Innerer Friede ist sicherlich eines der größten Besitztümer und einer der größten Vorteile der Menschheit, die wir in unserem Leben haben können – und als solche schon an sich unser Ziel sein sollte. Sorgen werden nie das auslösen, was wir uns wünschen oder das verhindern, was wir uns nicht wünschen – sie sind eine triviale wertlose Übung, die einer wahren Führungspersönlichkeit nicht würdig ist.

Ausdauer

Ausdauer ist die Fähigkeit, so lange an einer Aufgabe zu bleiben, bis sie vollendet ist, also etwas ähnliches wie Standhaftigkeit. Hier liegt ein ernstes Problem für jene mit ausgeprägter Leitergabe, denn Menschen mit einer Führungsbegabung finden es viel anregender, eine Aufgabe zu beginnen als sie zu vollenden. Als Folge davon haben sie oft zahlreiche unvollendete Projekte, die vor sich hin schlummern, während sie sich schon auf das nächste interessante Projekt und seine Verwirklichung stürzen.

Die Fähigkeit, die Arbeit zu beenden, ist ganz genau so wichtig wie die Fähigkeit, alle Ressourcen und Energien aufzubringen, um sie zu beginnen. Dies verlangt Disziplin. Die Unfähigkeit, Arbeiten zu vollenden, ist normalerweise ein deutliches Zeichen dafür, daß wir uns von emotionaler Energie leiten lassen statt von echter, zielgerichteter Vision. Aus diesem Grund bleiben einige der besten Verkäufer der Welt arm; sie können einen Eskimo dafür begeistern, daß er Schnee kauft, doch irgendwie schaffen sie es nie, seine Unterschrift in die unterste Zeile des Vertrages zu bekommen. Diese Verkäufer ziehen ein Erfolgserlebnis daraus, daß sie ihre möglichen Kunden dazu bringen, ihnen zu glauben – nicht daraus, daß sie ein Geschäft abschließen. Wir sind so lange nicht erfolgreich, bis wir die Arbeit zu Ende gebracht haben!

Integrität

Integrität heißt mehr, als nur ehrlich zu sein, Integrität heißt, das Richtige zu tun. Sie bedeutet Freiheit von korrumpierenden Einflüssen oder Praktiken. Integrität heißt, zu tun, was man sagt. Zu tun, was Ihr Gewissen Ihnen sagt, selbst wenn Sie dabei am Ende alleine dastehen. Integrität bedeutet, den Mut zu haben, zu seinen Überzeugungen zu stehen. Sie beinhaltet das Streben nach höheren moralischen Werten als denen, die vielleicht »in der Gruppe« üblich sind. Sie beinhaltet ebenso den Mut und die Ehrlichkeit, Fehler und Versagen zuzugeben und auch die Schuldzuweisung dafür zu akzeptieren.

Selbst die bedeutendsten Menschen in führenden Positionen machen Fehler. Je besser Sie als Leiter sind, desto kostspieliger und sichtbarer werden auch Ihre Fehler sein. Sich von Fehlern wieder zu erholen ist eine wichtige Prüfung echter Führungsqualitäten. Echte Erholung wird solange nicht stattfinden, solange man solche Fehler nicht akzeptiert und sich vor der Verantwortung dafür drückt. Die größten Leiter lernen, ihre Fehler in Gelegenheiten für Erfolg und Sieg zu verwandeln. In vielen Fällen verwandeln sich Mißerfolge in die besten Gelegenheiten zum Sieg. Wellington, Napoleon und Lee errangen einige der größten Siege aufgrund ihrer Fähigkeit, die Erfolge ihrer Feinde in eine Falle umzuwandeln, um sie zu überwinden. Die Japaner benutzten ihre Niederlage im Krieg als Sprungbrett für den wirtschaftlichen Sieg in Friedenszeiten. Vision und qualifizierte Leitung können die schlimmste Katastrophe zu einer guten Gelegenheit wenden.

General Lee ist zugute zu halten, daß er niemals jemand anderem die Schuld an der Niederlage von Gettysburg in die Schuhe schob als sich selbst. Seine Untergebenen ließen ihn in dieser Schlacht mehrfach im Stich; die schweren Folgen dieses Versagens seiner Leute brachten ihn dazu, eine verzweifelte Entscheidung zu treffen, die letztendlich zur Niederlage führte. Doch Lee erwähnte das Versagen seiner Untergebenen niemals. Als nach dem Krieg einer dieser Generäle Lee öffentlich und auf recht bittere Weise die Schuld an der Niederlage gab, stimmte Lee ihm zu. Diese Demut brachte ihm die Sympathien der ganzen Welt ein; in der Tat wurde er nach dem Krieg zum angesehensten Mann der Nation – sogar bei den Nordstaatlern. Seine Demut war auch der Grund dafür, daß ihn bald seine schlimmsten Kritiker als einen der Großen ihrer Zeit anerkannten. Als er starb, trauerte das ganze Volk um einen Mann, den sie alle für sich selbst in Anspruch nehmen wollten.

Historiker haben behauptet, daß Lees Führung nach seiner Niederlage wahrscheinlich herausragender war als das, was er zu Kriegszeiten vorgelebt hatte. Beinahe alle stimmen darin überein, daß seine Führung bei der Versöhnung zwischen Nord und Süd wichtiger für die Wiederherstellung der Nation war als jeder andere Einzelfaktor. Lee setzte ein Beispiel an persönlicher Integrität, Versöhnungs- und Vergebungsbereitschaft. Seine Führung nach dem Krieg verhinderte mit großer Wahrscheinlichkeit jahrelange Guerillakämpfe und noch mehr Zerstörung in einem Volk, das verzweifelt Heilung benötigte.

Eine große Führungspersönlichkeit muß das Vertrauen und die Selbstsicherheit besitzen, die Wahrheit über sich selbst zu akzeptieren und die Konsequenzen aus ihrem Verhalten zu tragen. Die größten Leiter sind die, die am besten mit Niederlagen umgehen können – denn jeder wird irgendwann einmal einen Fehler machen. Wer sich damit brüstet, daß er nie versagt hat, war nie wirklich mit Haut und Haaren bei einer Sache. Denn Versagen kann in Wahrheit eine gute Gelegenheit für zukünftigen Erfolg sein, wenn wir die Lektionen, die es uns beibringt, lernen anstatt nur Entschuldigungen anzuführen. Ein Sprichwort sagt: »Wer sich gut auf Entschuldigungen versteht, versteht sich selten auf irgend etwas anderes.« Die größten Siege sind die, welche vorherige Niederlagen überwinden.

Die Menschen, die Ihnen nachfolgen oder die für Sie arbeiten, verdienen es, die Tatsachen zu kennen. Normalerweise sehen sie viel mehr, als der durchschnittliche »Chef« ihnen zugesteht. Wenn wir nicht offen über Probleme und Fehler sprechen, wird dies letztendlich zu einem Verfall der Moral und der Hingabe der Mitarbeiter führen, da sie denken, daß wir entweder nicht ehrlich sind oder nicht in der Lage, die Realität zu erkennen. Motivation und Loyalität, die Tiefe besitzt und beständige Kraft, gründet sich auf Wahrheit, nicht auf üble Tricks.

Ehrlichkeit ist genauso eine wesentliche Voraussetzung für den inneren Frieden. Wir werden nie Frieden haben, wenn wir uns darüber Sorgen machen, daß jemand uns auf die Schliche kommen könnte. Was wir auch durch Betrügen oder Lügen gewinnen mögen, es ist den Preis nicht wert, den wir bezahlen, nämlich mit vierzig Jahren das Herz eines Achtzigjährigen in unserem Körper zu tragen. Ehrlichkeit bringt Respekt und inspiriert die, welche unter uns arbeiten, mehr als alles andere, was wir tun können. Der Respekt vor uns selbst, den wir durch unser Ehrlichsein gewinnen, wird auf lange Sicht höhere Dividenden abwerfen als alles, was wir durch Täuschung gewinnen könnten.

Mut

Mut ist eine Eigenschaft des Verstandes und des Herzens, die uns angesichts von Opposition, Gefahr oder Not dazu bringt, der Versuchung, aufzugeben oder sich zurückzuziehen, zu widerstehen. Hierzu gehört auch das Sammeln all unserer Kräfte, um das Ziel zu erreichen. Mut zu haben bedeutet, eine gewisse Unerschütterlichkeit in unserem Denken und starkes moralisches Rückgrat zu besitzen. Beides bringt uns dazu, vorwärtszudrängen, bis wir zum Erfolg durchdringen, und dabei die auftretenden Risiken richtig wahrzunehmen und einzuschätzen.

Vor dem Erreichen eines jeden wertvollen Zieles wird es Hindernisse und Barrieren geben. Wie wir mit diesen Problemen umgehen, wird unseren Erfolg oder unsere Niederlage bestimmen. Es gibt vier grundsätzliche Arten, wie Menschen mit Problemen umgehen; zwei davon werden zur sicheren Niederlage führen, eine wird den Erfolg erschweren, kann aber doch noch Raum dafür lassen. Nur eine dieser Arten, mit Problemen umzugehen, wird mit Wahrscheinlichkeit zum Erfolg führen. Betrachten wir sie nun jede für sich.

Erste Reaktionsweise: Das Hindernis bringt uns dazu, umzukehren. Dieser Weg führt zur Niederlage und enthüllt einen Mangel an Mut, Entschlossenheit und Führungsqualitäten, der für den Erfolg bei jedem beliebigen Unterfangen unabdinglich ist.

Zweite Reaktionsweise: Das Hindernis hält uns auf. Vielleicht ziehen wir uns nicht zurück oder kehren gar um, doch wir bewegen uns auch nicht mehr vorwärts. Selbst wenn wir an unserem Traum oder unserem Ziel festhalten, werden wir ewig Besiegte und Frustrierte sein, wenn wir es Hindernissen erlauben, uns aufzuhalten.

Dritte Reaktionsweise: Das Hindernis bringt uns dazu, den Kurs zu ändern. Es begegnen uns einige Hindernisse, die eine Änderung unserer Pläne nötig machen und diese Möglichkeit als die beste übrig lassen. Wenn wir nur unseren Kurs ändern, erlaubt uns das vielleicht doch noch, bis zum letztendlichen Erfolg durchzudringen, doch wenn wir dazu tendieren, uns durch Hindernisse zu leicht von unserem Kurs abbringen zu lassen, wird sich unsere Chance auf Erfolg drastisch verkleinern.

Es braucht echte Weisheit, um zu wissen, wann wir unsere Pläne ändern sollen. Manchmal müssen wir zulassen, daß die Weisheit die Oberhand über Mut und Entschlossenheit gewinnt, wenn wir erfolgreich sein wollen. Es mag Hitler viel Mut und Entschlossenheit gekostet haben, darauf zu bestehen, Leningrad einzunehmen, doch es war alles andere als weise und führte zu seiner endgültigen Niederlage, nicht nur in Leningrad, sondern im gesamten Krieg. Leningrad zu erobern war eines von Hitlers Zielen, doch es war nicht wesentlich, um sein übergreifendes Ziel, Rußland zu erobern, zu erreichen. Wenn er einfach um die Stadt herumgegangen wäre, hätte er wahrscheinlich sein höchstes Ziel erreicht. Sein Bestehen darauf, diese eine Festung einzunehmen, führte zum Verlust einer ganzen Armee, die in dieser einen Schlacht sinnloser Vernichtung preisgegeben war. Entschlossenheit und Mut sind wesentliche Dinge, doch sie müssen von Intelligenz kontrolliert werden.

Vierte Reaktionsweise: Wir gestatten einem Hindernis nicht, uns aufzuhalten oder den Kurs zu verändern, sondern räumen das Hindernis aus dem Weg oder überwinden es. Normalerweise ist dies die beste Art, mit einem Hindernis umzugehen, und es sollte auch immer unser erster Versuch sein.

Mut ist eine wesentliche Eigenschaft für Leiter, doch muß sie von Vision und Strategie gemäßigt werden, indem wir jederzeit unser höchstes Ziel ganz vorne im Kopf behalten, so daß wir nicht von unseren zweitrangigen Erfolgen in die Niederlage getrieben werden. George Washington bietet eine gute Studie dafür, wie man Mut mit dem Fixieren unserer Vision auf unser höchstes Ziel in der Balance halten kann. Viele ehrgeizige Männer erhoben sich, um nach seiner Stellung als Oberbefehlshaber der Kontinentalen Armee zu greifen. Oft war er versucht, sich selbst zu verteidigen und die Integrität dieser Männer niedrigeren Ranges anzugreifen. Er widerstand der Versuchung in dem Wissen, daß solche Kleinlichkeit die Einheit der dreizehn Staaten auflösen könnte, was wiederum ihre Überwindung durch die Briten zur Folge hätte. Washington benötigte mehr Mut, um über den politischen Grabenkämpfen zu stehen als für die Wahl selbst nötig war.

Loyalität

Loyalität ist Treue den Prinzipien gegenüber, dem Plan und den Menschen gegenüber. Ein soziales Chamäleon, das sich immer wieder verändert, um sich jeder neuen Umgebung oder Gruppe anzupassen, entbehrt die grundlegenden Eigenschaften, die eine wahre Führungspersönlichkeit ausmachen. Wahre Leiter lassen sich nicht so leicht verändern, sondern besitzen statt dessen die Charakterstärke, ihre Umgebung zu verändern, sogar die Einstellung der Masse.

Wenn wir von anderen erwarten, daß sie sich uns gegenüber loyal verhalten, müssen wir mit gutem Beispiel vorangehen. Wenn wir Loyalität besitzen, werden wir uns nicht dazu herablassen, über andere zu ungut zu reden oder sie herabzuwürdigen, weder Menschen in Leitungspositionen noch solche, die uns untergeben sind. Der wahre Leiter steigt nicht auf, indem er andere kleiner macht. Menschen mit Führungsqualitäten setzen ihren Standard nach dem höchsten Standard, nicht nach dem, was andere tun oder auch nicht tun.

Initiative

Offensichtlich muß ein Leiter jemand sein, der Verantwortung sucht und annimmt. Der halbe Sieg liegt oft schon darin, daß man die Schlacht *beginnt*. Wer die Initiative ergreift, wird gewöhnlich auch in der Lage sein, sie zu behalten, woraus ihm ein beträchtlicher Vorteil erwächst.

Jemand hat einmal gesagt, daß es im wesentlichen drei Arten von Menschen in der Welt gibt: diejenigen, die bei dem zuschauen, was passiert, diejenigen, die darüber reden, daß sie Dinge tun wollen, und diejenigen, die sie dann wirklich tun. Das Traurige ist, daß diejenigen in den ersten beiden Kategorien alles besitzen, was es braucht, um ein »In-die-Tat-Umsetzer« zu sein außer einem – der Initiative. Viele der größten Sportler spielen niemals in einem wirklichen Spiel, weil sie nie den ersten Schritt getan haben, um zu versuchen, in ein Team aufgenommen zu werden. Hätte jemand, der nur sein ganzes Leben davon träumt, ein großer Musiker zu werden, seine »Traumzeiten« zum Üben verwendet, würden jetzt sicher viele davon träumen, so ein gefragter Künstler wie er zu sein! Nur wenige von denen, die immer darüber reden, große Dinge zu tun, tun wirklich etwas, geschweige denn etwas Großes. Jede Reise beginnt mit nur einem Schritt; wenn Sie nicht wissen, wie Sie den zu nehmen haben, werden Sie nirgendwo hingehen.

Kapitel 6

Die Motivation von Menschen

Was ein Mensch mit Führungseigenschaften zu leisten vermag, hängt von der Qualität der Menschen ab, die bereit sind, ihm zu folgen, genauso wie von dem Grad der Opferbereitschaft und des Engagements, den diese miteinbringen. Menschen müssen einen Grund für ihre Bereitschaft, Opfer zu bringen, haben. Die Fähigkeit des Leiters wiederum, die besten Leute anzuziehen und motiviert zu halten, hängt von seinem Verständnis dessen ab, was seine Leute motiviert oder demotiviert.

Es existieren zwei grundsätzliche Arten von Motivation: die positive und die negative. Beide funktionieren, und beide können gut funktionieren, das hängt ganz von den Umständen und den Personen ab. Beinahe jeder wird hart arbeiten, wenn er befürchten muß, daß sein Arbeitsplatz, sein Bauernhof oder sein Unternehmen auf dem Spiel steht. Das ist negative Motivation. Dennoch gilt unter manchen Umständen, wie zum Beispiel in Berufen, die Kreativität erfordern, daß nur wenige Menschen ihre beste Arbeit unter dieser Art von Druck leisten können. Sie benötigen normalerweise eine positive Form der Motivation. Der effektive Leiter muß dazu in der Lage sein zu unterscheiden, welche Art von Motivation angebracht ist und wann sie einzusetzen ist.

Die Truppen der Südstaaten, die unter General Lee dienten, hatten während des gesamten Krieges gegenüber ihren Gegnern aus den Nordstaaten einen bedeutenden Vorteil, was ihre Motivation anbelangte. Das war auch der Grund, warum sie am laufenden Band trotz überwältigender Widrigkeiten Schlachten gewannen. Sie waren negativ motiviert, indem sie versuchten, ihren Lebensstil zu erhalten, aber sie waren auch positiv motiviert durch ihre Zuneigung und ihr Vertrauen zu ihrem Leiter. Wenige Generäle waren bislang in der Lage, die Art von Hingabe hervorzurufen, wie Lee das tat. Nach dem Krieg nannten ihn sogar seine Feinde eine der größten Führungspersönlichkeiten, welche die amerikanische Nation je hervorgebracht hat. Was war sein Geheimnis?

Zwei Typen von Führungskräften

Grundsätzlich sind zwei Arten von Leitern zu unterscheiden: diejenigen, welche die Menschen für sich selbst opfern, und diejenigen, die sich selbst für die Menschen opfern. Lee war eines der herausragendsten Beispiele für letzteren Typ. Von dem Tag an, als er das Kommando übernahm, bis Appomattox lehnte er es ab, irgendwo anders als in einem Zelt zu schlafen, sogar als er Richmond besuchte, weil er sich so sehr mit dem Elend identifizierte, dem seine Männer ausgesetzt waren. Zweimal geschah es, als er seine Leute in einen Angriff führen wollte, daß die Truppen sich weigerten, ihn dies tun zu lassen, und sie immer wieder riefen: »General Lee nach hinten!« Für seine Männer war er keine Persönlichkeit in weiter Ferne, die sie nur gelegentlich beim Aussteigen aus der Staatskarosse zu Gesicht bekamen; er war einer von ihnen. Sie folgten ihm nicht nur wegen der Sterne auf seiner Schulter, sondern wegen seines außergewöhnlichen Charakters als Leiter.

Napoleon entfachte ebenfalls die Verehrung seiner Truppen, indem er sich mit dem einfachen Mann identifizierte. Er nannte sich selbst »den kleinen Korporal« und betrachtete die Zeit, die er damit verbrachte, seine Truppen persönlich kennenzulernen, als wichtigen Teil seiner Schlachtpläne. Wenige Personen waren auch dann noch effektive Leiter, als sie den Kontakt zu den Männern in den Schützengräben, am Fließband oder in der Kirchenbank verloren hatten. Jeder Leiter, der den Kontakt mit seinen Leuten verliert oder sich nicht mehr um sie kümmert, kann wahrscheinlich leicht durch einen guten Computer ersetzt werden.

Oft wird in Leiterschaftskursen im Geschäftsleben und beim Militär gelehrt, daß Leiter sich selbst von ihren Truppen distanzieren müssen, da »Vertrautheit Verachtung heranzüchtet«. Es existieren ein paar andere gute Gründe hierfür, wie zum Beispiel die Tatsache, daß es schwierig wird, engen Freunden Anweisungen zu geben. Doch der Hauptgrund liegt in der Annahme, daß eine Truppe in dem Maß den Respekt vor ihrem Befehlshaber verliert, in dem sie ihn immer besser kennenlernt. Dies trifft auch tatsächlich für den typischen Leiter zu, dessen Autorität mehr von seiner Position herrührt als von seinem Charakter. Ein wahrer Leiter jedoch wird sogar noch mehr respektiert, je besser er von seinen Anhängern gekannt wird. Wahre Autorität wird die Prüfung einer solchen Art von näherer Inspektion bestehen. Diejenigen, die das höchste Niveau wahrer Leiterschaft erreichten, fühlten sich fast immer in der Gesellschaft selbst der niedrigsten Ränge ihrer Gefolgsleute wohl, ja normalerweise genossen sie diese sogar. Diese Nähe löste oft eine Opferbereitschaft bei ihren Gefolgsleuten aus, die als Fundament für die späteren, bedeutenden Erfolge angesehen werden kann.

Die Seele Ihres Unternehmens verstehen

Ein kritischer Faktor, den man in bezug auf Motivation verstehen muß, ist der, daß jede Einheit, ob es sich nun um ein Unternehmen handelt oder um eine Nation, eine eigene »Seele« besitzt, eine einzigartige Identität. Diese Seele ist eine Mischung aus Menschen, Geschichte und Vision. Die wahre Natur und Stärke dieser »Seele« wird während einer Krise am offensichtlichsten, denn wenn sie bedroht wird, blättert die Fassade ab, so daß die wahre Natur zum Vorschein kommt. Auf diesem Weg kann sogar eine kleinere Krise dem Leiter helfen, die wahre Natur seines Unternehmens zu verstehen. Dadurch wird er befähigt, es in einer großen Krise noch effektiver zu leiten ebenso wie in krisenfreien Zeiten.

Jedes Unternehmen besitzt eine eigene Identität, ein eigenes Territorium oder eine »Seele«. Ohne die Seele seines Unternehmens zu verstehen, befindet sich der Leiter nicht nur in einer geschwächten, sondern auch in der falschen Position. Diejenigen, die sich die Seele eines Unternehmens zu eigen machen, sind die Gefolgsleute; der Leiter sollte derjenige sein, der die Seele des Unternehmens prägt. Der Erfolg jeder Unternehmung hängt von der Leistung ihrer Leute ab. Wenn die Mitarbeiter Ihres Unternehmens sich mit der Seele und dem Territorium der Firma identifizieren, so ist das ein grundlegender Schlüssel zu Ihrem Erfolg und Bestand. Ihren Leuten zu helfen, sich mit der Seele Ihres Unternehmens verbunden zu fühlen, muß für den erfolgreichen Leiter hohe Priorität haben. Um dies zu tun, muß er dessen Sinn und Zweck so klar und deutlich definieren, daß dieser von den Menschen verstanden und zu eigen gemacht werden kann.

Die Seele Großbritanniens wurde von Napoleon geprüft und behauptete sich. Über ein Jahrhundert später wurde sie nochmals von Hitler geprüft und gewann wieder die Oberhand. Die zwei gleichen Menschen versuchten die Seele Rußlands und zerbrachen daran. Der Konflikt in Afghanistan war keine echte Prüfung der russischen Seele, genauso wenig wie es Vietnam für die amerikanische war, weil Menschen territorial denken; der Erdboden ist es, wo man normalerweise die Identität seiner Seele findet. Wenn Sie einen Menschen von seinem eigenen Land herunternehmen, wird seine Entschlossenheit normalerweise schwinden, weil seine Identität verschwimmt. Großbritannien gab alle seine Kolonien beinahe ohne irgendwelche Kämpfe her, doch wehe dem, der die Britischen Inseln anrührt! Auf ihrem eigenen Boden war die Armee der Konföderierten im Amerikanischen Bürgerkrieg beinahe unbesiegbar, bis ihnen einfach die Männer ausgingen. Im Südstaatenterritorium hatte die Potomac-Armee (die Union) einfach nicht die Entschlossenheit, die sie besaß, als ihr eigenes Land bedroht war.

Die Seele einer Armee ist offensichtlich eng an die Nation gebunden, die sie repräsentiert, doch sie kann genausogut mit solchen Idealen wie Freiheit, Demokratie, usw. verbunden sein. Wenn die Seele einer Armee an solche Ideale gebunden ist, muß man wissen, daß ihre Kampfmoral sich in jeglichem Konflikt auflösen wird, der nicht direkt mit ihrer Seele in Verbindung steht. Zum Beispiel erwies es sich als unmöglich für die Vereinigten Staaten, die Kampfmoral ihrer Armee in Vietnam hochzuhalten, weil ihre Seele eng mit der Bewahrung von Freiheit verbunden ist, und sie nicht motiviert bleiben konnte, als sie gebeten wurde, die Regierung eines Diktators verteidigen zu helfen. Wenn Sie vorhaben, Ihr Unternehmen über das Reich seiner seelischen Identität hinauszuführen, dann müssen Sie dem einige grundsätzliche Dinge anpassen und häufig auch akzeptieren, daß seine Leistung leiden wird.

Die Seele eines Unternehmens ist direkt an sein Produkt gebunden. Die Produktivität hängt eng mit der Fähigkeit des Leiters zusammen, seine Leute dazu zu bringen, sich mit ihrem Produkt zu identifizieren. Eine gute Möglichkeit, dies zu tun, besteht darin, die Identität des Produktes mit einer Stadt, einer Region oder einer größeren Organisation zu verbinden. Die Automobilindustrie schaffte das sehr erfolgreich mit Detroit; die Boeing-Werke taten es mit Seattle, usw. Die Menschen, die für diese Industriezweige arbeiten, wissen, daß ihre Produkte ihre Stadt repräsentieren, und die besteht wiederum aus ihren Familien und Freunden.

Die Seele einer Sportmannschaft steht sicherlich mit dem Spiel in Beziehung, das sie spielt. Meisterschaften, Anerkennung und Preise helfen den Spielern bestimmt, motiviert zu sein, doch all das muß auf der grundlegenden Motivation einer Begeisterung für das Spiel aufgebaut sein. Wenn ein Spieler seine Begeisterung für das Spiel verliert, helfen ihm vielleicht andere Motivationen, gut zu sein, aber er wird nie sein volles Potential erreichen. Die erste Priorität eines Trainers sollte immer sein, in seinen Spielern eine Begeisterung für das Spiel zu wecken und aufrechtzuerhalten.

Die zweite Priorität eines Trainers sollte es sein, seine Mannschaft mit der Stadt, der Region oder der Organisation, für die sie spielt, in Beziehung zu setzen. Ein kluger Trainer einer Unimannschaft wird seinem Team ein starkes Gefühl dafür vermitteln, daß sie da draußen für ihre Universität kämpfen, die wiederum den Bundesstaat, die ehemaligen Studenten, usw. repräsentiert. Kluge professionelle Teameigner versuchen, ihre Spieler in der Gemeinde zu verwurzeln, weil sie die zusätzliche Motivation, die das mit sich bringt, erkennen. Der andauernde An- und Verkauf von Spielern untergräbt dies und reduziert ihre Loyalität darauf, für den Meistbietenden zu arbeiten, was die Fans wiederum erkennen und was ihre Loyalität der Mannschaft gegenüber beeinträchtigt. Aus diesem Grund können manche der siegreichen Mannschaften der letzten Zeit nicht einmal mehr ihr Heimstadion füllen, besonders wenn es noch andere Freizeitmöglichkeiten in der Gegend gibt.

Eine Kirchengemeinde, die eine echte Gemeinde ist und nicht nur ein Unternehmen, findet ihre Identität in dem Herrn, den sie anbetet. Ganz offensichtlich ist das wahre Produkt vieler christlicher Gemeinden aber nicht Christus, sondern vielmehr eine bestimmte Doktrin, die Persönlichkeit des Pastors oder sogar spezielle Projekte oder Ziele, die sie verfolgt. Diese besitzen eine »Seele«, die eher der eines typischen Unternehmens ähnelt als dem biblischen Glauben, und ihre Leiter haben oft mehr Gemeinsamkeiten mit Geschäftsführern als mit Propheten. Viele dieser Leiter reden immer offener darüber, sie erklären ihren Unglauben öffentlich, doch wenn ihr Produkt oder ihr Sinn und Zweck in Wahrheit nicht Christus ist, wäre es dann nicht doch ehrlicher, auf seinen Namen ganz zu verzichten? Eine christliche Kirche dazu zu gebrauchen, Philosophien zu verbreiten, die den Lehren von Christus selbst entgegenlaufen, ist so offensichtlich unehrlich, daß leicht zu verstehen ist, warum solche Verwirrung, Treulosigkeit und Heuchelei in der Gesamtheit der Kirche existieren. Echte Motivation und Langzeiterfolg stehen immer in direkter Beziehung zu Ehrlichkeit. Hiermit soll keineswegs die Tatsache negiert werden, daß es ehrliche Gemeindeleiter und echte Gläubige gibt, und es ist verständlich, warum diese Kirchen heute mit einer nie dagewesenen Geschwindigkeit wachsen, während die anderen ähnlich schnell schrumpfen.

Die Loyalität in jeder Organisation wird immer nur so stark sein wie ihre »Seelenverbindungen«. Auch andere Dinge können zu einem gewissen Grad motivieren wie zum Beispiel Prämien, persönliche Anerkennung, usw., doch sollten diese niemals als primäre Motivationsspender betrachtet werden. Es ist egal, wieviel Charisma wir als Leiter vielleicht besitzen, wir können anderen nicht wirklich Dinge vermitteln, die wir selbst nicht besitzen. Der effektive Leiter kann den Bezug zu seinem grundlegenden Ziel oder Produkt nicht verlieren. Ein Soldat muß sein Land lieben, wenn er sein Leben dafür riskieren und seine Männer dazu motivieren soll, es ihm gleich zu tun. Wenn ein Trainer seine Leidenschaft für das Spiel verloren hat, wird sein Erfolg mehr als bescheiden sein. Wenn Sie Ihre eigene Liebe für das Evangelium und Ihren Glauben daran verloren haben, werden sich nur wenige Ihretwegen bekehren. Der effektive Leiter muß sich davor hüten, seine Zeit mit Nebensächlichkeiten zu verschwenden. Erkennen Sie das Herz oder die »Seele« Ihres Unternehmens und beißen Sie sich mit einer Bestimmtheit daran fest, die nur der Tod lösen kann.

Die Quelle der Autorität

Unsere Autorität mag als der Grad unserer Leiterschaft und die Grenzen ihres Einflußbereiches definiert werden. Zum Beispiel genießt der Direktor eines Unternehmens vielleicht beträchtlichen Respekt bei seinen Arbeitern, was Fragen anbelangt, die in bezug zu der Firma stehen, doch er wird wenig Autorität haben, um ihre politische Einstellung zu beeinflussen.

Autorität hat zwei grundsätzliche Aspekte. Den ersten Aspekt nennen wir den »gesetzlichen«. Dies meint Autorität, die greifbar ist, weil sie eine bestimmte Stellung beinhaltet wie zum Beispiel Vorarbeiter, Kapitän, Direktor, Richter, usw. Den zweiten Aspekt von Autorität nennen wir den »geistigen«. Geistige Autorität ist nicht so leicht greifbar, weil sie aus Respekt besteht, der erst verdient werden muß. Ein Geschäftsvorsteher hat zwar die gesetzliche Autorität, seinen Laden zu leiten, und Menschen werden seinen Anweisungen aufgrund seiner Stellung gehorchen. Nichtsdestotrotz wird dieser Vorsteher wenig geistige Autorität über seine Leute haben, wenn er nicht akzeptiert oder respektiert wird, und sie werden auch nicht ihr Bestes für ihn geben.

Sobald eine gesetzliche Position von Autorität erlangt ist, sollte der Leiter seine Energie dahingehend verwenden, eine solide Grundlage von geistiger Autorität aufzubauen, wenn er wirklich vorhat, die besten Ergebnisse zu erzielen. In vielen Fällen kann geistige Autorität größeren Einfluß über die Menschen, die geführt werden, ausüben als gesetzliche Autorität dies je tun kann. Jeder, der beim Militär war, hat schnell gelernt, daß ein Feldwebel, der zwar nicht die gesetzliche Autorität eines Leutnants oder Hauptmannes besitzt, in der Hitze der Schlacht tatsächlich mehr Einfluß auf die Männer haben kann als die Offiziere. Deshalb lernt der kluge Offizier, durch die Feldwebel zu arbeiten und konzentriert sich darauf, seine eigene Autorität oder seinen Einfluß bei ihnen zu entwikkeln.

Gesetzliche Autorität rührt streng von der Stellung her, doch die Grundlage für geistige Autorität wächst aus der Erfahrung, der Integrität des eigenen Charakters und der Begeisterung für das Produkt oder das Ziel der Unternehmung. Normalerweise ist es auch die Erfahrung, die dem Feldwebel mehr echte Autorität oder echten Einfluß verleiht als weniger erfahrenen Offizieren, die einen höheren Rang haben. Ein hohes Maß an geistiger Autorität kann ganz einfach durch den Respekt erreicht werden, den andere einer beständig ehrlich und edelmütig gesinnten Persönlichkeit entgegenbringen.

Ein gutes Beispiel dafür, wie die Begeisterung für das Produkt sich in geistige Autorität verwandeln kann, bietet die Erfahrung eines meiner Freunde, die er in der Schule machte. Das Produkt eines Lehrers ist die Fähigkeit, seinen Schülern nützliches Wissen zu vermitteln. Mein Freund hatte solche Probleme mit Mathematik, daß es sowohl ihm als auch seinen Lehrern so schien, als ob er einfach dazu verdammt war, in diesem Fach hoffnungslos unfähig zu bleiben. Doch in der siebten Klasse bekam er eine andere Art von Mathematiklehrer. Diese Lehrerin besaß solch eine echte Begeisterung für Mathematik, daß sie einfach ansteckend wirkte. Sie unterrichtete das Fach nicht nur, sie flößte ihren Schülern solch eine Begeisterung für das Fach ein, daß diese sich gegenseitig weiterhalfen. Mein Freund schnitt nicht nur in diesem Jahr glänzend ab, sondern während seiner ganzen restlichen Schulzeit, und er ist immer noch so gefesselt davon, daß er sich auch heute, viele Jahre später, in seiner Freizeit an der Herausforderung, die ihm schwierige mathematische Probleme bieten, erfreut. Eine Lehrerin, die eine echte Führungspersönlichkeit war, nahm einem Fach seinen Schrecken und machte eine Leidenschaft daraus; das tat sie, indem sie einfach diese Leidenschaft selbst besaß.

Ein Vorarbeiter, der eine echte Begeisterung für sein Handwerk besitzt und diese auch an seine Arbeiter weitervermitteln kann, wird immer den besten Betrieb haben. Ein Trainer, der sein Spiel wirklich liebt und diese Liebe weitervermitteln kann, wird normalerweise die beste Mannschaft haben. Ein Seemann, der seine Liebe zu Schiffen und zur See weitervermitteln kann, wird die beste Crew haben. Diejenigen, die von ihrem Produkt am meisten begeistert sind, werden die besten Führungskräfte sein, denn sie verbringen mehr Zeit und Energie damit, mehr über ihr Produkt zu lernen.

Als ich eine Zeitlang als Teilzeitfluglehrer arbeitete, lernte ich einen Piloten der Luftwaffe kennen, der mir half, meine eigenen Fähigkeiten enorm zu erweitern, einfach aus dem Grund, weil er eine Leidenschaft für Flugzeuge besaß. Er war Transportpilot und flog durchschnittlich ungefähr 120 Stunden im Monat. Danach nahm er all das Geld, das er verdiente (er war unverheiratet), um auf zivilen Flughäfen Maschinen zu mieten, in denen er umherflog. Wenn er kein Geld mehr hatte, fragte er mich oft, ob er mit mir fliegen könnte, während ich unterrichtete, nur damit er in der Luft sein konnte. Sobald ein besonderes Flugzeug auf unserem Flughafen landete, war er der erste, der es untersuchte, dem Besitzer Dutzende von Fragen stellte und normalerweise auch die Erlaubnis bekam, es für einen kurzen Flug mit hinaufzunehmen. Ich sah zu, wie seine Liebe für Flugzeuge die anderen Piloten und Fluglehrer mit einem frischen Eifer für präzises Arbeiten und einem Wissensdurst für ihr Handwerk »infizierte«. Fraglos führte er uns alle auf eine neue Ebene der Vortrefflichkeit in unserem Beruf, und doch war er sich dessen kein bißchen bewußt. Egal, wann ich an die großen Piloten denke, die ich gekannt habe, er ist immer einer der ersten, die mir in den Sinn kommen. Egal, wann ich an die großen Führungspersönlichkeiten denke, die ich gekannt habe, worunter sich auch Luftwaffengeneräle und Admiräle der Marine befinden und Männer, die erstklassige Jagdbomberpiloten waren, dieser junge Leutnant ist immer mit dabei.

Wahre Leidenschaft, die im Herzen eines Leitenden brennt, wird immer ansteckend sein. Ein biblisches Sprichwort besagt, daß »eine dreifache Schnur nicht so schnell reißt«. Im Falle der Autorität von Leiterschaft sind diese drei Stränge: Stellung, Integrität und Begeisterung für das Produkt. Die Stellung ist gesetzlich, doch Integrität und Begeisterung sind geistige Kräfte, die viel mehr Macht in sich tragen als eine rein gesetzliche Stellung.

Ein echter Lehrer übermittelt nicht nur Wahrheiten, sondern auch eine Liebe zur Wahrheit. Dies ist eine Fähigkeit, die nicht vorgespielt werden kann. Wenn Sie keine Leidenschaft für das besitzen, was Sie tun, dann besitzen Sie auch keine Führungsqualitäten, unabhängig davon, wie gut Sie vielleicht die Prinzipien und Formeln Ihres Betriebes kennen. Wahre Leiterschaft ist eine mächtige geistige Kraft, die nur aus Ihrem Herzen kommen kann; wahre geistige Autorität ist eine Mitteilung Ihrer Seele an andere. Diese »Seele« zu verstehen, die sowohl individuell ist als auch in der Einheit derer gefunden wird, die sich für eine gemeinsame Sache sammeln, ist eine Grundvoraussetzung dafür, die Gabe, führen zu können, zu verstehen und sie zu besitzen.

Es gibt Politiker, die den Thron wahrer Leiterschaft und Autorität in jeder Art von Unternehmen beanspruchen. Ein reiner Politiker kann und wird aber kein guter Leiter sein. Eine wahre Führungspersönlichkeit mag in die Politik gehen, doch sie wird kein Politiker sein. Ein solcher Mensch würde dann zutreffender als Staatsmann bezeichnet werden. Per definitionem wird ein Politiker durch politische Zweckmäßigkeit motiviert, einem Vorgang, der echte Überzeugung und das Gewissen nivelliert, welche wiederum die Grundlage wahrer Leiterschaft sind. Für den Politiker ist die Stellung das Ziel. Ein Staatsmann wird sich wenig um Stellung oder Titel kümmern; ihm sind die Ergebnisse wichtig und er sieht die Stellung als bloßes Mittel, um seine Ziele zu erreichen.

In einer Regierung, besonders einer Demokratie, haben Politiker einen sinnvollen Platz. In der Legislative spiegeln sie den Willen des Volkes exakt wieder, für den sie so empfänglich sind. Die Legislativen der Bundes- und der Länderregierungen bestehen beinahe vollständig aus Nachfolgern und nicht aus Leitern. Sehr wenige Gesetzgeber sind echte, innovative Denker; normalerweise versuchen sie nur, mit dem Strom zu schwimmen. Auch hier gibt es Ausnahmen, doch sind sie selten. Die besten Führungspersönlichkeiten eines Volkes sind fast immer in den Arenen der Geschäftswelt, des Sports, des Militärs oder der Mission zu finden.

Wirkliche Führungscharaktere finden Politik abstoßend und legislative Prozeduren langweilig. Aus diesem Grund wurden Exekutive und Legislative einer Regierung so konzipiert, daß sie von ernannten Persönlichkeiten geleitet werden. Man geht ganz selbstverständlich davon aus, daß der Präsident ein Leitertyp ist und deshalb Leiter für die Posten im Kabinett und in der Judikative ernennen wird. Wenn aber ein bloßer Politiker die Präsidentschaftswahlen gewinnt, fühlt er sich oft durch wahre Leiter bedroht und wird sie deshalb nur selten in hohe Ämter berufen. Wenn jedoch die Exekutive und Judikative der Regierung nicht von wahren Leitern geführt werden, sind wir dazu verurteilt, einen hohen Preis zu zahlen, der aus Ineffizienz, Ineffektivität oder Schlimmerem besteht. Um effektiv zu sein, müssen diese Zweige der Regierung von denen geleitet werden, die mehr von der Macht ihrer Überzeugungen getrieben werden als vom Geschrei der Leute.

Eigentum und Motivation

Das Versagen des Sozialismus hat seine Wurzel in seinem Mangel an Eigentum. Die ersten Kolonien in Amerika waren Kommunen. Obwohl sogar ihr Leben von der Produktivität in den Gemeinschaftsgärten abhing, hungerten doch viele gerade aus Mangel an Produktivität. Dies rührte von der allgemeinen Faulheit und der mangelnden Einsatzbereitschaft der Leute her, die am Ende ja diejenigen waren, die hungern mußten! Als man den Menschen ihr eigenes Stück Land gab und ihnen auftrug, ihre eigene Nahrung anzubauen, vervielfachte sich der Ertrag.

Wenn eine Gesellschaft damit beginnt, die Reichen zur Zielgruppe für die Steuer zu machen, bestraft sie in Wirklichkeit den Erfolg und fördert Durchschnittlichkeit und mangelnde Initiative. Solch eine Handhabung verwässert unweigerlich den Treibstoff für den wirtschaftlichen Motor jener Nation. Wir müssen nochmals betonen, daß die Seele des Menschen eng an Eigentum geknüpft ist; Produktivität ist genauso eng an Belohnung geknüpft. Motivation, Energie und Konzentration des Menschen stehen in direkter Verbindung mit diesen beiden Grundprinzipien.

Die Geschichte der U.S.-amerikanischen Sozialeinrichtungen legt auch ein Zeugnis für die Macht des Eigentums ab, sogar was die Wohlfahrt anbelangt. Bürokratische Wohltätigkeit hat sich selbst als Definition für Ineffektivität offenbart; nur ein Bruchteil des Kapitals, das für Sozialleistungen aufgewendet wird, erreicht tatsächlich einen Menschen in Not. Jemand, der für seine Initiative und seinen Erfolg belohnt wurde, wird in allem, was er tut, weit effektiver sein, und dieses Prinzip schließt auch die Hilfe für die Armen ein. Nicht alle Wohlfahrtsverbände arbeiten effizient, doch diejenigen, die von erfolgreichen Unternehmern geleitet oder überwacht werden, arbeiten häufig um ein Vielfaches effizienter als vergleichbare staatliche Stellen. Dies rührt daher, daß die freiwilligen Unternehmer beginnen, diese Wohlfahrtsverbände als ihre Verbände zu betrachten und ihnen deren Erfolg ausgesprochen am Herzen liegt. Es dreht sich nicht darum, wieviel Geld für die Bedürftigen ausgegeben wird, sondern darum, wie viele ihrer Bedürfnisse befriedigt werden. Winston Churchill sagte das einmal so: »Der Sozialismus funktioniert nur an zwei Orten: im Himmel, wo sie ihn nicht brauchen, und in der Hölle, wo sie ihn schon haben!«

Es stimmt, daß Wohlstand, der ererbt wurde, oder Macht und Einfluß, die durch den Adelsstand erworben wurden, in der Geschichte keine Rücksicht auf die weniger Glücklichen nahmen. Doch die freiwillige Wohltätigkeit erfolgreicher Unternehmer, die ihre Position durch eigene Kraft erlangt haben, besitzt ein erstaunlich großzügiges Ausmaß. Wenn wir damit aufhören würden, Steuern zu erheben, um die uneffektiven Sozialeinrichtungen zu unterstützen, doch dies unter der Bedingung, daß der Steuerzahler den jeweiligen Betrag an einen Wohlfahrtsverband spendete, gäbe es wahrscheinlich keine Obdachlosen oder Hungrigen im Land. Auch hier trifft zu, daß sogar Wohlfahrt an Eigentum gebunden ist. Große emotionale und geistliche Belohnungen resultieren aus dem Teilen mit weniger Begünstigten. Solch eine Belohnung gibt es nicht, wenn man durch Steuern zum Geben gezwungen wird. Die Regierung bemächtigt sich dieser Gelegenheit, indem sie eine unpersönliche Bürokratie einrichtet. Churchill bemerkte auch folgendes: »Wenn man mit einundzwanzig Jahren kein Liberaler ist, hat man kein Herz. Wenn man mit vierzig Jahren kein Konservativer ist, hat man keinen Verstand!«

Ein grundlegender Auftrag für wahre Leiter ist es, den Menschen ideelles oder tatsächliches Eigentum zu übertragen. Ihre Arbeit muß *ihre* Arbeit sein. Die Firma muß *ihre* Firma sein. Die Missionsgesellschaft muß *ihre* Mission sein, usw. Je mehr Menschen das Unternehmen als ihr eigenes betrachten, deste produktiver und erfolgreicher wird es auch werden. Das muß nicht unbedingt bedeuten, daß man den Angestellten Option auf Belegschaftsaktien bietet (obwohl sich das als effektiv herausgestellt hat); die Seele müssen sie durch ihre Identifikation besitzen, nicht unbedingt den Körper.

Dies darf keine Heuchelei sein, nur um die Produktivität zu steigern; es muß echt sein. Was echt ist, wird immer das Ergebnis echter Leitung sein. Das ist einer der Wege, wie die Japaner einen solch hohen Grad der Produktivität ihrer Leute erreichen; die Firma, für die sie arbeiten, ist für sie wie eine Erweiterung ihrer eigenen Familie. Die Japaner sind zurückhaltender im Blick auf einen Firmenwechsel als die meisten Amerikaner im Blick auf eine Scheidung. Beim durchschnittlichen japanischen Arbeiter sind vierzig oder mehr Prozent seines Einkommens direkt an Produktivität oder Profit gekoppelt. Je mehr ein Mensch an den Früchten seines eigenen Baumes (der eigenen Arbeit) teilhat, desto motivierter wird er sein.

Die kommende Veränderung im Kapitalismus

In den kommenden Jahren steht dem Kapitalismus eine ebenso radikale Veränderung bevor, wie sie der Kommunismus gerade durchgemacht hat. (Hier soll nicht impliziert werden, daß wir Kommunisten werden; Kapitalismus und Kommunismus sind nicht die einzigen Möglichkeiten wirtschaftlicher Systeme.) Die Veränderung wird so umwälzend und tiefgreifend sein wie die jüngsten Veränderungen in Osteuropa und der Sowjetunion. Wer die Veränderungen nicht kommen sieht und nicht teil hat an einer neuen Art von Führungsstil, wird von diesen Veränderungen genauso hinweggespült werden wie die archaischen kommunistischen Führer.

Es gibt einen Unterschied zwischen freier Marktwirtschaft und Kapitalismus. Innerhalb der freien Marktwirtschaft hat jedermann die gleiche Chance; im gegenwärtigen Kapitalismus haben nur Menschen mit Kapital die gleiche Chance. Obwohl die Unternehmen mit vielschichtiger Marketingstrategie wie zum Beispiel Amway, A.L. Williams, Shaklee, Mary Kay und andere oft von den derzeit Mächtigen im amerikanischen Handel verachtet wurden, haben sie doch überlebt und sind eine wichtige und revolutionäre neue Kraft in der Geschäftswelt geworden. Diese Firmen sind auf dem Prinzip aufgebaut, das der mächtigste wirtschaftliche Motor der Zukunft sein wird. Obwohl die Urformen mancher dieser Geschäfte vielleicht mit genausoviel Tricks wie klarer Strategie gebaut wurden, waren sie doch wirtschaftliche Pioniere, die neue finanzielle Gebiete erschlossen haben, die möglicherweise nicht weniger bedeutsam für unsere Zukunft sind wie die Grenzöffnung gen Osten.

Im Allgemeinen haben Unternehmen mit vielschichtiger Marketingstrategie Qualitätsprodukte zu vernünftigen Preisen auf den Markt gebracht und dabei ihren Leuten ein Vielfaches dessen an Belohnung zukommen lassen, was diese in vergleichbaren Stellungen bei anderen Firmen je hätten erreichen können. Möglich gemacht wurde dies, indem man die laufenden Geschäftskosten, die die meisten Firmen mit verwaltender Bürokratie haben, und die Gewinne drastisch reduzierte, was wiederum erreicht wurde, indem man aus jedem »Angestellten« einen selbstständigen Vertragspartner machte. Werden aus Angestellten unabhängige Unternehmen oder Franchise-Betriebe, dann entscheidet jeder Angestellte über seine eigenen Gewinne und trägt die Kosten. Der unabhängige Geschäftsmann hat auch direkten Anteil daran, wenn es seinem Geschäft gut geht oder er leidet, wenn es ihm nicht gut geht, was die Produktivität normalerweise radikal steigert. Weil er auch Anteile an jedem neuen Geschäft erhält, das durch seine Mithilfe als Pate ins Leben gerufen wird, wird Konkurrenz zu einer positiven Kraft anstatt zu einer negativen; jedermann arbeitet daran mitzuhelfen, daß es allen anderen auch gut geht. Vielschichtiges Marketing ist eine wirtschaftliche Amerikanische Revolution, die das Potential besitzt, die Welt genauso stark zu beeinflussen, wie das die erste getan hat. Schon heute sind ihre Errungenschaften von historischer Bedeutung; ihr zukünftiges Potential ist sogar noch größer.

Neben ihrer bewußten Bejahung von Eigentum und der direkten Belohnung für Initiative tun sich diese Organisationen auch in der Anerkennung und Förderung von Führungskräften hervor. Auch hier gilt, daß der Mensch ein territoriales Wesen ist; seine Seele ist mit Eigentum verbunden. Inmitten der Konflikte und des Drucks der sich verändernden heutigen Welt ist es eine wesentliche Aufgabe für alle in Leitungspositionen, dies zu verstehen.

Der Leitungsstil des strategischen Rückzuges

Aufgrund der Tatsache, daß mitten in einer Schlacht jeder Augenblick der letzte sein könnte, konzentriert ein Krieg den menschlichen Charakter und enthüllt ihn auf seiner untersten Stufe. Der General Meade der *Union* wurde von Militärhistorikern für seine Unentschlossenheit bei der Schlacht von Gettysburg heftig kritisiert. Doch was wie Unentschlossenheit wirkte, mag in seiner Situation eine hervorragende Strategie gewesen sein. Sein Entschluß beinhaltete wenig mehr, als eine feste Stellung zu beziehen. Effektive Leitung heißt, die Fähigkeit zu besitzen, seine eigene Lage einzuschätzen und angemessen darauf zu reagieren. Meade hat wahrscheinlich schon nach dem ersten Tag festgestellt, daß seine Truppen nicht noch mehr von ihrem Territorium preisgeben würden. Sie hatten sich so weit zurückgezogen, wie sie nur ertragen konnten, und ihre Stellung war als Folge davon stärker. Diese Strategie erwies sich als richtig, denn die Männer, die schon so oft vor dem großartigen General Lee geflohen waren, gaben keinen einzigen Quadratmeter mehr auf, selbst als der Druck so stark wurde wie nie zuvor.

Ein Rückzug von Ihrem Territorium kann demoralisierend und in seinen Auswirkungen verheerend sein, aber gelegentlich kann er sich auch als motivierend und strategisch richtig erweisen. Wenn Sie größeren Problemen gegenüberstehen, erweist er sich manchmal als notwendig, doch Sie müssen ihn derart einsetzen, daß er den Kampfgeist in Ihrer Truppe stärkt anstatt ihr die Initiative zu rauben. Sam Houston setzte diese Taktik auf eindrucksvolle Art ein, als er vor dem verhaßtem Santa Ana (mexikanischer Präsident im 19. Jhdt., Anm. d. Ü.) zurückwich. Seine stolzen Texaner wurden mit jedem Kilometer von texanischem Boden, den sie aufgaben, immer wütender. Santa Ana hingegen wurde immer anmaßender und sorgloser. Als die Texaner an dem Punkt angelangt waren, wo sie entweder kämpfen oder Houston selbst aufhängen würden, ließ er sie los – es war gar kein richtiger Kampf, auch wenn Santa Ana zahlenmäßig immer noch weit überlegen war.

Der russische General Kutuzov und seine vergleichsweise kleine Armee wichen beinahe Tausend Meilen vor Napoleons Horden zurück. Ganz Rußland, seine eigenen Generäle und selbst der Zar waren außer sich. Warum kämpfte er nicht wenigstens? Doch er widerstand dem Druck, bis die Zeit reif dafür war, den Angreifern entgegenzutreten. Während er zurückwich, stellte er auf dem Land ein Regiment nach dem anderen zusammen. Obwohl seine Armee so immer noch nicht im geringsten an Napoleons Stärke herankam, spürte er doch bei Borodino, daß die Zeit gekommen war. Sie hatten Moskau im Rücken und seine Männer waren geladen vor Wut.

Napoleon begann die Schlacht mit einem so schrecklichen Kanonenhagel, daß Beobachter glaubten, man werde die Infantrie wohl nicht mehr benötigen, weil danach kaum mehr etwas von der russischen Armee übrig sein konnte. Zum großen Erstaunen der Franzosen hielten die Russen aber ihre Stellung. Dann sandte Bonaparte eine Welle nach der anderen seiner vorher unbesiegbaren Infantrie gegen die scheinbar schwache russische Front. Trotz seiner zahlreichen Schlachten sagt man von Napoleon, daß ihm angesichts all der Verluste dieses Tages schlecht wurde. Obwohl die Franzosen den Russen in allem weit überlegen waren, von den Kanonen angefangen bis hin zu den Männern, konnten sie sie doch nicht aus ihrer Stellung vertreiben. Kutuzov gab an diesem Tag keine Direktiven; er saß nur ruhig dabei und sah zu, nickte oder schüttelte mit dem Kopf, um an ihn gerichtete Fragen zu bejahen oder zu verneinen. Als die Sonne an jenem Abend unterging und der Rauch verflogen war, hatte Kutuzov das Schlachtfeld immer noch im Griff. Die Franzosen waren verzweifelt. Menschen werden ihre Stellung einnehmen und aller Logik zum Trotz mit einem festen Willen kämpfen, wenn ihr Territorium bedroht ist.

Als sich Kutuzov in dieser Nacht einen Überblick über die Verluste verschaffte, beschloß er, nochmals zurückzuweichen. Wieder handelte es sich um eine meisterhafte Strategie. Dutzende Generäle, Tausende Offiziere und Zehntausende Männer lagen auf dem Schlachtfeld verstreut. Es blieben ihm nicht einmal mehr genügend Offiziere, um ausreichende Einsatzbefehle zu geben. Also zog er sich zurück und entschied, mit einem Guerillakrieg weiterzukämpfen, der einzigen Strategie, die ihnen noch übrigblieb. Trotzdem gaben sie nicht auf, bevor sie die Franzosen nicht aus dem Land gejagt hatten. Sie verbrannten lieber ihr geliebtes Moskau und die umliegenden Gegenden, als diese dem Feind zu überlassen. Wer nach dem Boden greift, der greift nach der Seele der Menschen.

Die Historiker behaupten immer noch, daß die Franzosen den Rückzug angetreten hätten, wenn Kutuzov nur seine Stellung trotzdem gehalten hätte. Napoleon war offensichtlich durch die russische Entschlossenheit bei Borodino erschüttert. Er hatte die Schlacht durch Zermürbung gewinnen können, doch dieser Sieg kostete ihn den Krieg. Viele große Führungspersönlichkeiten in der Geschäfts- und Unternehmenswelt sind durch die gleiche Art von Sieg geschlagen worden. Manchmal manövriert uns genau unsere Entschlossenheit zum Vormarsch in die Niederlage und zum Rückzug. Bei mancher Gelegenheit kann unser Rückzug das Sprungbrett für den Vorstoß sein. Ein kluger Mensch in Führungsposition kennt seine Leute und sein Territorium.

Das menschliche Ego und die Zerstörung von Imperien

Was hatte Napoleon dazu gebracht, nach Rußland einzufallen? Er hatte Zar Alexander schon vorher in einer Schlacht geschlagen; dann waren sie Freunde und Verbündete geworden. Alexander hatte sein Mißfallen gegen die Behandlung eines gefangenen Adligen durch Napoleon ausgedrückt und dies wiederum hatte Napoleon beleidigt. Beinahe eine Million Menschen mußten ihr Leben lassen, weil Napoleon beleidigt war. Napoleon war eine der bemerkenswertesten Persönlichkeiten in der Geschichte, einer der effektivsten Führungsnaturen aller Zeiten, doch seine Engstirnigkeit zerstörte ihn. Man kann ein großartiger Leiter sein, ohne ein großartiger Mensch zu sein. Großartige Menschen werden durch Beleidigungen nicht angegriffen oder zu unüberlegten Handlungen motiviert, noch lassen sie sich von dem Entschluß leiten, mit eingebildeter oder echter Ungerechtigkeit von seiten der Konkurrenten, der Normgeber oder der Öffentlichkeit abzurechnen. Negative Motivation aus Rachsucht trägt häufig den Samen von Niederlage und Zerstörung in sich. Wie bei Napoleon und Hitler nach ihm führt diese Art von Motivation zu verheerenden Entscheidungen.

Einen Sieg zu erringen kann ein positives und edles Motiv sein. Doch genauso kann es der übelste und leerste Beweggrund sein, den es überhaupt gibt. Die Seele Amerikas ist eng mit Eroberung und Abenteuer verknüpft. Unabhängig von allen Anschuldigungen waren die Motive Amerikas für Eroberungen selten imperialistischer Natur; Eroberungen folgten eher aus dem tiefen Wunsch, Grenzen zu erreichen und zu überwinden. Aus diesem Grund brillieren Amerikaner in der Forschung, Entwicklung und Entdeckung, aber sie langweilen sich, wenn es um Herstellungsprozesse geht. Im Gegensatz dazu sind die Asiaten begeistert von der anstrengenden Arbeit im Bereich der Herstellung und sehr geschickt darin. Ohne eine Vision für »Eroberungen«, nicht so sehr von Menschen oder

Gebieten, sondern von Grenzen, wird Amerika letztendlich bedeutungslos. (Amerikanische Leitung in Forschung und Entwicklung in Verbindung mit asiatischem Management und asiatischer Produktion könnte ein Team hervorbringen, das seinesgleichen sucht.) Diejenigen, die Amerika politisch, wirtschaftlich durch ihre Unternehmen oder geistlich leiten, werden nur begrenzte Erfolge erzielen, wenn sie nicht ihre Ziele ausdrücklich so setzen, daß die gegenwärtigen Grenzen unserer Zeit erweitert werden. Amerika ist von Forschern und Abenteurern ins Leben gerufen worden und trägt immer noch deren genetischen Fingerabdruck; darin besteht Amerikas Seele.

Die Fernsehserie und das Buch »Roots« (Wurzeln) waren so populär, weil beinahe jedermann sich mit dem Autor, Alex Haley, identifizieren konnte, der seine Identität in seinem Erbe fand. Unsere Sicht der Zukunft wird durch unser Verständnis der Vergangenheit erhellt. Die Seele eines Volkes wird mit dem Boden gleichgesetzt, der wiederum nicht nur Erde ist, sondern auch Geschichte. Jede Nation, jedes Volk und sogar jedes Unternehmen besitzt einen genetischen Kode, der geistig ist und der zu einem großen Prozentsatz von seiner Geschichte bestimmt wird. Man kann diese Kodes beeinflussen und verändern, doch man wird sie nie vollständig verstehen, bevor man nicht ihre Geschichte kennt.

Die Motivation wird die Leistung, die Produktion oder das Produkt, welches das Herz Ihres Unternehmens darstellt, direkt beeinflussen. Selbst die nobelsten Ziele werden die Menschen nicht motivieren, wenn sie sich nicht mit ihnen identifizieren können. Diese Ziele müssen zu ihrem »Land« werden. Persönliche Anerkennung und Belohnungen sind bedeutsam im Blick auf die Verwirklichung der Vision. Fortschritt im Erreichen der Ziele muß sie auf ganz praktische Art berühren und sie positiv beeinflussen, ansonsten werden ihnen die Ziele nicht real erscheinen.

Seiner Familie einen höheren Lebensstandard zu verschaffen, kann ein edles Ziel sein. Nur um des eigenen Egos willen reicher zu werden oder Dinge zu erobern, wird wachsende Leere hervorrufen und ein Abnehmen der Achtung vor sich selbst. Unglücklicherweise waren genau das die Ziele einer wachsenden Anzahl von Amerikanern während der letzten paar Jahrzehnte. Die führenden Kräfte haben keine anderen Ziele hervorgebracht, die es wert gewesen wären, unsere Aufmerksamkeit auf sich zu lenken. Abgesehen von kurzen Erholungsphasen und Aufschwüngen ging es mit der amerikanischen Wirtschaft während der gleichen Zeitspanne im gleichen Maß kontinuierlich bergab. Nur eine echte Führungspersönlichkeit kann eine überzeugende Vision hervorbringen, die die Menschen inspiriert und sie dazu bringt, sich damit zu identifizieren.

Viele philosophische Kräfte sind in Amerika am Werk, die das Streben nach Führungspositionen hemmen. Jeder, der die Initiative ergreift, wird zum Ziel destruktiver Kritik von Geringeren; solche Kritik soll dazu dienen, jedermann auf ihr Niveau hinunterzuziehen. Ein großer Teil der Medien ist zur Verkörperung des »Krabbengeistes« in der Menschheit geworden. Krabben kann man in Behältern aufbewahren, aus denen sie mit Leichtigkeit entfliehen könnten, aber wenn eine damit beginnt, über ihre Nachbarn hinauszuklettern, um herauszukommen, ziehen die anderen sie zurück nach unten. Mit nur ein klein wenig Zusammenarbeit könnten sie alle entkommen, doch die Natur der Krabben hält sie alle in Gefangenschaft. Im Namen des Journalismus oder der Information werden die Medien gebraucht, um einigen der schlimmsten Eigenschaften des Menschen freien Lauf zu lassen. Das Ergebnis ist ein großer Mangel an echten Führungspersönlichkeiten, das, wie die Geschichte zeigt, immer wieder einem Typ von Leitern Gelegenheit gibt, die Lücke zu besetzen, den man sich am allerwenigsten wünscht.

*Große Strategen haben schon oft
den Lauf der Menschheit verändert,
doch diese Ritter waren keine großen Strategen –
sie waren einfach große Menschen.*

Kapitel 7

Sie veränderten den Lauf der Geschichte

Die Ritter vom Orden des Heiligen Johannes und ihre Großtaten im Mittelalter gehören zu den größten geschichtlichen Beispielen für das, was von Menschen erreicht werden kann, die ihr Leben nach den höchsten Prinzipien der Leiterschaft ausrichten. Obwohl ihre Chancen, wie manche Historiker schätzen, nur hundert zu eins standen, bezog diese Handvoll Ritter Stellung gegen die stärksten islamischen Armeen und hielt stand. Ihre Geschichte ist es wert, als eine der großen Inspirationen und Definitionen für wahre Führungsqualitäten, die die Welt hervorgebracht hat, erzählt zu werden.

Während das christliche Europa in wachsender Spaltung und inneren Konflikten zerrissen wurde, war das islamische Reich der Osmanen dabei, die moslemische Welt zu vereinen. Nachdem der Islam die Kreuzfahrer schließlich aus Palästina vertrieben hatte, wandte er seine ganze Aufmerksamkeit der Eroberung Europas zu. Aufgrund der Streitigkeiten innerhalb Europas gab es niemanden, der eine christliche Armee auf die Beine stellen konnte, die den Horden aus dem Osten hätte standhalten können. Den Türken erschien Europa zu der Zeit wie eine offenstehende Schatztruhe.

Im Jahre 1309 eroberten die wenigen verbliebenen Ritter des Johanniterordens die Insel Rhodos, die gefährlich nahe, fast in Sichtweite vom Herzen des Osmanischen Reiches lag, was aber von den Rittern als Vorteil betrachtet wurde. Der Orden begann bald damit, Festungen aufzubauen, und rhodesische Seeleute, die jahrhundertelang die besten in der ganzen Welt waren, vermittelten den Rittern ihre Künste. Der Orden baute Schiffe und begann bald darauf, mit ihnen moslemische Frachtschiffe aufzubringen. Sie brachten sich mit der Kühnheit ihrer Überfälle schnell bei den Osmanen in Verruf. Während der kommenden einhundertundfünfzig Jahre war der Orden in seinem Seekrieg so erfolgreich, daß die Türken und Muslime nicht einmal den Mut für den Versuch, eine große Seemacht zu werden, aufbrachten.

Zuerst waren diese Überfälle nicht viel mehr als Irritationen für die Türken. Doch mit wachsender Erfahrung wurden die Ritter so erfolgreich und waghalsig, daß sie langsam eine ernsthafte Bedrohung für die Versorgungslinien der islamischen Armeen darstellten, die sich sammelten, um Westeuropa zu erobern.

Schließlich wurde Mehmet der Sultan der Osmanen, einer der herausragendsten Führer der Geschichte. Er war ein außergewöhnlicher Mann, der ein halbes Dutzend Sprachen fließend sprach, ausgedehntes Wissen in Literatur und Wissenschaft besaß und so rasch die kulturellen und militärischen Leistungen seines Volkes auf ein Niveau hob, welches die großen Nationen Europas übertraf. Als ihn die Ritter immer mehr irritierten, entschloß er sich, eine Armee loszuschicken, die dieses wachsende Ärgernis auslöschen sollte.

Obwohl die europäischen Monarchen froh darüber waren, daß die Ritter die Türken wenigstens ablenkten, verachteten sie diese doch als »archaische Relikte aus der Vergangenheit«. Als der Orden um Vorräte und Verstärkung anfragte, um gegen die eindringenden moslemischen Armeen standzuhalten, verweigerte ganz Europa die Hilfe in dem Glauben, daß sie sowieso verloren wären. Trotzdem beschlossen die Ritter, nicht zurückzuweichen und nahmen lieber den Tod in Kauf, als den Feinden des Kreuzes auch nur einen einzigen Meter zu überlassen.

Die erste Schlacht von Rhodos

Der Islam gründet sich auf die Lehre des *Jihad*, eines Heiligen Krieges, mit dessen Hilfe durch die Kraft Allahs die Welt erobert werden soll. Krieg wird im Islam verherrlicht, und der Tod im *Jihad* garantiert einen Platz im Himmel, ganz unabhängig von vorher begangenen Sünden. Wenn die religiösen Führer also einen Krieg zum *Jihad* erklärten, öffneten sich die Tore des Himmels für jeden, der sein Leben für die Sache ließ. Ganze Menschenmengen betrachteten den *Jihad* als ihre Chance, sich den Himmel trotz ihrer Ausschweifungen zu verdienen, so daß sie tatsächlich hofften, im Krieg zu sterben. Dies reihte die islamischen Krieger unter die gefährlichsten und gefürchtetsten Kriegsleute ein, die die Welt je erlebt hatte.

Mehmet war auch selbst im Grunde seines Herzens ein Eroberer, der sich Alexander den Großen zum Vorbild genommen hatte. Er marschierte auf die ruhmreiche Stadt Konstantinopel zu und eroberte sie. Dann richtete er seinen Blick auf den Rest Europas. Doch bevor er den Rest Europas einnehmen konnte, mußte er etwas gegen diese störenden Ritter auf Rhodos unternehmen, die weiterhin seine Schiffe und Versorgungsrouten plünderten.

Im Jahre 1480 entsandte Mehmet seine fähigsten Generäle mit einer 70 000 Mann starken Armee, um die 600 Ritter und 1 500 bis 2 000 Mann starke Miliz auf Rhodos zu unterwerfen. Obwohl die Ritter nur so wenige waren, hatten sie in vorherigen Konflikten ihre Fähigkeiten in solchem Maße bewiesen, daß Mehmet auf Nummer Sicher gehen wollte. Jedermann hatte den Eindruck, daß die Belagerung von Rhodos kurz und entgültig sein würde.

Nachdem seine Armee an Land gegangen war, begannen Mehmets Belagerungskanonen damit, die Mauern zu demolieren, für deren Ausbau der Orden über ein Jahrhundert gebraucht hatte. Eine Vielzahl anderer Kanonen schleuderte Geschosse über die Mauern in die Stadt. Der Großmeister des Ordens war ein Franzose namens D'Aubusson. Er war ein bemerkenswerter Menschenführer, der seine Ritter mit großer Weitsicht auf die Belagerung vorbereitet hatte, die eines Tages unweigerlich kommen würde. Er hatte sogar Schutzunterkünfte für die Leute aus der Stadt gebaut, so daß sie der Kanonade entkommen konnten. Trotz des Wissens, daß sie nur wenig oder gar keine Hilfe aus Europa erwarten konnten, hatte D'Aubusson beschlossen, daß sie die Stellung halten würden, solange ein einziger Ritter noch seinen Bogen spannen oder sein Schwert zücken konnte.

Anfang Juni, nach Tagen der Kanonade, griff die erste Welle von Sturmtruppen den Turm von St. Nicholas an, eine Außenbefestigung der Stadt. Die Moslems waren von dem festen Widerstand, auf den sie trafen, schockiert, und wurden mit vielen Verlusten zurückgeschlagen. Die Türken begannen daraufhin eine weitere Kanonade, bei der täglich über eintausend Kanonenkugeln gegen die Stadt geschossen wurden und das ohne Unterbrechung für mehrere Wochen. Die Mauern fingen an einzustürzen, während die Türken sich mit ihren Schützengräben immer näher heranarbeiteten. Nachts brannten überall die Feuer der Explosionen und der Feuergeschosse. Augenzeugen berichteten, daß eine Szene aus der Hölle selbst auch nicht schlimmer sein konnte. Und doch hielten die Ritter ihre Stellung.

Am 18. Juni starteten die Türken einen neuerlichen Angriff, der von den gefürchteten Janischaren angeführt wurde, die den Ruf besaßen, die wildesten Kämpfer der Welt zu sein. Jeder Janischar wurde schon im Alter von sieben Jahren aufgrund seiner körperlichen Voraussetzungen ausgewählt und sein ganzes Leben lang für den Kampf geschult. Es war ihnen verboten, zu heiraten oder sich auf irgendwelche familiären Bande einzulassen, so daß sie all ihre Emotionen und Kräfte auf die Schlacht konzentrieren konnten. Der Angriff begann im Dunkel der Nacht, in der Erwartung, daß die Ritter dann schlafen würden – doch sie hatten sich getäuscht. Schwerter, Pfeile und Gewehrfeuer erfüllten die Nacht. Als die Sonne aufging, konnte man Hunderte von toten Janischaren sehen, welche die Gräben um den St. Nicholas-Turm herum füllten und die Ritter, die immer noch auf den ramponierten Mauern standen.

Die türkischen Generäle, die ihren Augen kaum trauten, hatten noch nie solch einen Rückschlag erlebt. Nun wandten sie eine List an, um die Ritter aus ihrer befestigten Stadt herauszuholen. Sie plazierten Agenten in der Stadt, die vorgaben, Überläufer zum Christentum zu sein (viele der Soldaten des Sultan waren Gefangene aus christlichen Völkern). Diese

Spione waren bald dazu in der Lage, den Rittern ernste taktische Probleme zu bereiten, da sie jetzt von innen und von außen unter Druck standen. Jeder Tag brachte eine neue Krise, die sie bis in ihre Existenz hinein bedrohte. Die Befestigungen waren allerorts schwer beschädigt, sogar an den strategisch wichtigsten Punkten. Und doch hielten sie weiterhin durch. Dann begannen die Türken, sich für einen letzten großen Angriff zu sammeln, von dem beide Seiten wußten, daß er das Ende bedeuten würde.

Die große Attacke begann am 27. Juli. Die Ritter und die verbliebene Miliz bezogen ihre Posten auf den Überbleibseln der Mauern. Als erstes sandte der Sultan seine *Bashi-Bazouk*-Truppen. Dabei handelte es sich um Söldner, die man als entbehrlich betrachtete, und sie wurden auch geopfert, denn eine Welle nach der anderen wurde von den Verteidigern niedergemetzelt. Ihre Leichen füllten die Gräben und Bäche und bildeten menschliche Brücken, die zu den Mauern hinaufführten, was auch die Strategie der türkischen Generäle gewesen war. Dann sahen die müden und verwundeten Verteidiger zu, wie große Mengen der fürchterlichen Janischaren, die aufgrund der vorhergegangenen Demütigung jetzt noch entschlossener waren, aufstanden und vorwärtskamen.

Die Türken überwältigten den strategisch wichtigen Turm von St. Nicholas, der die volle Wucht des Hauptangriffes beinahe zwei Monate lang aufgefangen hatte. Wie versprochen kämpften die Ritter um jeden Meter und ließen die Türken teuer dafür bezahlen. D'Aubusson führte ein Dutzend Ritter und drei Standartenträger eine Leiter hinauf und auf die Mauer, während ihm schon ein Pfeil im Oberschenkel steckte. Dort wurden D'Aubusson noch vier weitere Wunden beigebracht, bevor ein Janischar »von riesenhafter Statur« einen Speer mitten durch seine Brustplatte stieß und dabei seine Lunge durchbohrte. Man zog ihn in dem Augenblick aus dem Kampf, als der Feind eine Bresche in die Verteidigungslinien schlug und in die Stadt einfiel. Nun schien es sicher zu sein, daß das Ende der Ritter des Heiligen Johannes schließlich doch gekommen war.

Im Nahkampf fuhren die Türken damit fort, sich selbst auf die verbliebenen Ritter zu werfen, über brennenden Schutt, durch erstickenden Rauch und Feuer, in der wohl schlimmsten Hölle, die Menschen sich selbst auf dieser Erde schaffen können. Trotzdem brachte die Zähigkeit der übrig gebliebenen Ritter und ihre Fähigkeit, Verluste zuzufügen, die Türken ins Staunen. Bald war sogar die Entschlossenheit der Janischaren ins Wanken geraten, denn eine Reihe nach der anderen ihrer Männer wurde von den Verteidigern niedergemetzelt.

Dann erschienen auf dem einzigen verbliebenen Wall über dem Rauch und dem Getümmel dieses schrecklichen Infernos plötzlich D'Aubussons Standarten, die von drei Trägern in glänzenden Rüstungen gehalten wurden, welche, aus der Hölle unter ihnen betrachtet, beinahe wie Götter wirkten. Der Effekt, den dies bei den Moslems hatte, war überwältigend, denn eine Welle der Furcht rollte über die Armee hinweg. Die übrigen *Bashi* ergriffen die Flucht in solcher Angst, daß sie auch die Janischaren überkam. Die gesamte moslemische Armee begann daraufhin, in völliger Verwirrung sich aufzulösen, und sie zogen sich genau in dem Augenblick zurück, als der endgültige Sieg für sie in Reichweite gekommen war.

Als die Moslems flohen, deckten sie rhodesische Scharfschützen mit einem tödlichen Feuer ein. Die restlichen Ritter fanden überraschenderweise genügend Kraft für einen Gegenangriff und jagten die Truppen des Sultans den ganzen Weg zu ihrem Basislager zurück. Innerhalb von zehn Tagen floh die zerschlagene Armee, die der ganze Stolz der Osmanen gewesen war, von der Insel. Zum Erstaunen der ganzen Welt hatte der Orden der Johanniter nicht nur überlebt – er hatte auch die Stellung behauptet. Ganz Europa feierte. Und die ganze islamische Welt kochte vor Wut.

Der Islam unter Kontrolle

Diese Dezimierung der großen Armee des scheinbar unbesiegbaren Sultans Mehmet durch solch eine kleine Truppe betrachtete man als ein militärisches Wunder von biblischen Ausmaßen. Der Orden, den man in Europa als »ein archaisches Relikt aus der Vergangenheit« betrachtet hatte, erlangte neue Berühmtheit und wurde nun als Retter des Kontinents angesehen. Doch die Ritter verschwendeten wenig Zeit mit Feierlichkeiten; unverzüglich begannen sie damit, ihre Befestigungsanlagen wiederaufzubauen, um sich gegen einen noch schlimmeren Angriff zu wappnen, mit dem sie fest rechneten. Mit einer solchen Beurteilung ihrer Lage hatten sie auch vollkommen recht.

Durch diese Niederlage hatten die islamischen Mächte einen Dämpfer bekommen. Sie hatten keine Möglichkeit mehr, nach Europa vorzudringen, solange die Ritter Rhodos hielten und ihre Versorgungswege bedrohten. Die Ritter waren sich der Tatsache bewußt, daß sie dem Sultan nun mehr denn je verhaßt sein würden, und daß sie in diesem Zustand zu geschwächt waren, um einem neuerlichen Angriff standzuhalten.

Mehmet hob eine neue, noch größere Armee aus, doch auf dem Weg nach Süden, um den Orden anzugreifen, wurde der Sultan krank und starb. Die Ritter betrachteten dies als genauso großes Wunder wie ihren vor kurzem errungenen Sieg. Obwohl sie fest dazu entschlossen waren, auch trotz einer erneuten Belagerung ihre Stellung zu halten, war ihnen doch klar, daß sie ohne göttliches Eingreifen in einer weiteren Auseinandersetzung keinerlei Chance haben würden. Da Mehmets zweite Expedition gegen Rhodos durch seinen Tod abgebrochen wurde, hatten die Ritter etwas mehr Zeit, um sich von ihren Verletzungen zu erholen und die Wälle vor dem nächsten Ansturm zu reparieren. Zu all dem paßte noch dazu, daß sogar D'Aubusson seine schweren Verletzungen überlebte.

Die Ritter machten sich mit ihrer charakteristischen Entschlossenheit an die Vorbereitungen für die nächste Schlacht, so als wüßten sie, daß das Schicksal der Welt auf ihre Schultern gelegt worden war. Jetzt kamen Geld und Kriegsmaterial in großen Mengen aus Europa auf die kleine

Insel, und es wurde beinahe alles für den Wiederaufbau der Wälle und Türme verwendet. Die Armee unter der Halbmondflagge würde erst vierzig Jahre später nach Rhodos zurückkehren, doch so viel Zeit würde der Orden auch benötigen, um sich darauf vorzubereiten.

D'Aubusson verstarb im Jahr 1503, aber seine Vision und seine Führung sorgten dafür, daß die Festung sogar noch stärker werden würde, als sie es vor der ersten Belagerung war. Diese Anstrengungen waren auch nicht umsonst, denn eine noch größere Prüfung kam auf sie zu. Unterdessen hatte auch Europa die dringend nötige Zeit, um sich neu zu formieren.

Suleiman wird Sultan

Im Jahr 1520 besteigt »Suleiman der Prächtige« den Thron des Osmanischen Reiches. Er war wie Mehmet II. ein kultivierter und gelehrter Mann und ein hervorragender General. Unter seiner Führung sollte das Reich seine größte Bedeutung erreichen und zu einer Machtposition emporsteigen, die ihresgleichen nicht kannte.

Ein Jahr später wurde Phillippe Villiers de L'Isle Adam der Großmeister des Ordens vom Heiligen Johannes. L'Isle Adam war ebenfalls ein gelehrter Aristokrat, aber auch ein erfahrener Seemann und ein frommer Christ. Er sollte sich außerdem als großer Führer erweisen. Die Hauptakteure eines der strategisch wichtigsten Konflikte der Geschichte waren nun an ihrem Platz.

1521 sandte der Sultan dem neugewählten Großmeister einen »Siegesbrief«, in dem er sich seiner jüngsten Siege rühmte und den Großmeister ersuchte, »sich mit ihm über seine Triumphe zu freuen«. L'Isle Adam war eher ein direkter Mensch als ein Diplomat; er antwortete, daß er die Bedeutung des Briefes sehr wohl verstand – daß Suleiman vorhatte, Rhodos zu seiner nächsten Eroberung zu machen.

In seinem darauffolgenden Brief verlangte Suleiman, daß sich Rhodos ihm unverzüglich ergeben sollte. Die Zeitplanung des Sultans war wieder einmal großartig. Heinrich VIII. von England war gerade dabei, sich der ausgedehnten Besitztümer des Ordens in Großbritannien zu bemächtigen. Frankreich und Spanien lagen miteinander im Krieg, und Italien war schon verwüstet. Wieder konnte der Orden keine Hilfe oder Verstärkung erwarten. Ein paar Hundert vornehme Ritter würden wieder alleine gegen die mächtigste Armee der Welt antreten müssen.

Die zweite Schlacht von Rhodos

Im Juni 1522 war Suleiman bereit für seine Attacke gegen Rhodos. Historiker schätzen, daß der Sultan bis zu 700 Schiffe und 200 000 Mann für den Angriff versammelte. Selbst wenn man den natürlichen Hang zur Übertreibung abrechnet, bleibt immer noch eine überwältigende Armee, die da auf 500 Ritter und schätzungsweise 1 500 Milizionäre traf. Am 28. Juli landete der Sultan selbst unter großem Salut auf Rhodos und die Schlacht begann.

Die Türken fuhren ihre riesigen Belagerungsmaschinen vor, die in der Lage waren, Kugeln mit kanpp drei Metern Umfang zu schleudern, und außerdem noch eine Vielzahl anderer Kanonen und Geschütze, um die Kanonade zu beginnen. Den ganzen August lang schleuderten sie täglich Tausende von Kanonenkugeln in die Stadt und ihre befestigten Stellungen. Die Ritter antworteten mit ihrer eigenen, viel kleineren Artillerie darauf, die jedoch tödlich exakt die verhältnismäßig ungeschützten Türken traf.

Gegen Ende August begann man einige Breschen in den Mauern der Festung zu sehen. Anfang September kam der erste Infanterieangriff. In der für sie charakteristischen Weise verteidigten die Ritter jeden einzelnen Punkt, doch die überwältigenden Zahlen drängten die Verteidiger zurück, bis die Türken sogar dazu in der Lage waren, ihre Standarten auf die Mauer selbst zu pflanzen. Noch nie hatten die Ritter so viel Grund in der ersten Schlacht verloren. Sie starteten zum Gegenangriff und der Großmeister nahm selbst an der Schlacht teil. Nach einem schrecklichen Kampf gaben die Türken nach und begannen zurückzuweichen. Sofort sandte der Sultan eine zweite Welle, die von Mustafa Pascha persönlich angeführt wurde, einem der größten osmanischen Generäle. Zwei Stunden lang tobte die Schlacht auf den Mauern, aber die Ritter hielten die Stellung. Als die Türken sich schließlich zurückzogen, war der Erdboden beinahe vollständig mit ihren Toten und Verwundeten bedeckt. Die Ritter hatten wie durch ein Wunder nur drei Tote zu beklagen, zusammen mit einer nicht näher bezeichneten Anzahl von Milizionären.

Der beunruhigte Sultan befahl daraufhin die pausenlose Kanonade für drei lange Wochen. Am 24. September schleuderte man eine neuerliche große Attacke gegen die bröckelnden Festungsmauern. Die Bastion von Aragon, eine der Hauptbefestigungen der Stadt, fiel unter einem massiven Angriff der mittlerweile fanatisch tapferen Janischaren, die vierzig Jahre lang unter der Demütigung ihrer letzten Niederlage gelitten hatten. Suleiman hatte wie Xerxes einen Eroberethron auf einem erhöhten Podium aufstellen lassen, damit er den Tag seines Triumphes mitverfolgen konnte. Die Wogen der Schlacht tobten entlang der Mauern, während eine Welle von Türken nach der anderen aus ihren Schützengräben hervorkam.

Den ganzen Tag lang tobte die Schlacht weiter. Die Ritter schienen in ihren glänzenden Rüstungen immer gerade dort aufzutauchen, wo die Kämpfe am heftigsten waren. L'Isle Adam war normalerweise mit seinem Standartenträger hinter sich genau an den verzweifeltsten Krisenpunkten des Konfliktes zu finden. Auf ihn hatten es die Türken am meisten abgesehen, und sein Standartenträger schien ihn auch noch als besonderes Ziel zu kennzeichnen. Doch berichten Augenzeugen, daß ein spezieller Schutzschild um den Großmeister herum aufgebaut schien, den die Türken einfach nicht durchdringen konnten. Nach einem der blutigsten Tage, den die türkische Armee je erlebt hatte, begann die scheinbar unbesiegbare Angriffstruppe zu schwanken und dann in einem vollständigen Rückzug sich aufzulösen.

Suleiman, der seinen Augen kaum traute, stieg erniedrigt und vor Wut zitternd von seinem Thron herab. Sofort verurteilte er seine beiden fähigsten Generäle, doch widerrief er diese Entscheidung später, nachdem man ihn davon überzeugt hatte, daß dies nur den Christen dienen würde. Die Verluste auf seiten der Ritter waren enorm, zweihundert waren getötet und ebensoviele verletzt, aber die Verluste auf seiten der Türken waren erschütternd – ihre Leichen lagen nun in Haufen in der ganzen Stadt. Wieder wurden die riesigen Belagerungsmaschinen vorgefahren, und sie verstummten weitere zwei Monate nicht mehr.

Die heldenhaften Ritter hatten ihre Stellung gegen die mächtigste und entschlossenste Armee auf Erden beinahe fünf Monate lang gehalten, ohne daß sie in dieser Zeit irgendwelche Verstärkungen oder Nachschübe erhalten hätten. Jetzt waren sie stark dezimiert und erschöpft, während die türkische Armee für jedermann offensichtlich immer noch so riesig war, daß sie schlußendlich doch siegen würde. Trotzdem kämpften sie weiter, in der einzigen Hoffnung, die ihnen noch blieb, nämlich der auf einen ehrenhaften Tod.

Die Güte des Sultans

Während die Belagerung sich dahinschleppte, begann sich die Einstellung des Sultans gegenüber dem Orden langsam zu ändern. Er empfand großen Respekt vor der Standhaftigkeit und dem Mut, den diese mutigen Ritter an den Tag legten, denn er hatte nie zuvor solche Art von Tapferkeit erlebt. An Heiligabend machte Suleiman den übrig gebliebenen Rittern ein außergewöhnliches Friedensangebot, das ihnen ihre Ehre erhalten würde. Damit zollte er ihrem Mut und ihrer Ausdauer seinen Tribut. Er versorgte sie mit Vorräten und überließ ihnen seine eigenen Schiffe, um sie an den Bestimmungsort ihrer Wahl zu bringen. Nach einem Treffen mit L'Isle Adam wird von Suleiman folgender Ausspruch gegenüber seinem Großwesir überliefert: »Es macht mich traurig, daß ich dazu gezwungen bin, diesen tapferen alten Mann von seinem Zuhause zu vertreiben.«

2 000 Mann hatten Stellung im Kampf gegen ganze 200 000 bezogen und sich über sechs Monate lang behauptet. Sie ertrugen die wohl schwersten Kanonaden und Infanterieattacken, die es bis zu diesem Zeitpunkt in der Weltgeschichte je gab. Als Charles V. von Frankreich die Nachricht vom endgültigen Fall Rhodos' hörte, tat er folgenden Ausspruch: »Nichts in der Welt ist jemals so gut verloren worden wie Rhodos.« Die Ritter, die schon den Respekt der ganzen Welt erlangt hatten, wurden nun sogar noch mehr geschätzt. Dessen ungeachtet standen einige der größten Heldentaten des Ordens noch bevor.

Die Ritter besetzen Malta

Über zweihundert Jahre lang hatten die Ritter auf Rhodos gelebt, doch nun waren sie heimatlos. Man bot ihnen eine kleine, relativ ungastliche Insel mitten im Mittelmeer mit Namen Malta an, die sie auch akzeptierten. Jahre vorher, während er mit einem Schiff in Malta vor Anker lag, hatte ein Blitz in das Schwert von L'Isle Adam eingeschlagen und es zu Asche verbrannt. Dies betrachtete man als Zeichen der Vorsehung. Die Ritter waren dazu ausersehen, noch eine weitere der strategisch wichtigsten Schlachten der Geschichte auf den Klippen um diesen Hafen zu schlagen.

Mit Rhodos in seiner Hand schien der Sultan nun die Freiheit zu haben, über den ganzen Rest von Europa hinwegzufegen. Es muß äußerst unwahrscheinlich für ihn gewesen sein, daß die geschundenen Ritter ihm ein weiteres Mal den Weg versperren würden. Obwohl der Orden des Heiligen Johannes sowohl zahlenmäßig als auch was seinen Reichtum anbelangte, nach dem Verlassen von Rhodos bedrohlich dezimiert worden war, schien sein wertvollster Besitz – die Entschlossenheit seiner Mitglieder – so groß wie eh und je.

Das christliche Europa hatte nicht nur darin versagt, seine inneren Streitigkeiten beizulegen, sondern die Reformation hatte sogar noch weitere Konflikte hervorgerufen. Jahrhunderte alte Ressentiments gegen Rom kochten nun in Form von Kriegen über, und Christen erhoben die Waffen gegeneinander. Beinahe jedes Volk in Europa war zu einem gewissen Grad mit mindestens einem seiner Nachbarn in Kriege verstrickt.

Der Orden des Heiligen Johannes selbst setzte sich aus Rittern der adligen Familien jeder christlichen Nation zusammen, doch irgendwie schafften sie es, eine bemerkenswerte Einheit zu bewahren. Sie hielten ihren Blick fest auf dem, was sie als den wahren Feind des Glaubens betrachteten – die eroberungswütigen Armeen der islamischen Länder.

Sobald die Ritter Malta besetzten, begannen sie damit, Befestigungen und Schiffe zu bauen, so daß sie ihre Überfälle auf moslemische Schiffsladungen wieder aufnehmen konnten. Der berühmte arabische Pirat Barbarossa war zum Hochadmiral der türkischen Flotte ernannt worden und hob ihre Qualität und ihren Standard auf ganz neue Ebenen. Große Seeschlachten tobten von einem Ende des Mittelmeeres bis zum anderen. Obwohl die meisten dieser Schlachten unentschieden blieben, blickte ganz Europa doch mit großer Sorge auf diese Entwicklung.

1546 starb Barbarossa und Dragut übernahm das Kommando über die immer mächtigere türkische Flotte. 1550 waren die Ritter maßgeblich an der Niederlage seiner Flotte bei Mahdia beteiligt. Aus Rache griff Dragut Malta an und begann, das Land zu verwüsten. Obwohl die Insel noch relativ unbefestigt war, boten die wenigen Verteidiger solch heftigen Widerstand, daß Dragut den Angriff abbrach, aber beiden Seiten war klar, daß die Türken bald wiederkommen würden.

Im Jahr 1557 starb L'Isle Adam und Jean Parisot De La Valette wurde Großmeister des Ordens. Er war ein ebenso gebildeter und aristokratischer Mann wie seine Vorgänger. Einmal geriet La Valette in türkische Gefangenschaft und wurde vier Jahre lang als Galeerensklave gehalten. Im Alter von dreiundsechzig Jahren berief man ihn, der sich als ebenso großer Führer wie L'Isle Adam und D'Aubusson erweisen würde, zum Großmeister. Suleimans Reich hatte inzwischen seine größte Ausdehnung erreicht, und er sammelte seine Truppen für, wie es schien, den entscheidenden Angriff auf Europa. Doch wieder mußte er sich zuerst mit den Rittern beschäftigen, denn diese verursachten immense Verluste bei seinen Versorgungstransporten, obwohl sie weniger an der Zahl und weiter weg waren.

Die Schlacht von Malta

Auch die ganze moslemische Welt schrie nach der Vernichtung des Johanniter-Ordens. Der Sultan war hin- und hergerissen. Zeitweise war er wutentbrannt über die Ritter, zeitweise fürchtete er aufgrund seines Wissens, daß sie nur unter hohen Verlusten besiegt werden konnten. Die Meinung der Öffentlichkeit zwang ihn bald zum Einlenken und am 18. Mai 1565 wurde die türkische Flotte von dem Wachmann in Fort St. Elmo an der Spitze Maltas gesichtet.

Die moslemische Flotte war so riesig, daß es nach Aussagen von Augenzeugen so schien, als ob ein ganzer Wald von Rundhölzern über das Mittelmeer ziehen würde. Tatsächlich hatte die Welt nie zuvor eine mächtigere Flotte versammelt gesehen. Wieder landeten Zehntausende von Janischaren, reguläre Truppen und über 4 000 Jayalaren, religiöse Fanatiker, die den Tod mehr suchten als das Leben, um sich mit den 540 Rittern, 1 000 Fußsoldaten und etwas mehr als 3 000 maltesischen Milizionären eine Schlacht zu liefern.

Wieder stand der Orden unüberwindbaren Schwierigkeiten gegenüber, zudem waren die Moslems so entschlossen wie nie zuvor. Die Ritter verfügten nicht über genügend Männer, um zu versuchen, die Invasoren auf ihrem Brückenkopf zu halten. Doch im Gegensatz zu Rhodos, wo es nur eine befestigte Stadt gab, waren die Ritter auf Malta über mehrere Forts und befestigte Städte verteilt, so daß die Türken dazu gezwungen waren, ihre Streitkräfte ebenfalls zu teilen. La Valette erwies sich bald als Genie, als es darum ging, den größtmöglichen Vorteil aus jedem günstigen Umstand herauszuschlagen. Er entsandte die Kavallerie des Ordens, um die plündernden Horden der Türken anzugreifen und zu bedrängen, und sie taten dies so gründlich, daß deren Zurückweichen die Geschlossenheit der moslemischen Streitkräfte ins Wanken brachte.

Das türkische Oberkommando wurde wiederum von dem imposanten Mustafa Pascha geführt, der jedoch einen strategischen Fehler beging, als er seine Hauptattacke auf den Posten von Castila konzentrierte, der wahrscheinlich der stärkste Verteidigungsposten der Ritter war. Dies war das

Resultat aus der Kühnheit eines einzigen Ritters, eines Franzosen namens Adrien de la Riviere, der schon früh im Kampf gefangen genommen worden war. Unter Folter hatte de la Riviere bestätigt, daß der Posten von Castila nur schwach mit einer kleinen Garnison von Männern befestigt war, und mit Leichtigkeit eingenommen werden konnte. Nachdem eine Anzahl von Attacken von den Verteidigern des Postens von Castila zurückgeworfen und die Angreifer übel zugerichtet worden waren, erkannte Pascha, daß der gefangene Ritter ihn belogen hatte. Er ließ den Franzosen zu Tode prügeln, doch er hatte schon Hunderte seiner Kämpfer verloren und, was noch wichtiger war, seine Truppen hatten schon einen Teil ihres Selbstvertrauens verloren.

Der Mut von St. Elmo

Dann lenkte Pascha den Hauptteil seiner Truppen auf die Einnahme des kleinen Sternenforts St. Elmo, das über dem Großen Hafen lag. Dieses Manöver gab La Valette Zeit, um an seinen anderen Befestigungsanlagen Ausbesserungen vorzunehmen, doch es war offensichtlich, daß St. Elmo nicht in der Lage war, lange standhalten zu können. Das wahllose Schießen der früheren türkischen Belagerungen auf Rhodos war nun durch mathematische Genauigkeit und Präzision ersetzt worden. Pascha dirigierte die Hauptkräfte seiner Artillerie Tag und Nacht mit unermüdlicher Intensität auf St. Elmo. Und bald begann sich das kleine Fort in seine Bestandteile aufzulösen.

Eines Nachts, als La Valette sich gerade in seinem Beratungszimmer in Fort St. Angelo befand, wurde er von einer keineswegs willkommenen Delegation gestört. Einige Ritter hatten sich aus St. Elmo herausgeschlichen und sich zu La Valette durchgeschlagen, um ihm mitzuteilen, daß St. Elmo nicht viel länger durchhalten könne. La Valette, der auf Rhodos heldenhaft gekämpft hatte, mockierte sich über die jüngeren Ritter als ihrer Vorväter unwürdig. Er sagte der Delegation, daß sie nicht nach St. Elmo zurückkehren müßten, sondern daß er eine Abordnung handverlesen würde, die sie »entlasten« würde. Angesichts dieses Spottes bettelten die Abgesandten von St. Elmo um die Erlaubnis, auf ihre Posten zurückkehren zu dürfen, was La Valette ihnen schließlich auch bewilligte. Sobald sie gegangen waren, teilte der Großmeister seinem Rat mit, daß er wußte, daß das kleine Fort dem Untergang geweiht war, doch daß sie sich noch mehr Zeit erkaufen mußten, wenn die Übrigen wenigstens eine Chance aufs Überleben haben sollten.

Die Türken hatten mittlerweile so viel Artillerie auf St. Elmo konzentriert, daß der Rauch und das Feuer, die vom Fort aufstiegen, den Anschein erweckten, als sei gerade ein Vulkan aus dem Fels ausgebrochen. Es schien unmöglich, daß überhaupt jemand darin leben konnte, aber die jungen Ritter hielten ihre Stellung. Dann kam der berühmte Dragut mit einem frischen Flottengeschwader und handverlesenen Kämpfern an, was dazu führte, daß sich die Stimmung in der gesamten türkischen Armee beträchtlich verbesserte.

Dragut übernahm inoffiziell das persönliche Kommando über die Truppen und sandte unverzüglich noch mehr Batterien los, die ihr tödliches Feuer auf St. Elmo ergießen sollten. Diese Strategie behielt er auch drei weitere Wochen bei. Schlußendlich erteilte er den Janischaren die Erlaubnis zum Angriff. Die Kommandeure auf beiden Seiten, die sicher waren, daß die Türken einen schnellen Sieg erringen würden, waren gleichermaßen überrascht, als sie unter großen Verlusten zurückgeschlagen wurden.

Dragut, der vor Wut außer sich war, antwortete mit einer so schweren Kanonade darauf, daß die ganze Insel wie bei einem Erdbeben erzitterte. Am darauffolgenden Tag befahl er einen zweiten massiven Angriff auf das kleine Fort, bei dem diesmal die Jayalaren den Janischaren vorausgingen. St. Elmo verschwand regelrecht unter der Wolke aus Staub, Rauch und Feuer. Stunden später, als der Rauch sich verflüchtigte, staunten die Ritter von St. Angelo und St. Michael verwundert, als sie die Fahne mit dem Kreuz des Heiligen Johannes immer noch über den in sich zusammen gefallenen Ruinen wehen sahen. Dies bewegte La Valette so sehr, daß er sofort einige seiner besten Kämpfer als Verstärkung für das kleine Fort losschickte, doch an den moslemischen Truppen, die es umzingelten, konnten sie nicht vorbeikommen, so daß sie umkehren mußten. Die tapfere kleine Garnison in St. Elmo war nun ihrem eigenen Schicksal überlassen.

Am folgenden Tag intensivierte Dragut die Kanonade auf St. Elmo. Es waren nunmehr weniger als hundert Ritter in dem Fort übrig und beinahe alle von ihnen waren verwundet. Als das Bombardement verstummte, hörte man, wie die Imame die Gläubigen dazu aufriefen, entweder für den Islam zu siegen oder zu sterben. Eine Welle nach der anderen der besten Kämpfer in der Armee des Sultans stürzte sich auf die demolierten Mauern des Forts. Die übriggebliebenen Ritter bezogen ihre Stellung in der Bresche; wer zu schwach zum Stehen war, bat darum, in die Schlacht getragen zu werden, um den »Ungläubigen« ein letztes Mal entgegenzutreten. Das kleine Fort, von dem niemand glaubte, daß es länger als einen oder zwei Tage bestehen können würde, hielt über einen Monat lang die Stellung und erkämpfte so wertvolle Zeit für die anderen Ritter, damit diese ihre anderen Verteidigungslinien stärken konnten. Das unscheinbare St. Elmo entriß dem Sultan außerdem Tausende seiner besten Kämpfer, viele seiner Führer, einschließlich des Meisterschützen Aga der Janischaren, und wichtiger als alles andere, Dragut selbst, der von einer Kanonenkugel niedergestreckt wurde.

Als die Standarte der Moslems schließlich über den Ruinen von St. Elmo gehißt wurde, erkannte Pascha, daß seine ganze Strategie falsch war. Der Preis, den er für St. Elmo bezahlt hatte, war zu hoch. Er erhob seinen Blick zu dem größeren St. Angelo, aus dessen Gewehren sich schon tödliches Feuer auf seine vorrückenden Truppen ergoß, und er rief aus: »Allah! Wenn ein kleiner Sohn schon so viel gekostet hat, welchen Preis müssen wir dann für einen so großen Vater bezahlen?« Der Preis war höher, als er es sich leisten konnte.

Nichts wird preisgegeben

Pascha ließ die Leichen der Ritter, die in St. Elmo so tapfer bis zum Tod gekämpft hatten, enthaupten, auf Kreuze binden und in den Hafen vor St. Angelo hinaustreiben. Dies stellte eine schamlose Beleidigung der Religion der Verteidiger dar. Als Vergeltungsmaßnahme ließ La Valette eine Anzahl seiner türkischen Gefangenen exekutieren und ihre Leichen an die Mauern hängen. Dann ließ er ihre Köpfe in Kanonen laden und feuerte sie in die Stellungen der Moslems. Jetzt wußten beide Seiten, daß es kein Zurück mehr gab – die Ritter würden auf Malta überleben oder sie würden bis auf den letzten Mann dort umkommen – es war ein Kampf auf Leben und Tod.

Die Kanonaden wurden heftiger, und die Festungen des Ordens standen unter tödlichem Kreuzfeuer. Dazwischen entsandte Pascha auf der Suche nach einer Bresche immer wieder massive Bodenattacken gegen unterschiedliche Orte der Verteidigungsstellungen. Jede einzelne endete mit einem Massaker unter seinen Streitkräften.

Einmal manövrierte Pascha seine Truppen so, daß sie La Valettes Hauptquartier umzingelten. Dann ordnete er eine so starke Kanonade an, daß die Bewohner der Inseln Syrakus und Catania, die siebzig bzw. hundert Meilen entfernt liegen, das Donnern der Geschütze hörten. Noch bevor die Geschütze ihr Feuer einstellten, sandte Pascha eine enorme Attacke los, die über die Mauern ausschwärmte. Schließlich schufen die Türken eine Bresche und strömten hindurch. Sechs Stunden lang tobte ein schrecklicher Kampf, bis die Ritter die Lücke schlossen und die Mauern wieder übernahmen. Gedemütigt riß Pascha seinen eigenen Bart aus und ließ zum Rückzug blasen. Wieder einmal war die Ausdauer und Standhaftigkeit der Ritter weit unterschätzt worden.

Noch ein Wunder

Pascha intensivierte sein Geschützfeuer und fuhr sieben weitere Tage lang ununterbrochen damit fort. Danach ließ er eine weitere menschliche Angriffswelle los. Inzwischen war der Orden so stark dezimiert, daß die Bresche schnell geschlagen war. Die Ritter widerstanden tapfer, doch waren sie einer solchen Flutwelle von tobenden Menschen zahlenmäßig zu weit unterlegen, um standhalten zu können. Gerade in dem Augenblick, als sogar die Zitadelle in Reichweite der Türken lag, und es so aussah, als ob wieder einmal das Ende der Ritter gekommen sei, bliesen die Trompeten der Moslems zum vollständigen Rückzug!

Die Verteidiger konnten nur annehmen, daß Europa ihnen endlich Hilfe geschickt hatte. Tatsächlich geschah aber dies: Eine kleine Streitmacht der Kavallerie des Ordens hatte das moslemische Basislager in Marsa angegriffen. Die kleine Abordnung hatte mit solcher Entschlossenheit zugeschlagen und solch eine Verwüstung angerichtet, daß man sie für eine viel größere Truppe hielt. Aus Furcht vor einem Angriff im Rükken war Pascha zum Rückzug gezwungen worden. Als er schließlich erfuhr, wie sehr er gerade in dem Augenblick getäuscht worden war, als der Sieg in greifbarer Nähe lag, war er außer sich vor Wut. Er verdoppelte seine Anstrengungen und befahl eine ununterbrochene Kanonade, die Tag und Nacht wütete, und unter der es für jegliches Lebewesen unmöglich erschien, mit dem Leben davonzukommen.

Kein Rückzug

Die Ratsversammlung der Ritter empfahl einen Rückzug von allen Außenposten in die einzige Festung St. Angelo. La Valette lehnte dies eisern ab. Ihr Ehrgefühl zwang sie dazu, den Ungläubigen nicht einen Zentimeter freiwillig zu überlassen. Militärhistoriker stimmen darin überein, daß sein hartnäckiges Festhalten an dieser Strategie die Ritter wahrscheinlich rettete, weil es die Türken davon abhielt, sich an einem einzigen Ort zu sammeln. La Valette erhielt eine Botschaft von Don Garcia von Sizilien, die unter anderem das Versprechen enthielt, eine Verstärkungstruppe von 16 000 Mann zu schicken. La Valette blieb unbeeindruckt. Nachdem er schon viele solcher Versprechungen erhalten hatte, setzte er sein Vertrauen nicht auf irgendwelche Fürsten. Er gelobte, nicht damit aufzuhören, um jede einzelne Parzelle christlichen Bodens zu kämpfen, um sie nicht den Türken überlassen zu müssen.

Pascha hatte aber seine Zeit nicht nur damit zugebracht, das tödliche türkische Feuer über die Mauern in die Stadt zu schleudern, sondern er war schon seit Wochen dabei, Tunnel unterhalb der Mauern zu graben. Am 18. August explodierte eine Mine unter dem Posten von Castila und eine breite Bresche war geschlagen. Der Großmeister selbst, der inzwischen siebzig Jahre alt war, schnappte sich schnell einen leichten Helm und sein Schwert und stürmte hinaus, um dem Angriff zu begegnen. Die Ritter und die Stadtbewohner griffen, ermutigt durch sein Beispiel, nach jeglicher Waffe, die sie finden konnten und stürzten sich mit ihm in die Bresche. La Valette wurde verwundet, doch er lehnte es ab, sich zurückzuziehen. Mit seinem Schwert zeigte er auf die türkischen Banner und rief aus: »Niemals ziehe ich mich zurück, solange diese Banner noch im Winde wehen.« Wieder hielten die Ritter auf wunderbare Weise stand und die Türken wurden zurückgeschlagen.

Inzwischen begannen sich in den Reihen des türkischen Oberkommandos Zwistigkeiten breit zu machen. Die Schlacht, für die man nur ein paar Tage zu benötigen glaubte, dauerte nun schon Monate, und noch immer war kein Ende in Sicht. Pascha fing an auszurechnen, wie er genügend Vorräte aus Tripolis, Griechenland oder Konstantinopel herbeischaffen könnte, um die Belagerung auch über den Winter aufrechtzuerhalten.

Sieg

Doch dann erschien Don Garcias Flotte mit einer Verstärkung von 8 000 Mann für die Ritter. Auch wenn die Zahl 8 000 im Vergleich mit der immer noch riesigen Armee der Türken nicht von Bedeutung war, hatte diese Verstärkung einen viel größeren Einfluß auf die Moral beider Seiten als ihre Anzahl vermuten lassen würde. Die Türken waren schlichtweg entsetzt, als sie sich vor Augen führten, wieviel nur eine Handvoll von Rittern sie schon gekostet hatte. Immer noch hatten sie nur das winzige Fort St. Elmo erobert; wie konnten sie überhaupt gegen so viel mehr standhalten? Pascha hob die Belagerung rasch auf, brach das Lager ab und floh von der Insel.

Die mächtige Armee des Sultans kehrte mit weniger als einem Drittel derer ans Goldene Horn zurück, die von dort mit losgezogen waren. Wieder war Suleiman wutentbrannt. Er erlaubte seiner Flotte nur, bei Nacht in den Hafen einzulaufen, damit die Leute nicht den schrecklichen Zustand sehen konnten, in dem sie sich befand. Er plante sofort für das nächste Jahr eine neuerliche Expedition nach Malta, doch wie schon Mehmet vor ihm lebte auch er nicht mehr lange genug, um sein Gelübde zu erfüllen.

Europa feiert

Nur knapp zweihundertfünfzig Ritter überlebten auf Malta, und beinahe jeder von ihnen war verwundet, verstümmelt oder lebenslang verkrüppelt, doch Europa war nun frei von der moslemischen Bedrohung, die in diesen Zeiten so unbesiegbar erschienen war. Wieder geriet die Welt ins Staunen über den kleinen Johanniter-Orden. Jene »archaischen Relikte aus der Vergangenheit« hatten es mit der mächtigsten Armee der Welt aufgenommen, der Welt einige der größten Beispiele an Mut und Ausdauer geliefert, die sie je gesehen hatte, und gesiegt. Die großen Nationen Europas, die einst die Ritter verspottet hatten, gaben nun zu, daß diese wenigen tapferen Seelen sie vor der Eroberung durch die Moslems gerettet hatten.

In England, wo Heinrich VIII. die Besitztümer der Ritter konfisziert hatte, erklärte Königin Elisabeth, daß, wenn Malta in die Hände der Türken gefallen wäre, auch England selbst mit großer Wahrscheinlichkeit von den Moslems überrannt worden wäre. Sie beauftragte den Erzbischof von Canterbury, eine besondere Dankesansprache zu verfassen, die in jeder Kirche des Landes drei Wochen lang jeden Tag verlesen werden sollte. Auch das übrige Europa feierte, zollte seinen Tribut und gestand dem Orden seine Schuld ein, den die meisten von ihnen schon lange vorher als nichtig abgeschrieben hatten. Die Standarte des Ordens mit dem berühmten Malteser Kreuz wurde für eine Zeitlang die einzige Fahne, die von jeder Nation in der christlichen Welt geachtet wurde. Einige feiern immer noch den Tag des Heiligen Johannes, um der Ruhmestaten dieser beispiellos tapferen Ritter zu gedenken.

Die Lehre aus dieser Geschichte

Die Geschichte des Ordens vom Heiligen Johannes liefert uns gleich mehrere wichtige und aktuelle Lehren, aber hier wollen wir nur die grundsätzlichsten ansprechen. Große Strategen haben schon oft den Lauf der Menschheit verändert, doch diese Ritter waren keine großen Strategen – sie waren einfach große Menschen. Ihre Entschlossenheit, ihr Mut, und ihre Ausdauer erreichten das, was wahrscheinlich keine noch so große Strategie hätte erreichen können. Manchmal reduziert sich eine Führungsqualität auf nichts anderes als das bloße Dasein, und gerade darin findet sie oft ihre beste Definition. Unreife Leiter werden sich immer viel zu sehr auf die Probleme konzentrieren oder auf die zur Verfügung stehenden Mittel zu ihrer Lösung. Große Leiter konzentrieren sich auf die Aufgabe. Für die größten Führungspersönlichkeiten gehören Rückzug oder Niederlage nicht einmal zu den in Frage kommenden Möglichkeiten.

Während die christlichen Nationen Europas ihre Armeen gegeneinander gerichtet hatten, hielten die Ritter vom Heiligen Johannes ihren Blick fest auf den wirklichen Feind gerichtet. Obwohl der Orden sich aus den aristokratischen Söhnen dieser christlichen Nationen, die gegeneinander kämpften, zusammensetzte, erlaubten sie es doch den doktrinären oder politischen Spaltungen nicht, sich in ihren Reihen auszubreiten. Aufgrund ihrer Einheit, ihres konzentrierten Blickes und ihrer Entschlossenheit, niemals den Rückzug vor ihren Feinden anzutreten, hielten sie den Lauf der Geschichte, der so unausweichlich schien, auf und lenkten ihn sogar um. Es scheint heute fast unmöglich, sich vorzustellen, wie die Geschichte ohne diese tapferen Menschen ausgesehen hätte.

Der gegenwärtige Stand des Ordens

Die Spannkraft des Ordens und seine Gabe zu überleben sind beinahe genauso erstaunlich wie seine großen militärischen Leistungen. Er ist heute höchstwahrscheinlich der einzig echte ritterliche Orden, der immer noch existiert und seine Wurzeln ohne Unterbrechung bis auf die Kreuzzüge zurückführen kann. Mit ihrer Hingabe an Ehre, die Verteidigung des Glaubens, die Einheit der Christen und den Dienst an »meinen Herren, den Armen und Kranken«, sind die »Malteser Ritter«, wie sie heute genannt werden, immer noch bei einigen der außergewöhnlichsten, diplomatischen Durchbrüchen der letzten Zeit engagiert, wenn auch ohne großes Tamtam oder dem besonderen Bemühen, anerkannt zu werden.

Genau wie in der Kirche, gibt es heute sowohl protestantische als auch katholische Zweige des Ordens, welche die übliche Auseinandersetzung darüber führen, wer nun eigentlich der wahre Erbe dieses Ordens sei. Wenn es um die Bestätigung durch eine ununterbrochene Nachfolge ginge, würde der Souveräne Orden von Johannes dem Täufer zu Jerusalem, Rhodos und Malta gewinnen, weil der Katholische Orden eine Zeitlang ruhte, bis er von Papst Leo XIII. im Jahr 1879 wiederbelebt und sein Großmeisteramt anerkannt wurde.

Aufgrund der Tatsache, daß sowohl Protestanten als auch Katholiken legitime und begründete Ansprüche auf die Geschichte des Ordens haben, werden beide in vielen Nationen anerkannt. Der katholische Großmeister hat innerhalb der Kirche den Rang eines Kardinals inne. Protestantische Zweige des Ordens existieren heute in Kanada, Irland, Deutschland, Schweden, Frankreich, auf Rhodos, in Österreich, der Schweiz, Belgien, Portugal, Spanien, Italien und den Niederlanden. Ein paar Amerikaner finden sich sowohl im katholischen als auch im protestantischen Orden wieder. Die Aufnahme in den Orden kann nur durch Empfehlung und einer darauf folgenden Qualifizierung geschehen, doch einer der »Ritter von Malta« zu werden, wird von vielen als eine der größten Ehren innerhalb der Christenheit betrachtet.

*Nur wenn wir die richtigen Dinge
mit der richtigen Begründung tun,
wird unsere Selbstverpflichtung
tiefgreifend genug sein,
um unser Potential für echten und
dauerhaften Erfolg auszuschöpfen.*

Kapitel 8

Die fünf Säulen

Es gibt fünf grundsätzliche Voraussetzungen für den Erfolg in jedem Unternehmen, egal, ob es sich dabei um ein Geschäft, eine Wohlfahrtsorganisation, eine Profisportmannschaft, eine Regierung, Kirche, Missionsgesellschaft, das Militär oder sogar die private Haushaltsführung handelt, so bildet das Verständnis und die Umsetzung dieser fünf Grundvoraussetzungen den Schlüssel zu einem soliden, gesicherten Erfolg. Diese »Säulen« sind:

- Produkt
- Verwaltung
- Vermarktung
- Ressourcen
- Zeitplanung

Diese fünf tragenden Säulen müssen wir verstehen lernen und derart miteinander verbinden, daß sie eine harmonische Einheit bilden und sich gegenseitig unterstützen. Das Versagen in der Aufgabe, diese Säulen zu verstehen, sie zu kontrollieren und im richtigen Gleichgewicht zu halten, kann als Grund für beinahe jeden Mißerfolg in der Geschichte menschlicher Projekte angeführt werden.

Das Gleichgewicht

Wenn wir es schaffen, daß vier beliebige dieser Säulen perfekt funktionieren, eine aber uneffektiv bleibt, so kann es uns passieren, daß das gesamte Projekt dadurch zerstört wird. Wir haben zum Beispiel ein qualitativ hochwertiges Produkt, der Zeitplan für sein Erscheinen auf dem Markt ist optimal, die Verwaltung funktioniert hervorragend und auch Mittel stehen uns ausreichend zur Verfügung, und doch kann eine schlechte Marketingstrategie all unsere Anstrengungen zunichte machen. Wir haben vielleicht das vollkommene Produkt, Verwaltung, Zeitplan und Marketingstrategie sind optimal, aber uns fehlen die nötigen Ressourcen. Verbinden Sie eine beliebige Auswahl der vier Säulen erfolgreich miteinander, aber vernachlässigen Sie eine davon, und Sie gehen das Risiko eines völligen Fehlschlages ein.

Wenn wir diese fünf Säulen einmal verstanden haben, begreifen wir sehr schnell, warum die Mehrheit neuer Unternehmen schon während ihres Gründungsjahres bankrott geht. Von denen, die das erste Jahr überleben, existiert nach drei weiteren Jahren nur noch ein Bruchteil. Viele sehr gute neue Produkte haben allein deshalb keinen Erfolg auf dem Markt, weil eine dieser fünf tragenden Säulen bei ihnen nicht kräftig genug ausgeprägt ist. Und diejenigen, die überleben, humpeln oft nur ihres Weges und erreichen niemals ihr wahres Potential, weil sie es einfach nicht schaffen, diese Grundlagen in den Griff zu bekommen und sie richtig einzusetzen.

Unser Ziel in diesem Abschnitt unserer Überlegungen wird sein, Ihnen Grundprinzipien zu vermitteln, die schnell, einfach und leicht zu verstehen und anzuwenden sind – und die zum Erfolg führen. Wenn wir die Funktionsprinzipien dieser fünf tragenden Säulen verstanden haben und auch ihre Wechselbeziehungen untereinander, wird das die Effektivität unseres Managements um ein Vielfaches steigern.

Management im Blick auf Ergebnisse

Die Ziele eines effektiven Managements sollten immer Klarheit und Einfachheit sein, die *Ergebnisse* bringen. Die starke Tendenz zu esoterischen Managementprinzipien und -theorien ist nichts weiter als ein Deckmäntelchen für den fundamentalen Verständnismangel derer, die diese Prinzipien kreieren. Mit nur wenigen Ausnahmen arbeiten die besten Führungskräfte und effektivsten Manager ganz selbstverständlich nach diesen *grundsätzlichen Prinzipien,* versuchen mit Nachdruck, sie in ihrem Bereich zu verstehen und anzuwenden.

Die Verpflichtung uns selbst gegenüber, hervorragende Leistungen zu erbringen, wird nur so weit gehen wie unsere Verpflichtung gegenüber einer leistungsorientierten Philosophie. Nur wenn wir die richtigen Dinge mit der richtigen Begründung tun, wird unsere Selbstverpflichtung tiefgreifend genug sein, um unser Potential für echten und dauerhaften Erfolg auszuschöpfen. Folglich müssen sowohl die zugrunde liegende Philosophie als auch die praktischen Anwendungen betrachtet werden.

Selbst wenn wir nur über ein Grundwissen in bezug auf die Anwendung der fünf Säulen verfügen, können wir eine Schwäche bei einer oder mehreren der Säulen rasch und effizient entdecken, und sie eventuell sogar eine Zeitlang ausgleichen. Auch eine Schwachstelle bei einem unserer Konkurrenten oder Feinde kann auf diese Weise leicht entdeckt werden. Das Ziel unseres Verständnisses muß es sein, alle Säulen harmonisch miteinander in Einklang zu bringen wie eine fein abgestimmte Maschine, während wir gleichzeitig dazu in der Lage sind, Schwachpunkte oder gute Gelegenheiten richtig einzuschätzen, damit die Stärken effektiv eingesetzt werden können. Lassen Sie uns nun als kurze Illustration dafür, wie leicht es ist, fast jedes Projekt, jeden Auftrag oder jedes Unternehmen mit Hilfe der fünf Säulen zu analysieren, diese Grundprinzipien dazu benutzen, drei völlig verschiedene Unternehmen oberflächlich zu zergliedern: eine Profifußballmannschaft, eine Armee und ein Wirtschaftsunternehmen.

Management einer Sportmannschaft

Bei einer Fußballmannschaft wäre das Spiel ihr Produkt. Wenn sie qualitativ hochwertig spielen können, haben sie ein Qualitätsprodukt. Training, Einkauf der Spieler und Büroarbeit wären die Verwaltung. Marketing stünde für alle Anstrengungen, die dazu dienen, die Anzahl der Zuschauer bei den Spielen zu erhöhen, das Interesse an der Sportart zu steigern, usw. Als Ressourcen würde man das Talent der Spieler und der Angestellten genauso bezeichnen wie das Kapital, das benötigt wird, um sie zu bezahlen. *Zeitplanung heißt die tragende Säule, die für den Erfolg aller anderen Grundsätze lebenswichtig ist.*

Für die Fußballmannschaft ist der richtige Gebrauch der Zeitplanung beim Spiel (ihrem Produkt) offensichtlich, denn sie müssen die richtigen Spielstrategien zur rechten Zeit einsetzen, usw., doch ist er von genauso fundamentaler Bedeutung in jedem der anderen Bereiche. Werbekampagnen sind dann am effektivsten, wenn sie im Frühherbst lanciert werden, weil zu der Zeit die Menschen anfangen, sich über Fußball Gedanken zu machen; wenn man sie im Frühling lanciert, werden sie wohl wenig Wirkung zeigen, denn dann beginnen die Leute an die faulen Sommertage zu denken und an das entspannendere und für diese Zeit passendere Baseballspiel. Die Verwaltung zieht angemessene Zeitplanung als Basis für die meisten ihrer Entscheidungen in Betracht. Zum Beispiel sollte das Wissen um das Alter und den Gesundheitszustand ihrer gegenwärtigen Spieler darüber entscheiden, wann sie neue Spieler für diese Positionen anstellen oder werben sollte. Eine dauerhaft erfolgreiche Mannschaft zeigt bei allen fünf tragenden Säulen Stärke und Beständigkeit.

Das Heranziehen der fünf Säulen, um die Stärken und Schwächen anderer Mannschaften zu entdecken, kann auch eine große Rolle in der Strategie und der Planung unseres Teams spielen. Das Bewußtsein der Tatsache, daß das Produkt unseres Konkurrenten Stärken in der Verteidigung, aber Schwächen im Mittelfeld aufweist, wird uns dazu bringen, unserer Sturmspitze mehr Aufmerksamkeit zu schenken, damit wir ihre Schwächen ausnützen und ihre starken Seiten vermeiden. Wenn unser Hauptgegner Schwächen im Bereich der Finanzen hat, sollten wir vielleicht darüber nachdenken, ihn zu schlagen, indem wir ihn überbieten, wenn es darum geht, sich die besten freien Mitspieler zu sichern. Das

Wissen um unsere Stärken und Schwächen sowie das Wissen um die unserer Gegner, versetzt uns in die Lage, eine wirksamere Strategie zu formulieren.

Management einer Armee

Betrachten wir nun eine Armee. Ihr Produkt wäre es, eine Schlacht zu schlagen. Ihre Verwaltung schließt vom kommandierenden General bis hinunter zum Unteroffizier, der einen Truppenteil anführt, alles mit ein. Marketing ist ihre Fähigkeit, die öffentliche Meinung positiv zu beeinflussen und sie aufrechtzuerhalten, um die Zivilbevölkerung zu den Opfern zu ermutigen, die notwendig sind, um siegreich zu sein (Marketing hatte im Zweiten Weltkrieg genauso viel mit dem Sieg der Alliierten Streitkräfte zu tun wie die Kampfstrategie selbst.) Ihre Ressourcen sind die Männer, Waffen und Vorräte, die ihnen zur Verfügung stehen. Eine gute Zeitplanung ist vonnöten, um zu wissen, wann, wo, und mit welchen Waffen anzugreifen ist, und wann und wie bestimmte Verteidigungslinien zu verstärken sind.

Gegen Ende des Zweiten Weltkrieges besaß die Deutsche Wehrmacht immer noch ein qualitativ hochwertiges Produkt (ihre Fähigkeit zu kämpfen), gute Verwaltung, wirkungsvolle Marketingstrategien, um das von der Zivilbevölkerung geforderte Opfer zu fördern, und einen fast vollkommenen Zeitplan für den Beginn der Ardennenschlacht – doch ihr Mangel an Ressourcen (sie litten unter Treibstoffknappheit) besiegelte ihre Niederlage. Die Armee der Alliierten erkannte diese Schwachstelle der Deutschen und konnte so eine erfolgreiche Verteidigungsstrategie anwenden. Sie ließen die Deutschen ganz einfach herankommen, bis ihnen der Treibstoff ausging und nützten auf diese Weise ihre Schwäche aus, bis sie den endgültigen Sieg davontragen konnten.

Die Geschichte zeugt davon, daß es schlechte Zeitplanung ist, wenn man in Rußland einmarschiert und seine Armee nicht vor dem Einbruch des Winters wieder herausbringen kann. Napoleon fiel mit überwältigender Stärke in jedem der Grundprinzipien in Rußland ein – mit Ausnahme der Zeitplanung. Obwohl die Franzosen über angemessene Ressourcen verfügten, als sie die Invasion begannen, öffnete ihre Zeitplanung den wachsamen Russen die Tür zu einer Schwachstelle. Auf dem Schlachtfeld konnten sie Napoleon nicht besiegen, also verbrannten sie ihre Städte und Felder, um ihm die Vorräte zu rauben, auf die er sich verließ, um den Winter überleben zu können. Durch diese Strategie des Angriffs auf den einzigen Schwachpunkt bei Napoleon zerstörten die Russen eine der besten Armeen, die es je gab.

Management eines Wirtschaftsunternehmens

Wenn wir ein Unternehmen betrachten, besteht sein »Produkt« aus den Produkten oder Dienstleistungen, die es anbietet. Seine Verwaltung erstreckt sich vom Management durch den Vorstand bis zum jüngsten Vorarbeiter. Marketing schließt seine Werbung und den Vertrieb mit ein. Ressourcen beinhalten seine Kapitalisierung, die notwendigen Angestellten, Maschinen oder Fabriken ebenso wie alle Rohstoffe, die benötigt werden, um das »Produkt« herzustellen. Wieder stellt Zeitplanung die Radnabe dar, um die alle Speichen sich drehen. Wir hätten den qualitativ besten und den preiswertesten Hulahoppreifen, den es je gab, herstellen können, doch wenn wir ihn nicht in den fünfziger Jahren auf den Markt gebracht haben, haben wir wahrscheinlich unsere Chance verpaßt.

Die Flugzeughersteller *Piper* und *Cessna* stellten vergleichbare Produkte her. Beide Firmen verfügten über eine gut funktionierende Verwaltung, angemessene Ressourcen und einen guten Zeitplan für ihre Produkte. Obwohl alles andere ungefähr gleich war, verkaufte *Cessna* doch ein Vielfaches dessen, was *Piper* umsetzte, und zwar aus dem einfachen Grund: Sie waren im Bereich des Marketing stärker.

Die *Ford*werke begannen mit dem besten Produkt, perfekter Zeitplanung, dem besten an Ressourcen und Marketing, doch hatten sie eine kleine Schwäche im Bereich der Verwaltung. *General Motors* begann mit einer Stärke im Bereich der Verwaltung, doch was die anderen Säulen anbelangte, lagen sie ein wenig zurück. Zuerst konnte *General Motors* nicht viel anderes tun als Produkte von *Ford* zu kopieren und geduldig darauf zu warten, daß *Ford* einen Fehler machen würde. Und *Ford* ließ eine Tür im Bereich der Produktentwicklung und der Zeitplanung offen. Jahr um Jahr stellte *Ford* dasselbe T-Modell her, während *GM* damit begann, sein Produkt jedes Jahr zu verbessern. Durch wirksames Marketing brachte *GM* neue Autos in Mode und ließ das Produkt der *Ford*werke altmodisch wirken. So ergriffen sie die Initiative in der Automobilindustrie und gaben sie jahrzehntelang nicht mehr aus der Hand. Hätte *Ford* alle fünf Säulen in seinem Unternehmen und auch im Unternehmen seines Konkurrenten im Auge behalten, wäre er nie hinter *GM* zurückgefallen. Hätte *GM* die fünf Säulen in seinem Unternehmen und auch im Unternehmen seiner Konkurrenten überwacht, dann hätte er seine Führungsrolle wahrscheinlich nicht an die Japaner verloren, die den Trend zum kleineren Auto mit besserer Qualität lange vor Detroit wahrnahmen.

Dies sind nur oberflächliche Beispiele dafür, wie ein Unternehmen in seine fünf tragenden Säulen unterteilt werden kann, um schneller und wirkungsvoller auf seine Stärken und Schwächen hin überprüft werden zu können. Natürlich variieren diese Säulen zu einem gewissen Grad in jedem Unternehmen. Doch im allgemeinen lassen sich diese Prinzipien bei der Entwicklung und im Management beinahe eines jeden Unternehmens nutzbringend anwenden.

Ein Balanceakt

Man muß beständig den Schwerpunkt verändern, um eine oder mehrere dieser fünf Säulen zu unterstützen und das Gleichgewicht in den Unternehmen zu wahren, die überleben und gedeihen sollen. Wenn größere Firmen zum Beispiel ihren Hauptgeschäftsführer auswechseln, so wird der Vorstand diesen Wechsel sehr häufig zur Stärkung der Säulen verwenden, die Schwächen aufweisen. Wenn der Schwachpunkt im Marketing liegt, bringen sie jemanden ins Unternehmen, der in diesem Bereich Stärken hat. Doch haben Marketingspezialisten oft wenig Ahnung von Technik und Produktentwicklung, so daß das Produkt vielleicht ein wenig leidet, während die Betonung auf dem Marketing liegt. Mit dem nächsten Wechsel wird jemand angestellt, der das geschwächte Produkt stärkt und es kann sein, daß der Bereich des Marketings wieder ein wenig schwächer wird. Nur selten findet man ein Unternehmen, das andauernd das Gleichgewicht bei allen seinen tragenden Säulen hält. Wie Clowns, die im Zirkus mit Tellern jonglieren, schaffen sie es, eine Gruppe von Tellern zum Kreisen zu bringen, während die anderen bereits zu wackeln anfangen.

Trotzdem ist es durch ein besseres Verständnis dieser Grundlagen möglich, bei allen Säulen gleichzeitig eine gute Standfestigkeit zu sichern. Für ein durch und durch gesundes und beständiges Unternehmen ist dies von fundamentaler Bedeutung. Viele Unternehmen, die bankrott machten, hätten bestehen können, wenn sie diese Prinzipien verstanden und angewandt hätten. Einige hätten vielleicht ihre Tore geschlossen, weil sie gemerkt hätten, daß ihre Zeit vorbei war, doch man hätte sie im Sieg schließen können anstatt in der Niederlage und als ruinierter Unternehmer.

Das Verständnis dieser einfachen Prinzipien kann ein solides Fundament für Einsicht und Vorausschau legen, die beide unabdingbar für den Erfolg sind. In den nachfolgenden Kapiteln werden wir auf viele verschiedene Unternehmen als Beispiele zurückgreifen, um Sie zur Kreativität bei der Anwendung dieses Prinzips anzuregen, damit Sie es mit Leichtigkeit auf Ihre eigene Situation anwenden können.

Einfachheit in der Verschiedenartigkeit

Wenn wir über Einsicht verfügen, können wir mit ein wenig Vorstellungskraft buchstäblich sehen, wie Napoleons Schlachtpläne uns in unserem Geschäft oder in unserem Landwirtschaftsbetrieb helfen werden. Unsere Situation in der Fabrik oder der Anwaltskanzlei verlangt manchmal genauso viel Mut, Entschlossenheit und meisterhaftes Können wie die berühmtesten Trainer aufweisen, wenn wir Erfolg haben wollen. Die Grundlagen für uns alle sind im wesentlichen dieselben. Sie lassen sich auf die größte Firma und Regierung oder auf den kleinsten Privateigentümer anwenden.

Napoleon wandte das Prinzip der fünf Säulen bei all seiner militärischen Planung an. Er beurteilte die Kampfstrategien seiner Armee und verbesserte sie (sein Produkt). Er übte seine Offiziere in strategischem Denken und motivierte sie durch seine eigene Vision (seine Verwaltung).

Er war ein Meister, wenn es darum ging, benötigtes Kapital, Truppen und Vorräte zu beschaffen (seine Ressourcen). Seine Vision und Leitung inspirierte ganz Frankreich und manchmal sogar die Bürger der Feindesländer (Marketing). Und Zeitplanung gebrauchte er beständig als eine seiner stärksten Waffen. Er erlitt nur dann eine Niederlage, wenn er eine dieser Säulen vernachlässigte.

Kapitän Rostroms Demonstration guter Leitung und vorbereiteten Handelns als Kapitän der Carpathia in der Tragödie um die *Titanic* wurde durch seine Meisterung der fünf Säulen nur noch unterstützt. Er kannte sein »Produkt« gut (das Schiff). Er bewies hervorragende Kenntnis seiner Verwaltung und seiner Ressourcen und setzte sie auf bewundernswerte Weise ein. Er war ein Meister in Zeitplanung und er vermittelte seinen Plan so gut (Marketing), daß seine Passagiere und seine Mannschaft sich mit aller Macht auf die vor ihnen liegende Aufgabe konzentrierten. Er kannte sein Schiff und seine Crew gut genug, um seine Grenzen und seine Möglichkeiten auch mitten unter sich verändernden Umständen und in der Krise schnell und wirkungsvoll zu analysieren.

General Lees Anwendung der fünf Säulen, als er die Armee von Nordvirginia kommandierte, bietet eine exzellente Studie zu diesem Thema. Er war in der Lage dazu, die Säulen, die stark waren, zu seinem Vorteil einzusetzen und so die schwächer ausgeprägten zu überspielen. Er machte sich das tiefe Verständnis dieses Prinzips zu eigen, um seine Gegner besser kennenzulernen als sie sich selbst kannten. Diese Art von Einsicht ist sowohl eine Gabe als auch eine Disziplin, die es zu entwickeln gilt. »Man kann nicht hineinlegen, was Gott draußen gelassen hat«, doch wir müssen auch das entwickeln, was Gott in uns hineingelegt hat, sonst »vergraben wir unsere Talente«, wovor er uns ja gerade gewarnt hat.

Man könnte jeder dieser Säulen leicht ein ganzes Buch widmen, doch um der Kürze und Einfachheit willen werden wir für jede nur ein Kapitel verwenden. Diese Studie versucht nicht, umfassend zu sein, wir wollen auf effektive Weise leicht anwendbare Prinzipien mitteilen, die funktionieren. Die Anwendung der fünf Säulen kann uns dabei behilflich sein, durch das notwendige Wissen vorbereitet zu sein; doch es braucht gute Leitung, um dieses Wissen richtig umzusetzen.

*»Wir müssen alles, was wir tun, so tun,
als wäre es die wichtigste Arbeit
auf der ganzen Welt.
Wenn wir die Straße kehren,
dann müssen wir so fegen
wie Michelangelo gemalt hat.«*

Kapitel 9

Das Produkt

Die moralische Bedeutung des Produktes

Das Produkt ist der *Grund* für das Unternehmen; es ist das, was wir *produzieren*. Das Produkt kann eine Ware sein, eine Dienstleistung, sogar eine Idee, doch es muß auf jeden Fall der Grund für das Unternehmen bleiben. Wenn irgend etwas das »Produkt« als den Hauptgrund für die Existenz des Unternehmens verdrängt, dann beginnt genau an diesem Punkt der Abstieg in die Mittelmäßigkeit oder den Mißerfolg.

Normalerweise verdrängt der Profit das Produkt als Grund für das Unternehmen. Damit soll nicht gesagt werden, daß Profit nicht ein Motiv für das Unternehmen sein soll, doch sollte er niemals das Hauptmotiv sein. Detroit beherrschte die Automobilwelt, solange es von einer Begeisterung für Autos motiviert wurde. Als die Finanzleute die Kontrolle über Detroit errangen und den Schwerpunkt hin zum Profit änderten, begann der Abstieg der amerikanischen Führungsposition in dieser Industrie. Man brauchte diese Menschen in der Industrie, um die Effektivität zu vergrößern, doch war es ein Fehler, zuzulassen, daß sie die Herrschaft übernahmen. Sie reduzierten eine große Kunst auf die bloße Produktion, und »bloße Produktion« steht im Gegensatz zur Seele Amerikas.

Die Seele Amerikas ist, wie wir schon gesehen haben, eng mit Eroberung und Abenteuer verbunden. Noch einmal: Hiermit ist nicht eine imperialistische Art von Eroberung gemeint; es handelt sich vielmehr um die Sehnsucht, Großes zu erreichen und die menschlichen Grenzen zu erweitern. Ohne eine Vision von Erweiterung unserer Grenzen werden wir rasch gelangweilt. Amerikaner werden nur dann hervorragende Hersteller sein, wenn der Herstellungsprozeß das Unternehmen auf irgendeine Art mit dem Überwinden neuer Hindernisse identifiziert und nicht nur dazu dient, den Gewinn unter dem Strich zu maximieren. Profit alleine ist ein oberflächliches und wenig beflügelndes Ziel für die arbeitende Bevölkerung, die ja einen wichtigen Schlüssel zum Erfolg darstellt.

Die erste Begeisterung aufrechterhalten

Henry Ford hat die Welt sehr stark beeinflußt; er entwickelte den Herstellungsprozeß bis an den Punkt weiter, an dem die Modernisierung, die danach die ganze Welt ergriffen hat, erst möglich wurde. Seine Vision erhielt Zündstoff durch seine Begeisterung für das Auto und durch seinen Wunsch, es preiswerter zu machen und damit mehr Menschen den Besitz eines Autos zu ermöglichen. Doch Henry Ford »fiel aus der Gnade« – denn bald hatte ihn der Prozeß der Automobilherstellung mehr in seinen Bann geschlagen als das Auto selbst. Er drehte immer wieder am Fließband herum, um dessen Geschwindigkeit und Wirtschaftlichkeit zu erhöhen, wovon wir alle profitieren konnten, doch darüber vergaß er, das Automobil selbst zu verbessern.

General Motors kopierte Fords Verbesserungen im Herstellungsprozeß mit Leichtigkeit, aber sie trachteten ebenso danach, bessere Autos zu produzieren. Die kleine und unscheinbare Firma *GM* überflügelte Ford schnell und konnte die Automobilindustrie lange Zeit dominieren. *GM* vergaß nicht, weshalb sie Automobilhersteller waren, zumindest solange nicht, bis die Buchhalter die Zügel übernahmen. Wenn Sie Ihre erste Begeisterung verlieren, dann haben Sie den Wachstumsprozeß beendet und mit dem Alterungsprozeß begonnen.

Vielleicht stellen wir die profanste und unbedeutendste Kleinigkeit der Welt her, doch müssen wir uns hüten, jemals in diesen Worten darüber zu denken. Wenn es seine Herstellung wert ist, dann ist es auch wichtig und verdient es, daß man darauf stolz ist, und es kann unsere Leute tatsächlich inspirieren. Erinnern wir uns noch einmal an die Ermahnung Martin Luther Kings: »Wir müssen alles, was wir tun, so tun, als wäre es die wichtigste Arbeit auf der ganzen Welt. Wenn wir die Straße kehren, dann müssen wir so fegen wie Michelangelo gemalt hat. Wenn Sie in dem, was Sie tun, der Beste sind, selbst wenn es Straßenfegen ist, wird die ganze Welt an ihre Tür kommen und erklären, daß hier der beste Straßenfeger aller Zeiten lebt.« Oder wie König Salomo es ausdrückte: »Siehst du einen, der gewandt ist in seinem Beruf: vor Königen wird er dienen. Nicht wird er vor Niedrigen dienen.«

Es kommt nicht darauf an, was Sie tun; wenn Sie es von ganzem Herzen tun, und das tagein, tagaus, werden Sie die Menschen, die mit Ihnen zusammenarbeiten, beflügeln, und es wird wenig geben, was Sie daran hindern kann, bis an die Spitze vorzudringen.

Ganz unabhängig davon, wie gut Ihr Produkt ist und wie ausgezeichnet es im Wettbewerb abschneidet, werden Sie eine eindrucksvolle Botschaft in jeden Winkel Ihres Unternehmens senden, wenn Sie kontinuierlich danach streben, es zu verbessern. Diese Haltung kann mehr dazu beitragen, die Loyalität der Belegschaft zu fördern als großzügige Prämien.

Die Arbeit jedes Einzelnen ist sein eigenes, persönliches Produkt. Jedes Produkt muß für wichtig erachtet werden, weil das wiederum der Person Gewicht verleiht. Und das bedeutet ihnen mehr als alles andere, was

Sie ihnen anbieten können. Wenn das Produkt jedes Einzelnen wichtig ist, dann trifft das für das Gesamtprodukt erst recht zu. Treue diesem Konzept gegenüber sichert Ihren Erfolg und macht Sie zu einer wirklichen Führungskraft, unabhängig davon, welche Stellung Sie in der Firma einnehmen. Wenn Sie ein Unternehmer sind und Ihr Unternehmen aus Führungskräften besteht, wird Ihr Produkt mit großer Wahrscheinlichkeit führend auf seinem Gebiet sein.

Zwei große Führungspersönlichkeiten

Als ich die Ausbildung zum Zimmermann machte, hatte ich das Vorrecht, mit einem hervorragenden Handwerker zusammenzuarbeiten, den wir einfach als »Old Joe« kannten. Zu der Zeit herrschte gerade Rezession im Land. Eines Tages machte ich eine Bemerkung darüber, daß doch so viele in unserer Berufssparte davon betroffen waren. Er widersprach mir und sagte, daß kein guter Zimmermann jemals von der Rezession getroffen würde. Er betrachtete Rezession als gesunden Beschneidungsprozeß für dieses Handwerk, als Gelegenheit, um die, die nur so taten, als wären sie gute Zimmerleute, zu Fall zu bringen.

Dieser alte Mann hatte die Wirtschaftskrise und eine Vielzahl von Rezessionen erlebt und doch kaum wahrgenommen, daß es sie gab, weil er Häuser baute wie Michelangelo Fresken malte. Er nahm sich dreier junger Männer an und steckte uns mit solch einer Begeisterung für das Zimmermannshandwerk an, daß wir jeden Tag neu enttäuscht waren, als es fünf Uhr schlug, denn das hieß ja, daß wir aufhören mußten zu arbeiten. Abends konnten wir kaum auf den nächsten Morgen warten, damit wir wieder weitermachen konnten. Wir taten sehr gute Arbeit, doch wir versuchten immer, unsere Arbeit noch besser zu machen.

Ich habe einige wichtige Leiter aus dem Geschäftsleben, der Politik und dem kirchlichen Bereich kennengelernt, aber nur wenige haben mich so sehr beeindruckt wie dieser alte Zimmermann. Mein Leben lang werde ich mich seiner als eines großen Mannes und großen Leiters erinnern. Sein »Produkt« verlieh ihm Größe. Jeder Mensch wird letztendlich durch sein »Produkt« gekennzeichnet. Kann man nicht auch den Satz Jesu: »An ihren Früchten werdet ihr sie erkennen« so verstehen? Jeder Mensch wird letztendlich durch das gekennzeichnet, was er produziert und was er hinterläßt.

Einige Jahre später wurde ich Fluglehrer und hielt mich selber für einen ziemlich guten amerikanischen Piloten. Da traf ich einen Piloten namens Joe Logan. Ihm gehörte die Nordamerikanische Luftfrachtgesellschaft, und er war ein weltberühmter Luftfrachtpilot. Er hatte schon über hundert kleine einmotorige Maschinen über den Atlantik geflogen, sogar bis nach Saudiarabien und Südafrika. Der Staat Israel, von dem man sagt, daß er ein paar der besten Militärpiloten der Welt besitzt, stellte einmal sogar Joe ein, um einige von ihnen zu unterrichten.

Trotz alledem war ich bei meinem ersten Flug mit Joe zusammen in meiner typischen, naiven Eingebildetheit fest entschlossen, ihm einiges über das Fliegen beizubringen. Wir waren kaum gestartet, als er mich schon anschrie und mir meine mangelnde Feinfühligkeit vorwarf, bis er schließlich selbst das Steuer übernahm. Als ich ihn beobachtete, begann ich bald zu glauben, daß ich es nicht einmal verdiente, Privatpilot zu sein, geschweige denn Berufspilot und Fluglehrer! Nie zuvor hatte ich solche Genauigkeit und solches Wissen über das Fliegen und das Flugzeug selbst gesehen. Ich unterrichtete weiterhin Piloten für ihre Fluglinienprüfungen, und ich arbeitete mit einigen, die als hervorragende Kampfpiloten bekannt waren, doch nie wieder traf ich jemanden, der so gut war wie Joe. Eines Tages verriet er mir sein Geheimnis.

Im Luftfrachtverkehr tätig zu sein, hieß, Dutzende von Stunden beinahe unerträglicher Langeweile über sich ergehen zu lassen, die gelegentlich von einigen kurzen Minuten blanken Schreckens unterbrochen wurden. Joe beschloß auf einem seiner ersten Flüge, daß er nicht nur einfach dasitzen und die Meßgeräte und den Autopiloten bei der Arbeit beobachten wollte – er beschloß, diese Zeit zu nutzen, um der beste Pilot zu werden, der er sein konnte.

Joe flog alle seine Aufträge mit Handsteuerung und führte Buch über seine Fehler. Er befestigte ein Notizbrett im Cockpit und machte jedes Mal einen Strich darauf, wenn er mehr als fünf Grad vom Kurs abwich, oder mehr als 15 Meter von seiner Flughöhe, oder sogar dann, wenn er während eines Flugmanövers leichte Schwerkraftgefühle bekam, die auf einen Mangel an Genauigkeit hinwiesen. Die ersten Male hatte er mehrere Hundert Striche auf seinem Brett, als er seinen Bestimmungsort erreichte. Die meisten Piloten würden das unter diesen Umständen als ausgezeichnetes Ergebnis bezeichnen. Viele Piloten hätten es als ausgezeichnetes Ergebnis bezeichnet, wenn sie überhaupt angekommen wären! Joe beschloß, daß er jedes Mal, wenn er das Cockpit bestieg, seine Punktezahl verbessern wollte. Bei einem seiner letzten Flüge hatte er nur noch zwei Striche auf seinem Brett, und er war immer noch nicht zufrieden! Niemand wußte davon oder kümmerte sich darum außer Joe. Er war dazu entschlossen, der beste Pilot zu werden, der er sein konnte.

Ihr Produkt sind Sie

Ihr »Produkt« ist wie ein verlängerter Arm Ihrer Seele, es spiegelt Ihr Wesen wider. Wenn Sie Chef einer großen Firma sind, dann stellt alles, was diese Firma tut, Sie dar. Wenn Sie Assistent des Hausmeisters sind, können Sie durch Ihre Entschlossenheit, hervorragende Arbeit zu leisten, jedem einzelnen Firmenangehörigen zum Vorbild werden. Wenn Sie Hausfrau sind, können Sie durch die Art und Weise, wie Sie Ihr Heim im Griff haben, Ihre ganze Familie mit Größe und einer zielgerichteten Vision als Führungspersönlichkeit durchdringen. Es gibt eine aussagekräftige Bibelstelle, die folgendes besagt: Sie werden ernten, was Sie säen. Wenn Sie unermüdlich darauf bedacht sind, das Beste aus sich herauszuholen, dann werden Sie am Ende auch dafür belohnt werden.

Das Fundament wahrer Größe

Ein Urgrund für das frühe Scheitern von Unternehmen besteht darin, daß viele nur ins Geschäftsleben eintreten, um ihr eigener Chef zu sein. Dies ist kein guter Grund, um eine Firma zu gründen, und nur selten wird er die Motivation dafür liefern, die Probleme und Hindernisse auszuhalten, die der Erfolg von einem verlangt. In unserem Innern rebelliert irgend etwas bei dem Gedanken, nur Durchschnitt zu sein. Wer nicht danach trachtet, über den jetzigen Zustand hinauszuwachsen, verbringt meistens den größten Teil seiner Freizeit damit, genau davon zu träumen. Doch wenn wir wirklich wollen, daß unser Leben bedeutsam ist, muß die Täuschung entlarvt werden, die besagt, daß das Streben nach eigener Größe uns jemals groß machen wird. Mit nur wenigen Ausnahmen hatten diejenigen, die der menschlichen Geschichte ihren Stempel aufgedrückt haben, ihren Blick auf eine Sache gerichtet, die über ihre eigene Person hinausging – sie waren auf das »Produkt« konzentriert, nicht auf sich selbst..

Wer nur nach eigener Größe strebt, ist ichbezogen. Wenn ichbezogene und wichtigtuerische Menschen an Einfluß oder Macht gewinnen, verwandeln sie sich in die Tyrannen und Geißeln der Geschichte. Ichbezogene und wichtigtuerische Menschen werden unweigerlich kleinlich und bedeutungslos.

Wahre Größe entsteht nur dort, wo eine Person ihre Liebe und Aufmerksamkeit auf etwas konzentriert, das außerhalb ihrer selbst liegt. Für Moses hieß das, Menschen aus der Sklaverei zu befreien, um sie dafür freizusetzen, Gott in Wahrheit zu dienen. Für Sokrates war es das Verstehen. Für Michelangelo war es die Malerei, die zur Darstellung der Wahrheit wurde. Bei Tolstoi übernahm diese Funktion die Literatur. Einstein führte die Wissenschaft zur »Vernunft, die sich in der Natur manifestiert«. Für Jesus war es die Erlösung der Menschen aus ihrem Versagen und aus den Täuschungen, denen sie erliegen, damit sie Gott wieder kennenlernen und die Größe und Majestät erlangen konnten, zu der er sie geschaffen hatte. Jeder, der einen positiven Einfluß auf die Menschheitsgeschichte ausgeübt hat, maß dem »Ziel« oder »Produkt« mehr Bedeutung zu als dem persönlichen Erfülltsein. Die alleinige Konzentration auf eine Sache oder Person, die außerhalb der eigenen Person liegt, besitzt die Macht, selbst banale Dinge des Alltags in eine starke Kraft für den menschlichen Fortschritt zu verwandeln.

Was es wert ist, getan zu werden, ist es auch wert, gut gemacht zu werden. Was es wert ist, an der Spitze unserer Prioritätenliste zu stehen, ist es auch wert, von ganzem Herzen angepackt zu werden. Wenn wir unsere Konzentration völlig auf das Produkt oder das Ziel richten, wird Kraft freigesetzt. Leiter stehen schnell in der Gefahr, wie Flutlichter ihre Interessen in zu viele verschiedene Richtungen auszudehnen. Wenn sie sich darauf konzentrieren würden, nur eine Sache gut zu machen, würden ihre Lebenskräfte sich wie ein Laserstrahl sammeln und große Kraft würde freigesetzt. Als George Washington Carver seine Aufmerksamkeit auf die unbedeutende Erdnuß konzentrierte, profitierte die ganze Welt davon. Der Apostel Paulus sagte einmal folgendes: »Dies Eine tue ich,« und schon allein die Briefe dieses Mannes mit zielgerichteter Vision haben die Welt mehr beeinflußt als die Schriften beinahe aller anderen zusammen; nach fast zweitausend Jahren helfen sie immer noch mit, den Lauf der Welt zu lenken.

Größe resultiert nicht aus dem Wunsch, groß zu sein, sondern aus der Entschlossenheit, einer Sache, die außerhalb der eigenen Person liegt, zu mehr Bedeutung zu verhelfen. Unabhängig davon, wer wir selbst sind und unabhängig davon, wieviel Wertschätzung die Menschen uns entgegenbringen oder welchen Rang wir einnehmen, werden wir die Welt verändern, wenn wir uns mit unserem Ziel oder Produkt identifizieren und es in den Mittelpunkt unserer Aufmerksamkeit und unserer Anstrengungen stellen.

Martin Luther King Jr. hatte verstanden, daß der beste Straßenfeger wichtiger sein kann als der Firmenmanager oder Regierungsvertreter, der sein Leben nach niedrigeren Werten ausrichtet. Wie Moses, der Menschen aus der Hand der Sklaventreiber befreite, können Sie Ihre Arbeit durch Sinnerfüllung in ein Vehikel zur Freiheit verwandeln. Menschen können eine wichtige Arbeit übernehmen, sie mittelmäßig erledigen und doch als bedeutend eingestuft werden, obwohl sie in Wirklichkeit Versager sind. Wer eine mittelmäßige Aufgabe übernimmt und ihr neue, höhere Bedeutung verleiht, ist ein Künstler, der die Aufmerksamkeit seiner Mitmenschen verdient; er ist eine echte Führungspersönlichkeit.

Die praktischen Prinzipien des Produktes

Der erste Schritt, um Ihrem »Produkt« Erfolg zu verleihen, besteht darin, daß Sie es zu Ihrer Leidenschaft machen. Wenn Sie nicht von Ihrem Produkt begeistert sind, wird es wahrscheinlich schwer für andere sein, es überhaupt auch nur zu mögen. Die Leidenschaft echter Begeisterung ist ansteckender als jede Krankheit. Wenn Sie von Ihrem Produkt begeistert sind, wird sich diese Begeisterung auf andere ausdehnen. Victor Kiam war begeistert genug vom *Remington* Rasierapparat, um die ganze Firma aufzukaufen. Seine ganze Verkaufswerbung basierte auf seiner Begeisterung für diesen Rasierer, und diese Begeisterung setzte mehr Rasierer um, als dies Preis oder Qualität je geschafft hatten.

Das nächste Prinzip beinhaltet, daß Sie Ihr Produkt zumindest nützlich, und wenn möglich, sogar absolut unverzichtbar machen. Das Produkt muß einen Sinn haben. George Washington Carver nahm sich der Erdnuß an, die bei jedermann beinahe ganz unten auf der Prioritätenliste stand, und machte sie in einigen ihrer neu entdeckten Anwendungsbereiche nützlich, ja sogar unverzichtbar. George Washington Carvers Leben ist ein Beispiel dafür, daß wir Anwendungsformen finden können, die den Wert und die Nützlichkeit unseres Produktes oder Dienstes erhöhen werden, egal, wie bedeutungslos es uns zunächst erscheint, wenn wir uns der Sache nur mit größtmöglicher Hingabe widmen. Dabei muß bei der Herstellung des Produktes und bei der Suche nach Verwendungsmöglichkeiten unbedingt Kreativität zum Tragen kommen.

Das nächste Prinzip, das Ihrem Produkt zum Erfolg verhilft, ist ein angemessener Preis. Je angemessener der Preis ist, desto größer wird am Ende Ihr Erfolg sein. Die Preispolitik sollte davon bestimmt werden, was wir bekommen sollten, und nicht davon, was wir bekommen könnten. Wenn Sie ein bestehendes Monopol oder das dringende Bedürfnis nach Ihrem Produkt ausnützen, um soviel Sie nur können aus denen herauszupressen, die es benötigen, haben Sie momentan einen Kundenstamm, der jedoch nur darauf wartet, bei jeder sich anbietenden Möglichkeit zur neuen – und dann meistens weit günstigeren – Konkurrenz zu wechseln. Habsucht im Geschäftsleben ist tödlich. Sie können eine Kuh mehrmals melken, aber schlachten können Sie sie nur ein einziges Mal.

Wenn Sie jetzt denken, daß dies alles reiner Idealismus sei, dann haben Sie zu einem gewissen Grad sogar recht. Idealismus kann eine Täuschung sein, die zum Untergang führen *kann*, doch der Mangel an Idealismus wird auf jeden Fall zum Untergang führen. Wenn Sie jeglichen Idealismus um des bloßen Gewinnes willen aufgegeben haben, dann haben Sie Ihre Menschlichkeit und jegliches Potential, irgendwie bedeutsam zu sein, verloren.

Leider ist »Der häßliche Amerikaner« ein Titel, den viele U.S.-amerikanische Geschäftsleute und Offizielle im Ausland verdienen. Wir sind nicht nur arrogant und anmaßend gewesen, wir haben auch versucht, den Mangel an Qualität und Wert bei unserem Produkt durch den Einsatz von Täuschung und Manipulation auszugleichen. Das funktioniert vielleicht eine Zeitlang, doch letztendlich führt es zum Mißerfolg.

Noch vor wenigen Jahrzehnten wurden Amerikaner als ehrliche und aufrichtige Menschen geschätzt, die ihre Geschäfte per Handschlag besiegelten. Dann wurde das Mark der Nation von einer subtilen Gesetzlichkeit infiziert, und von da an wurde das, was legal war, auch für richtig gehalten. Wenn man mit einer Sache legal durchkommen konnte, warum sollte man sie dann nicht auch tun? Wenn in ferner Zukunft ein Historiker über den Aufstieg und Fall Amerikas schreibt, dann wird er mit ziemlicher Sicherheit entdecken, daß diese schleichende und doch schreckliche Täuschung die Axt war, mit der dieser große und ausladende Baum gefällt wurde. Wenn wir keine dramatischen und tiefgreifenden Veränderungen vornehmen, wird der Aufdruck »Made in America« bald für schlechte Qualität, überhöhte Preise und die Abhängigkeit von Prätention anstelle von Integrität stehen. Wenn Sie die Absicht haben, nur das zu tun, womit Sie gerade noch durchkommen, dann sind Sie ein Feind der Menschheit. Dann haben Sie wie Judas zwar Ihr Silber gewonnen, aber Ihre Seele dabei verloren.

Wahre Integrität findet man im Gleichgewicht zwischen Idealismus und Pragmatismus. Damit ein Mensch wirklich leben kann, braucht er sowohl den Verstand als auch das Herz. Häufig hat das Pendel zu weit in Richtung Pragmatismus ausgeschlagen. Wir müssen zu den Idealen Ehre und Wert zurückkehren, und wir müssen den Zweck bedenken, zu dem wir unser Produkt anbieten. Die Welt will die Amerikaner (und ebenso die Europäer) wirklich wertschätzen, doch liegt es an uns, ob wir ihr einen Grund dafür liefern.

Kapitel 10

Verwaltung
Teil I

Die Verwaltung ist Gehirn und Nervensystem eines jeden Unternehmens; durch sie werden alle anderen grundlegenden Säulen überwacht, genau wie alle Organe unseres Körpers durch unser Gehirn kontrolliert werden. Unabhängig von der Qualität und Stärke der anderen Säulen wird Ihr Unternehmen wie ein gesunder Körper mit einem kranken Verstand sein, wenn Ihr Verwaltungsapparat nicht richtig funktioniert – es wird irgendwo zwischen Unkontrollierbarkeit und völliger Nutzlosigkeit gefangen sein. In ähnlicher Weise kann Ihre Verwaltung, wenn sie gesund ist, vielleicht sogar ernsthafte Probleme in den anderen grundlegenden Bereichen ausgleichen.

Das Wachstum kontrollieren oder den Krebs bekämpfen

Jegliches Geschäft beginnt mit einem Verwaltungsakt. Noch niemand hat je ein Unternehmen gegründet, ohne zuvor die Entscheidung dazu getroffen zu haben, und Entscheidungen gehören zum Bereich der Verwaltung.

Nach der anfänglichen Entscheidung, mit einem Unternehmen zu beginnen, widmet der Gründer den größten Teil seiner Aufmerksamkeit meist dem Produkt, dem Marketing, den Ressourcen und dem Zeitplan. Die Verwaltung wächst dabei mit – schrittchenweise – und entsteht meist mehr aus einer Notwendigkeit oder sogar einer Krise heraus als aufgrund guter Planung. Hier liegt ein weiterer wichtiger Grund für Mißerfolge in der Wirtschaft.

Wenn man ihre Entwicklung ohne jegliche Planung den Umständen überläßt, dann wird Verwaltung zu einem Krebsgeschwür, dessen Kraft ganz darauf ausgerichtet sein wird, sich selbst zu nähren. Sie wird so lange wachsen, bis sie dem übrigen Unternehmen alles Leben aus den Knochen gesaugt hat. Das Management hat eine bestimmte Art an sich,

Schicht um Schicht zu wachsen, bis es erfolglos und unwirksam ist und mehr zur Last wird anstatt das lebendige Nervenzentrum zu sein, das es sein muß, um echten Erfolg zu ermöglichen.

Viele Regierungen liefern gute Beispiele für Verwaltungen, die aus der Bahn geraten sind. Im Jahr 1980 hatten die amerikanischen Sozialämter mehr als einen Angestellten pro Sozialhilfeempfänger! Wenn das Wohlergehen der weniger Begünstigten wirklich Priorität hätte, dann hätte man solch ein widersinniges Verhältnis niemals zugelassen. Offensichtlich war aber das Vorantreiben der Behörde wichtiger geworden als der Grund, weswegen sie ins Leben gerufen wurde.

Die Verwaltungsapparate vieler Firmen sind genauso ungesund strukturiert. Auch bei vielen Schulen, Krankenhäusern, Wohlfahrtseinrichtungen, Kirchen oder Missionsgesellschaften findet sich dieses Phänomen. Weil die Verwaltung das Gehirn und die Nervenzentrale des Unternehmens ist, wird ein Krebsgeschwür, das hier zu wachsen beginnt, besonders gefährlich und todbringend sein.

Wie läßt sich eine solche Entgleisung vermeiden? Die Entwicklung und die Kontrolle unserer Verwaltung muß genausoviel Aufmerksamkeit erhalten und genauso gut geplant werden wie die anderen tragenden Säulen. Dies kann nur durch effektive, scharfsichtige Führungskräfte gewährleistet werden.

Überlastung – Freund oder Feind?

Ein guter Leiter muß positiv orientiert sein, doch er muß ein äußerst wichtiges Wort in seinem Vokabular haben, nämlich das *»Nein!«* Zum Beispiel: Wenn eine Verwaltung von einem Krisenmanagement anstelle von gesunder Planung gelenkt wird, wird man dazu neigen, jedes Mal, wenn die Arbeitslast zu groß wird, mehr Leute einzustellen. Unsere erste Reaktion auf Überlastung sollte aber nicht sein, ihr noch mehr Geld oder Ressourcen in den Rachen zu werfen, sondern wir sollten den Druck als Gelegenheit dazu nutzen, bessere und effizientere Wege zu finden, die Arbeit zu erledigen. Ein gut geführtes Unternehmen *wird zeitweise immer überlastet* sein.

Beinahe jede Aktivität unterliegt Zyklen. Wenn Sie ein Drittel der Zeit überlastet sind, dann sind Sie wahrscheinlich mindestens genauso lange unausgelastet. Der Leiter muß einen erträglichen Mittelkurs zwischen der Überlastung und dem Unausgelastetsein fahren, um die größtmögliche Effizienz zu sichern. Zeiten der Überlastung können kreativen Druck erzeugen, den wir als Hilfe dazu brauchen, um unsere Systeme zu verbessern und die Muskeln unseres Unternehmens zu trainieren. Wenn wir nichts anderes tun, als den Überlastungsphasen mehr Ressourcen in den Rachen zu werfen, wächst nur der Fettanteil, der wiederum das Herz des Unternehmens schwächt.

Präsident Jimmy Carter schlug einmal ein »Nullbudget« vor. Der Plan war, daß jedes Regierungsministerium zu Beginn einer jeden Steuerperiode mit einem Budget von Null beginnen würde und dann jeden Dollar, den es erhielt, rechtfertigen sollte. Wenn die Staatsführung dieses Programm tatsächlich umgesetzt hätte, wäre die Effektivität der Bundesregierung stark angestiegen und vielleicht sogar das Defizit des Bundeshaushaltes auf »Null« gesunken. Man hätte einige Sicherungsmechanismen benötigt, doch etwas Ähnliches muß eingerichtet werden, bevor das Gewicht unserer Regierung die stützende Wirtschaft erdrückt.

Wenn es kein System gibt, das eine regelmäßige effektive Kontrolle und Überprüfung der Verwaltung ermöglicht, wird diese fett und wie ein Krebs wuchern. Überläßt man sie sich selbst, beginnt die Verwaltung schnell so zu denken und zu handeln, als ob das ganze Unternehmen nur zu ihrem Wohle existiert anstatt umgekehrt. Ununterbrochene Wachsamkeit auf seiten der Leitung ist notwendig, um dies zu verhindern.

Der Belohnungsfaktor

Im Bereich des Managements werden Sie das ernten, was Sie auch belohnen, nicht das, was Sie gerne bekommen wollen oder sogar das, was Sie zu erhalten planen. Obwohl sie ihren Schwerpunkt darauf legen, ihre Ausbildung und große Anstrengungen auf dieses Ziel zu verwenden, erreichen viele Unternehmen und Firmen nie ein effizientes Managementsystem, weil sie in Wirklichkeit Mittelmäßigkeit belohnen und Effektivität bestrafen. Wenn es keine verantwortliche Prüfinstanz gibt, werden die uneffektivsten Abteilungen am Ende die meisten Leute beschäftigen, über die größten Budgets verfügen, das meiste Ansehen genießen und die größte Macht und den stärksten Einfluß ausüben. Gleichzeitig wird die Abteilung, die am effektivsten arbeitet und ihren Mitarbeiterstamm klein und schlagkräftig gehalten hat, an Einfluß verlieren und Belohnungen einbüßen. Wenn Sie eine gut funktionierende Verwaltung wünschen, dann müssen Sie Effektivität belohnen und uneffizientes Arbeiten und Verschwendung bestrafen.

Der Hauptgeschäftsführer

Aus Gründen der Einfachheit gebrauchen wir den Titel »Hauptgeschäftsführer« für den Leiter des Unternehmens. Der Titel, der in Ihrer Organisation für diese Position üblich ist, kann »General«, »Pastor«, oder sonstwie lauten.

Der Hauptgeschäftsführer sollte eher ein Leiter- als ein Managertyp sein. Er gibt die Richtung des Unternehmens an. Er muß derjenige mit der Vision dafür sein, wo es hingehen soll, und welche Ziele zu verfolgen sind. Der beste Hauptgeschäftsführer ist ein konzeptorientierter Mensch, der dazu in der Lage ist, sich einen Überblick über die Lage zu verschaffen und sie zu verstehen. Trotzdem muß er auch die Fähigkeit besitzen, die Einzelheiten zu begreifen, weil er sonst leicht dazu neigt, unrealistische Ziele vorzugeben und unklare Richtungsweisung zu erteilen, so daß Verwirrung entsteht anstelle von Inspiration.

Der Hauptgeschäftsführer befindet sich auf einsamem Posten. Die Möglichkeiten für ihn sind fantastisch, aber die Schwierigkeiten sind genauso groß. Oft ist er der Einzige, der das Gesamtbild überhaupt erfassen kann. Die Manager, die für die anderen tragenden Säulen im Unternehmen verantwortlich sind, vertreten normalerweise die Meinung, daß ihre Abteilung die wichtigste in der ganzen Firma ist, und bis zu einem gewissen Grade tun sie gut daran, so zu denken. Der Hauptgeschäftsführer soll die Loyalität eines jeden Abteilungsleiters seiner Abteilung gegenüber fördern, doch gleichzeitig muß er in der Lage sein, den Druck auszugleichen, den er von jeder Abteilung zu spüren bekommt, um auf dem richtigen Kurs zu bleiben. Dazu muß der Hauptgeschäftsführer wissen, wohin er will, und den Mut und das Rückgrat besitzen, den Druck auch einmal zu übersehen, wenn dies notwendig ist, oder auf andere, der Situation angepaßte Weise zu reagieren.

Hartnäckigkeit, die von Flexibilität gemildert wird

Der Hauptgeschäftsführer muß genau wie der Kapitän eines Schiffes seinen Bestimmungsort kennen und wissen, auf welchem Kurs man dorthin kommt, bevor er den Hafen verläßt. Beinahe jeder Plan muß noch einigen Veränderungen unterzogen werden, denn jede Reise beinhaltet Überraschungen, die der Plan nicht abdeckt. Der Kapitän muß dazu in der Lage sein, sich an diese Überraschungen anzupassen und dabei doch so nahe wie möglich am vorgesehenen Kurs zu bleiben. Es ist leicht, den Kurs aufzuzeichnen, solange man sich noch im Hafen befindet, doch es kann weit schwieriger sein, Ihre Fahrt neu zu berechnen, nachdem Stürme Sie weit von Ihrer geplanten Position abgebracht haben.

Als Kapitän müssen Sie auch entscheiden, wann Sie es dem Sturm nicht erlauben, Sie vom Kurs abzubringen. Wenn jemand zum ersten Mal von einem Flugzeug aus auf einen Fluß hinunterblickt, ist dieser Mensch normalerweise überrascht von der Art, wie der Fluß sich durch die Landschaft schlängelt, wie er sich windet und in Kurven fließt, so daß er gewöhnlich die Strecke von der Quelle bis zur Mündung mehrfach zurücklegt, als wenn er nur einfach geradeaus geflossen wäre. Warum bewegen sich Flüsse auf diese Art und Weise? Weil sie den Weg des geringsten Widerstandes wählen. Wenn Sie dazu neigen, sich durch Widerstände vom Kurs abbringen zu lassen, werden Sie ein Vielfaches der Strecke zurücklegen müssen, die notwendig wäre, um an Ihr gewünschtes Ziel zu gelangen. Die meisten Schiffe verfügen nicht über den nötigen Treibstoff oder die notwendigen Ressourcen, um weit von dem ursprünglichen Plan abzuweichen. Allein Ihre Einschätzung der Lage kann hier den Ausschlag geben zwischen Erfolg und Mißerfolg.

Als Flugzeugpilot entschied ich mich dafür, daß es in meinem Interesse lag, wirklich der Beste zu werden. Ich fragte nach den strengsten und ehrfurchteinflößendsten Fluglehrern, und dann stachelte ich sie so auf, daß sie noch agressiver wurden. Ich wußte, daß es Notsituationen geben konnte, mit denen ich nur schwer fertigwerden würde, wenn ich es nicht schaffen konnte, ein Flugzeug unter ihrem Druck ordentlich zu führen. Es gab Tage, an denen ich von einem Trainingsflug zurückkam und nie wieder in meinem Leben ein Flugzeug sehen wollte. Es war eine erniedrigende und frustrierende Situation, doch später, als ich in einige der Gewitter geriet, die mich ans Äußerste meines Könnens brachten, dankte ich Gott viele Male für die Strenge dieser Lehrer.

Arroganz führt dazu, daß wir unbelehrbar werden, wogegen Bescheidenheit uns dauernd lernbereit hält. Für große Leiter und Manager hören Ausbildung und Vorbereitung niemals auf. Vorbereitung und Planung helfen Ihnen, die besten Entscheidungen zu treffen, egal in welcher Situation Sie sich gerade befinden.

Zwei Arten von Leiterschaft

Was Leiterschaft anbelangt, können wir grundsätzlich zwei Typen unterscheiden, obwohl es sicher grenzenlose Variationen dieser beiden gibt. Jeder dieser Ansätze hat seine Vorteile. Mit nur wenigen Ausnahmen waren die berühmtesten Führungspersönlichkeiten in der Geschichte extrem aggressive Naturen. Doch die überwältigende Mehrheit erfolgreicher Leiter, auch wenn sie vielleicht nicht so im Licht der Öffentlichkeit standen, gehörten eher zum konservativen Typ. Aggressive Leiter, die sich anpassen und konservativ sein können, wenn dies angebracht scheint, sind die erfolgreichsten von allen. Nur wenige haben solche Flexibilität erreicht. Betrachten wir nun kurz diese beiden Arten von Leiter.

Der Aggressor

Sie sind echte »Home-Run-Helden«. Fast hassen sie die Einzelläufe und wollen ihre Schläge jedes Mal über den Zaun befördern, wenn sie an der Reihe sind. Ihre Erfolge sind genauso spektakulär wie ein Home-Run im Baseball; aber wenn sie über den Zaun schlagen wollen, werden sie auch öfters ausholen. Die gleiche Haltung, die zu großen Erfolgen führt, bringt auch die niederschmetterndsten Mißerfolge. Wenn wir davor Angst haben zu versagen, werden wir nie erfolgreich sein, weil wir das Spiel nie wirklich spielen.

Die größten Führungspersönlichkeiten haben gelernt, ihre Niederlagen als Gelegenheiten dafür zu nutzen, noch größere Höhen zu erreichen. Normalerweise lernen wir durch unser Versagen mehr als durch unseren Erfolg. Wer einen bestimmten Grad des Erfolges ganz ohne Niederlagen erreicht, neigt dazu, oberflächlich und naiv zu sein. Man erkennt solche Menschen ganz leicht daran, daß sie Antworten auf alles haben. Die wirklich großen Leiter sind diejenigen, die lieber zuhören, als daß sie selbst reden, weil sie immer auf der Suche nach mehr Einsicht sind. Betrachten Sie folgende Tabelle über Abraham Lincoln, eine der größten Führungspersönlichkeiten, die Amerika je hervorgebracht hat:

1831 Er erlitt geschäftliche Mißerfolge.
1832 Er unterlag bei der Wahl für die Legislative.
1833 Er hatte erneut geschäftliche Mißerfolge.
1836 Er erlitt einen Nervenzusammenbruch.
1838 Er unterlag bei der Wahl zum Sprecher für die Legislative.
1840 Er unterlag bei der Wahl zum Wahlmann.
1843 Er unterlag bei den Kongreßwahlen.
1848 Er unterlag wieder bei den Kongreßwahlen.
1855 Er unterlag bei den Senatswahlen.
1856 Er unterlag bei den Vizepräsidentschaftswahlen.
1858 Er unterlag erneut bei den Senatswahlen.
1860 Er wurde zum Präsidenten gewählt.
Er erhielt die Union aufrecht.

Es ist schwer vorstellbar, wie ein Mann die andauernden Krisen und den Druck aushalten kann, denen Abraham Lincoln als Präsident ausgesetzt war. Die oben angeführte Liste erklärt solche Ausdauer. Der Mann kannte den Mißerfolg gut – doch er gehörte nie zu denen, die aufgeben! Jede Niederlage machte Lincoln entschlossener und bereitete ihn besser auf seine endgültige Aufgabe vor. Rückschläge werden uns entweder *verbessern* oder sie werden uns *verbittern*; die Wahl liegt bei uns.

Wir lernen viel mehr aus unseren Niederlagen als aus unseren Siegen, aber wir dürfen uns nie mit der Niederlage zufrieden geben. Wenn wir über unserem Versagen resignieren, dann werden wir selbst zum Versager. Doch wenn wir unsere Niederlagen nutzen, um unsere Entschlossenheit zu festigen, dann befinden wir uns auf dem sicheren Weg zum Erfolg.

Unter den »aggressiven« Führungspersönlichkeiten finden wir die bekanntesten und denkwürdigsten Persönlichkeiten der Geschichte. Herausragende Siege und niederschmetternde Mißerfolge unterstreichen jeweils ihr Leben. Austerlitz und dann Waterloo, Chancelorsville und danach Gettysburg. Sie erringen große Siege und sie erleiden große Niederlagen, aber sie sind von ganzem Herzen am Spiel beteiligt.

Wer solch einen Charakter besitzt, wird lieber alles verlieren als anders leben. Wer keinen solchen Charakter hat, für den ist es beinahe unmöglich, diese Menschen zu verstehen. Es gibt nur wenige von ihnen, doch der Lauf der Geschichte hat sich nach ihnen ausgerichtet. Wenn Sie einer von ihnen sind, oder wenn Sie für solch einen Menschen arbeiten, dann steht Ihnen eine aufregende Fahrt bevor. Sie leben ununterbrochen auf Messers Schneide zwischen herzzerreißenden Katastrophen und atemberaubenden Erfolgen.

Im Folgenden sind einige der Charakteristika eines Aggressortypen dargestellt:

Die »aggressive« Führungspersönlichkeit

Stärken	Schwächen
• nur schwer zu entmutigen • übernimmt Verantwortung, ohne zu zögern • entscheidungsfreudig • abenteuerlustig • gibt nie auf	• fehlendes Mitgefühl, hart • ungeduldig • setzt den Standard zu hoch • erwartet zu viel von anderen • lobt andere nur sehr selten • hitziges Gemüt, fällt übereilte Entscheidungen • zieht sich auch dann nicht zurück, wenn dies strategisch richtig wäre • bindet zu sehr

Der Konservative

Die konservativen Leiter sind für Fortschritt und Erfolg nicht weniger wichtig. Ohne sie wäre das Durcheinander wahrscheinlich unerträglich. Sie sorgen für Stabilität und Langlebigkeit. Ihr Leben mag unspektakulär verlaufen, dennoch ist es normalerweise bedeutungsvoll und sinnerfüllt. Diese Menschen sind nicht das Salz der Erde – sie sind die Erde selbst, und sie bewegen sich so gemächlich von einem Ort zum anderen wie sich die Erde verändert. Nichtsdestoweniger kann ihre Begabung tiefgreifend und wertvoll sein.

Wenn der konservative Leiter verliert, dann liegt das gewöhnlich daran, daß er sich bietende Gelegenheiten nicht ergreift. Manchmal gewinnt er auch einfach nur, weil er der Einzige ist, der übrigbleibt. Wenn ein Unternehmen eine Partnerschaft von Leitern mit diesen beiden Persönlichkeitsstrukturen sein eigen nennen darf, dann besitzt es die größten Möglichkeiten, die es überhaupt haben kann.

Dies war in der Armee von Nordvirginia unter General Lee der Fall, denn es gab einen Divisionskommandeur General Longstreet, der als Prototyp einer konservativen Führungspersönlichkeit angesehen werden kann. Er arbeitete still und präzise im Hintergrund. Erst nach Gettysburg achtete Lee stärker auf Longstreet. Wenn man die schwerwiegenden Probleme in Betracht zieht, denen sie gegenüberstanden, dann haben sie genau während dieser Zeit ihre aufsehenerregendsten Schlachten geschlagen. Einige Historiker behaupten, daß sie in Wirklichkeit nie wieder eine Schlacht verloren – ihnen gingen einfach nur die Soldaten und die anderen Ressourcen aus. Man kann Longstreets geniale Verteidigungsstrategien in all diesen Auseinandersetzungen erkennen. Die Taktiken, die er entwickelte, wurden während der nächsten hundert Jahre in der Tat von den meisten Armeen auf der ganzen Welt angewandt. Trotzdem hält die Geschichte Longstreet nicht in der Weise hoch, wie sie das bei Lee und Jackson tut. Nur selten zollen Menschen oder die Geschichte selbst dieser Art von beständigen Leitern die angemessene Anerkennung, und doch sind gerade sie nicht weniger verantwortlich für den Lauf der Geschichte oder der gegenwärtigen Situation von unzähligen Menschen.

Echte Weisheit im Bereich der Leitung heißt wissen, wann es angebracht ist, aggressiv zu sein, und wann konservativ. Dies kann durch den Zustand der fünf Säulen in Ihrem Unternehmen bestimmt werden.

Ich war Eigentümer eines Geschäftes, das Lees Armee sehr ähnlich war: Ich hatte so wenig Ressourcen, daß ich keine andere Wahl hatte als aggressiv zu sein – darin bestand meine einzige langfristige Hoffnung zu überleben. Als ich an mein Gettysburg kam, die Gelegenheit zum totalen Sieg, hatte ich auch einen »Longstreet« – meinen Rechnungsprüfer. Er bat mich inständig, konservativ zu sein, doch ich hatte schon so viele Siege trotz großer Widerstände gewonnen, daß ich begonnen hatte zu glauben, ich könne überhaupt nicht mehr verlieren. Sie kennen es ja schon: Ich hatte das »*Titanic*-Syndrom« ... Leider ist es allem Anschein nach nicht eher heilbar, bevor nicht ein gutes Schiff unter unseren Füßen weggesunken ist. Durch eine Reihe von Siegen fühlen wir uns bald so sicher, daß wir ohne viele Wenn und Aber in heimtückisches und gefährliches Gewässer hineinsegeln.

Andererseits wissen Sie vielleicht niemals wirklich, wie man gewinnt, bis Sie verloren haben. Die klügsten und effektivsten Leiter haben normalerweise viele niederschmetternde Mißerfolge erlebt. Eine erstaunliche Anzahl von Amerikas erfolgreichsten Leitern in der Geschäftswelt hat mindestens einen Bankrott durchgemacht. Zum Unglück der amerikanischen Wirtschaft erschießen wir oft die Verwundeten aus unseren eigenen Reihen, so daß einige von denen, die die allerbesten Leiter sein könnten, niemals eine zweite Chance bekommen. Wer niemals eine Niederlage erlebt hat, ist vielleicht der Gefährlichste von allen. Erinnern Sie sich an Kapitän Edward J. Smith; er hatte bei all seinen Schiffsreisen nie einen Fehler begangen. Das war auch der Grund, warum man ihn auserwählte, um der Jungfernfahrt der *Titanic* vorzustehen. Es liegt große Gefahr darin, allzu konservativ zu sein.

Not macht erfinderisch

Beinahe jeder kann leiten, solange alles gut funktioniert; aber die Fähigkeit, mit Krisen umzugehen, trennt die wahren Leiter von den Prätendenten. Für die meisten Menschen sind Krisen wie eine Androhung von Unheil, doch für wahre Leiter sind sie gute Gelegenheiten – sie blühen durch die Intensität solcher Augenblicke regelrecht auf. Oder anders formuliert: Sie können solche Krisen nicht mit klarem Kopf bewältigen, wenn die Angst vor dem Versagen Sie ergriffen hat.

Viele Südstaatler reden immer noch gerne darüber, wie sie den Krieg wohl gewonnen hätten, wenn Lee nicht versucht hätte, in den Norden einzufallen. Man muß kein militärstrategisches Genie sein, um dies als Trugschluß zu entlarven. Der Begriff »Krise« läßt sich als der Punkt definieren, an dem sich entscheidet, ob ein Patient überlebt oder ob er sterben wird. Die Armee der Konföderierten war genau an diesem Punkt angelangt. Vicksburg stand kurz vor dem Fall, und dann wäre die Konföderation zweigeteilt worden. Die Ressourcen waren beinahe aufgebraucht, und die Kämpfe und Überfälle der beiden Heere hatten in zwei aufeinanderfolgenden Jahren die Ernte in fast ganz Virginia zerstört. Trotz all der großen Siege, welche die Konföderierte Armee errungen hatte, befand sich der Süden doch am Rande des Zusammenbruchs. Die herkömmliche Meinung lautete, daß sie sich bis auf einige Staaten zurückziehen sollten, die sie halten konnten. In einer der mutigsten und großartigsten Entscheidungen der Militärgeschichte beschloß Lee, daß es Zeit zum Angriff war. Als alles nach einer totalen Niederlage aussah, brachte er die Konföderation bis an die Schwelle eines totalen Sieges.

Jedermann war erstaunt über Lees Kühnheit; mehrere einflußreiche Staaten waren dazu bereit, die Konföderation anzuerkennen und ihr zu Hilfe zu kommen, wenn er nur eine einzige Schlacht auf dem Boden der Union gewinnen würde. Trotz der niederschmetternden Niederlage bei Gettysburg erkämpfte Lee der Konföderation wahrscheinlich ein zusätzliches Lebensjahr. Nicht nur, daß die Landwirte von Virginia eine dringend benötigte Wachstumsphase gewährt bekamen, auch die Armee von Nordvirginia brachte Vorräte für mehrere Monate von ihren Überfällen im Norden zurück. Manchmal ist ein guter Angriff die beste Verteidigung, aber zaghafte Menschen erkennen solche Gelegenheiten nur selten. Die allerschlimmste Krise kann unsere beste Gelegenheit sein, wenn wir nur den kühlen Kopf bewahren, der nötig ist, um sie richtig zu nutzen.

Gefährlicher Wohlstand

Genau wie Krisen Gelegenheiten zum Sieg sein können, so kann allgemeiner Wohlstand zur Niederlage führen. Wer kann die großen Sportmannschaften zählen, die von schwachen Gegnern geschlagen wurden, während sie gerade auf einer Erfolgswelle ritten? Die Geschichte ist voll von Imperien, die ihre tödlichen Wunden gerade dann erlitten, als sie auf der Höhe ihres Ruhmes waren. Erfolg kann Sie gerade dann für einen niederschmetternden Schlag empfänglich machen, wenn Sie ihn am wenigsten erwarten.

Wenn Sie einer von den Wenigen sind, die nicht zufrieden sein können, bevor sie ganz an der Spitze stehen, dann müssen Sie alles dafür einsetzen, dorthin zu kommen. Sie werden sonst so lange ein Hemmschuh für die Gesellschaft und ein Ärgernis für jeden in Ihrer Umgebung sein, bis Sie sich auf den Weg dahin machen. Aber hören Sie auf das, was die Konservativen zu sagen haben und folgen Sie ihrem Rat, wenn dies angebracht ist. Sie können Ihnen nicht nur dabei helfen, an die Spitze zu gelangen, sie können Ihnen auch dabei helfen, dort zu bleiben.

Wenn Sie bereit sind, sich mit kleinen Siegen zufrieden zu geben, dann werden Sie wohl auch nur mit kleinen Niederlagen fertigwerden müssen. Wenn dies Ihrer Natur mehr entspricht, dann versuchen Sie nicht, etwas anderes zu sein, sonst werden Sie vor lauter Magengeschwüren und Herzinfarkten umkommen. Achten Sie aber trotzdem auf jene, die von Natur aus eher aggressiv sind. Sie öffnen Ihre Augen vielleicht für Gelegenheiten, die sogar im Rahmen Ihrer begrenzten Risikobereitschaft ergriffen und genutzt werden können. Auch helfen Sie Ihnen, vielleicht zu erkennen, wann Sie keine andere Chance mehr haben, als alles zu riskieren; und solche Entscheidungen kommen sogar auf die konservativsten »Spieler« zu.

Das folgende Bild zeigt Ihnen einige der grundlegenden Eigenschaften von Menschen mit einer konservativen Grundeinstellung:

Die »konservative« Führungspersönlichkeit

Stärken	Schwächen
• gut im Planen • hält Druck gut aus • überreagiert nur selten • ihren Verpflichtungen gegenüber treu • macht sich viele Gedanken • erreicht ihre Ziele • wird selten von den Umständen überrascht • ist geduldig	• verpaßt gute Gelegenheiten • neigt dazu, ihr Hauptaugenmerk auf Nebensächlichkeiten zu richten • langweilt andere • zieht sich zu schnell zurück

Effektivität im mittleren Management

Normalerweise ist dies die schwierigste Stellung in jeder Organisation. Hier werden Sie mit den meisten Vorwürfen und dem geringsten Lob konfrontiert. Das mittlere Management ist für jedermann eine schwierige und ungastliche Stellung, also erwarten Sie nicht, sich dort wohlzufühlen. Niemand wählt als sein höchstes Ziel eine Stellung im mittleren Management; es dient als Trittbrett für bessere Positionen. Trotzdem bleiben die meisten, die bis zu dieser Stellung vordringen, auch dort. Die überwältigende Mehrheit derer, die hier angelangt sind, sterben auch in dieser Wüste und erreichen ihr »gelobtes Land« niemals.

Als Moses die Israeliten mit Visionen von ihrem »gelobten Land« aus Ägypten geführt hatte, starb die gesamte erste Generation in der Wüste, ohne das Land jemals erblickt zu haben. Sie starben aus dem gleichen Grund in der Wüste wie die meisten, die in der Öde des mittleren Managements zugrunde gehen – sie hörten auf zu glauben und begannen zu jammern. Klagen umwölkt die Seele. Es auferbaut nicht, sondern es reißt nieder, und nur gute Bauleute schaffen es, über die mittlere Managementebene hinauszukommen.

Moses sagte Israel, daß sie in die Wüste geführt wurden, um geprüft und gedemütigt zu werden. Das mittlere Management erfüllt denselben Zweck. Jeder macht eine gute Figur, wenn alles gut klappt. Wer aber behält mitten in Schwierigkeiten und offensichtlicher Ungerechtigkeit die Ruhe und bleibt auch in dieser Situation standhaft? Nur die ganz Echten. Jeder will an die Spitze. Aber nur einer von Tausend hat einen Willen, der stark genug ist, um auch den Preis dafür zu bezahlen. Die Wüste des mittleren Managements trennt die unechten von den echten Thronanwärtern.

Als Israel in Ägypten war, wurde ihnen ein Land versprochen, in dem Milch und Honig flossen. An dem Ort, an den sie zuerst geführt wurden, gab es noch nicht einmal Wasser! Es war das genaue Gegenteil von dem, was ihnen zugesagt war! Die mittlere Managementebene wird normalerweise das genaue Gegenteil von dem sein, was Sie sich für Ihre Laufbahn vorgestellt haben. Der Schlag ins Gesicht folgt auf dem Fuß, sobald Sie Ihre Stellung angetreten haben. Hier warten Druck ohne Erleichterung, Opfer ohne Belohnung auf Sie. Das wird Sie verbittern oder es wird Sie besser machen, aber es wird Sie auf jeden Fall verändern. Es wird Ihre Entschlossenheit stärken, oder Sie werden Ihre Belohnung verlieren. Ohne Entschiedenheit und Disziplin wird Ihre Vision sich an diesem Ort in Tagträume verflüchtigen, die niemals Wirklichkeit werden.

Der Gott Israels hatte tatsächlich ein »gelobtes Land« für sein Volk, und er wollte nicht, daß die erste Generation in der Wüste umkommt. Wenn Sie es schaffen, auf die mittlere Managementebene vorzudringen, dann sind Sie auf dem richtigen Weg, um Ihre Ziele zu verwirklichen, und Sie können diese auch erreichen.

Geprüfter Glaube

Wie schon gesagt bedarf es Glauben, um Ihr »gelobtes Land« zu betreten. Glaube wird im Wörterbuch als »eine Einheit von Überzeugung und Vertrauen« definiert; »es handelt sich dabei um eine so starke Überzeugung, daß diese Teil der eigenen Persönlichkeit wird«.

Glaube ist demnach stärker als eine Überzeugung. Wenn man von einer Sache überzeugt ist, gibt man seine verstandesmäßige Zustimmung; wenn man an etwas glaubt, dann ist man untrennbar mit der Sache, an die man glaubt, verbunden. Überzeugungen können mit einem einzigen durchschlagenden Argument verändert werden oder verloren gehen; wahrer Glaube ist so sehr Teil der Person selbst, daß er nur durch den Tod weggenommen werden kann.

Glaube wird landläufig im Zusammenhang mit Religion gesehen, doch müssen wir begreifen, daß jeder Mensch religiös ist. Der Glaube ist die Grundsubstanz unserer ganzen Existenz und Identität; unser Glaube entscheidet, wer wir sind. Jeder Mensch hat Glauben; woran wir glauben, entscheidet unsere Religion. (Selbst der Atheismus ist ja eine Religion auf der Grundlage des Humanismus.) Je stärker unser Glaube ist, desto stärker ist unser Leben und desto mehr Einfluß werden wir ausüben. Je positiver unser Glaube ist, desto konstruktiver wird dieser Einfluß auch sein.

Glaube kann auch eine Schattenseite haben. Hitlers wahnsinniger Rassismus hat ihn zu außerordentlichen Leistungen getrieben, die der Menschheit für mehrere Generationen Wunden zufügten. Wir müssen uns die Frage stellen: Woran glauben wir? Haben wir einen positiven oder einen negativen Glauben? Wie stark ist unser Glaube?

Im Christentum bildet dieser Unterschied zwischen »Überzeugungen« und »Glauben« auch die Unterscheidung zwischen einem aufrichtigen Nachfolger Christi und jemandem, der nur so tut als ob, um sich selbst zu täuschen und sein Gewissen zu beruhigen. Aus diesem Grund schrieb der Apostel Paulus, einer der großen Männer im Christentum, daß der Herzensglaube und nicht der bloße Verstandesglaube zur Errettung führt. Das volkstümliche und weit verbreitete »an Gott glauben«, welches nur besagt, daß man an seine Existenz glaubt, vollbringt wenig und ist nicht der wahre christliche »Glaube«. Die Täuschung, daß wir nur an Gottes Existenz glauben müssen, hindert den Suchenden daran, die wahre Religion des Glaubens an Gott zu entdecken.

Das gleiche Prinzip gilt für jeden Lebens- oder Unternehmensbereich. Es besteht eine große Kluft zwischen dem Überzeugtsein von den eigenen Zielen und dem Glauben an sie. Diese Kluft trennt diejenigen, die erfolgreich sind, von denen, die ihr Leben lang ziellos in der Wüste umherirren; letztere legen zwar einen weiten Weg zurück, doch sie bewegen sich im Kreis und kommen nirgends an.

Ein Mensch ohne Glaube ist wie ein Auto ohne Motor; es sieht vielleicht schön aus, doch es bringt Sie nirgendwohin. Je stärker der Glaube, desto weiter kommen Sie und desto schneller kommen Sie voran. Blanke Überzeugung ist oberflächlich und erreicht wenig mehr als die Gefühle zu beruhigen. Glaube ist eine lebendige Kraft, die Berge versetzen kann, welche in ihrem Weg stehen.

Moses führte Israel in die Wüste, um ihren Aberglauben und ihre begrenzten Überzeugungen in einen felsenfesten Glauben zu verwandeln. Ihre Wüste, ob es sich dabei um die Öde des mittleren Managements handelt oder um andere Umstände, die Sie an einen Platz binden, der das genaue Gegenteil von dem ist, wo Sie hinwollen, kann das gleiche für Sie tun. Wenn Sie in der richtigen Weise auf Ihre persönliche Wüste reagieren, wird Ihr gefühlsmäßiges Frustriertsein sich in Kraft verwandeln! Nehmen Sie Ihre Schwierigkeiten als Gelegenheiten an, und Sie werden Ihr gelobtes Land erreichen. Wenn Sie sich von den Problemen entmutigen lassen, werden auch Sie in der Wüste umkommen und Ihre Ziele niemals erreichen.

Die Prüfung der Freiheit

Moses konnte Israel aus Ägypten herausführen, aber er war nicht dazu in der Lage, Ägypten aus dem Herzen der Israeliten zu entfernen – das war die Aufgabe der Schwierigkeiten, die ihnen in der Wüste begegneten. In Ägypten waren die Israeliten Sklaven gewesen; Sklaverei ist die niedrigste menschliche Stellung, doch es liegt eine Sicherheit in der Sklaverei, von der man nur schwer freiwerden kann. Obwohl die Israeliten befreit waren und auf dem Weg an ihren Bestimmungsort und zu einem erfüllten Leben, begannen die meisten von ihnen doch, sobald sie auf Probleme stießen, auf die schreckliche Unterdrückung in der Sklaverei zurückzublicken und sich nach ihr zurückzusehnen, denn sie meinten, in Ägypten wäre es ihnen besser gegangen!

Das ist der Trennstrich, der diejenigen, die bis zum Sieg weitergehen, von denjenigen, die zurück in ihr Verderben gehen, scheidet – niemand wird sein Ziel oder seine Bestimmung erreichen, bevor er nicht frei wird. Ein freier Mensch geht lieber bei dem Fluchtversuch in der Wüste unter, als daß er in die Sklaverei zurückkehrt. Bevor wir nicht die Entscheidung treffen, daß wir nicht zurückkehren, egal, wie hart der Kampf ums Überleben auch sein wird, werden wir auch nicht vorankommen.

Die offensichtlichsten Zeichen für das Akzeptieren der Sklaverei sind Jammern und Klagen. Wer jammert, hat seinen Glauben verloren; er hat schon sein Herz aufgegeben. Wer echten Glauben besitzt, betrachtet selbst die größten Hindernisse als Gelegenheiten, um einen noch weitreichenderen Sieg zu erringen und einen größeren Schritt auf sein Ziel hin zu machen. Dabei darf es sich nicht um blinden Optimismus handeln, der nur eine andere Form magerer Überzeugungen ist und in der Maske unbeschwerter Zuversicht auftritt. Optimismus wird in der Hitze der Wüstenwildnis vergehen; wahrer Glaube wird immer stärker und entschlossener, je heißer es wird.

Glaube kann Berge versetzen, und das wird er mit jedem Berg tun, der in seinem Weg steht. Wahrer Glaube bereitet den Weg; er folgt ihm nicht einfach. Deshalb ist wahrer Glaube auch wahre Freiheit; es können ihm keine Fesseln angelegt werden. Wahrer Glaube heißt, die Fähigkeit zu haben, die Vision von der eigenen Bestimmung mit solcher Festigkeit zu ergreifen, daß sie nicht weggenommen werden kann, bevor sie nicht erfüllt worden ist. Wahrer Glaube schafft jedes Hindernis aus dem Weg und wird von keinem Hindernis aus dem Weg geschafft. Wahrer Glaube wird das »gelobte Land« erreichen.

Während der ersten drei Tage, die die Israeliten in der Wüste zubrachten, hatten sie noch nicht einmal Wasser. Und dann war die erste Quelle, zu der sie geführt wurden, auch noch bitter! Dies war fraglos ein Prüfstein. Sie verstanden nicht, daß Gott vorhatte, das bittere Wasser in süßes zu verwandeln, um ihnen eine Lehre zu erteilen. Ihre ersten Reaktionen auf die Enttäuschung waren Zweifel und Lamentieren, wodurch der Zerstörer in ihren Reihen freigesetzt wurde.

Jeder, der schon einmal wirklich durstig war, kann sich mit den Israeliten identifizieren. Wirklicher Durst weckt unseren elementarsten Überlebensinstinkt. Sie besaßen also eine echte Entschuldigung für ihre Klagen, und doch war diese äußerst schwere Prüfung auch ihre größte Gelegenheit. Nur eine wirkliche Prüfung offenbart wirklichen Glauben.

Wahrer Glaube ist eine innere Angelegenheit, keine äußere, und er hängt auch nicht von äußeren Umständen ab. Echter Glaube ändert sich nicht aufgrund von Enttäuschungen; er wird durch sie nur noch stärker. Echter Glaube wird die bitteren Gewässer der Enttäuschung immer ins süße Wasser der noch besseren Gelegenheit verwandeln. Wenn aus der Enttäuschung die Klagen wachsen, wird der Zerstörer unseres Glaubens freigesetzt, und unsere Vision wird bald verblassen.

Die Wüste, ob es sich dabei um die mittlere Managementebene, die soziale Mittelschicht oder den mittleren Lebensabschnitt handelt, dient dazu, das Beste oder das Schlechteste in Ihnen ans Licht zu bringen. Das Endergebnis liegt allein in Ihrer Hand.

Kapitel 11

Verwaltung
Teil II

Der erfolgreiche Nicht-Manager

Der Nicht-Manager hat eines von zwei Zielen: entweder ein Manager zu werden oder nicht. Erfolg wird nicht davon bestimmt, wie weit man auf der Management-Leiter nach oben steigt, sondern davon, inwieweit man seine *eigenen* Ziele erreicht. Vielleicht will jemand aufgrund edlerer Motive keine so hohe Stellung im Management erreichen wie jemand, der ganz an die Spitze will. Zum Beispiel: Das Management verschlingt vielleicht zu viel Zeit und Aufmerksamkeit, die man ansonsten mit der Familie, der Kirchgemeinde, Vereinen oder Wohlfahrtsorganisationen verbringen könnte. Nicht jedermanns höchstes Lebensziel steht mit dem Beruf in Verbindung. Es existieren viele gute und ausschlaggebende Gründe, um dem Management aus dem Wege zu gehen. Wer keinen Ehrgeiz hat, um im Beruf seine Stellung zu verbessern, kann genauso wertvoll, wichtig und erfolgreich sein wie alle anderen in dem Unternehmen.

Wie viele Schlachten, die den Lauf der Geschichte bestimmt haben, wurden von einem einzigen Menschen in den Reihen gewendet, der beschloß, nicht davonzulaufen. Durch seine Entscheidung schöpften ein paar andere Mut, die wiederum andere ermutigten, bis die ganze Front erstarkte, die Schlacht sich wendete und das Ergebnis der Geschichte ein anderes wurde. Journalisten und Historiker schreiben solche Siege den Generälen zu, doch einfache Soldaten, die ihre Stellung hielten und einen Rückzug rigoros ablehnten, haben bestimmt genauso viele von diesen Gefechten gewonnen, und ihr Mut hat dabei so manches Mal über die inkompetenten Strategien ihrer Generäle triumphiert. Hiermit soll nicht von den vielen großartigen und fähigen Generälen der Geschichte abgelenkt werden, doch gute Leute haben es immer wieder geschafft, einer geistlosen Strategie ein hervorragendes Aussehen zu verleihen. Die besten Leiter können aus jeder Ebene hervorgehen. Sie müssen die Klugheit und den Willen besitzen, das, was zum Erfolg nötig ist, auch in die Tat umzusetzen.

Unser größtes Plus

General Patton, einer der erfolgreichsten Generäle des Zweiten Weltkrieges, erhob die Ausbildung seiner Männer zu seiner höchsten Priorität. Er trieb sie solange an, bis sie den Leistungsstandard der übrigen amerikanischen Streitkräfte übertrafen. Später gewann er einen Sieg nach dem anderen durch Strategien, von denen niemand sonst glaubte, daß sie funktionieren würden, was wahrscheinlich der Wahrheit entsprochen hätte, wenn man andere Männer als die von Patton eingesetzt hätte. Die außergewöhnlich gute Ausbildung und das intensive Training seiner Leute eröffneten ihm Möglichkeiten, mit denen andere nicht rechnen konnten.

Egal, wie Ihr Unternehmen aussieht, Ihre Leute sind Ihr größtes Plus. Nur wenige Firmen sind so stark automatisiert, daß ihre Mitarbeiter für Erfolg oder Mißerfolg kaum noch von Bedeutung sind. Eine Sportmannschaft hat vielleicht Stars auf ihrer Liste, doch das Können und die Hingabe des restlichen Teams sind mindestens genauso wesentlich für den Erfolg der Mannschaft. Eine Kirchengemeinde hat vielleicht einen großartigen Prediger als Pastor, doch die Hingabe der einzelnen Gemeindemitglieder entscheidet darüber, ob bleibende Frucht entsteht. Wenn Sie Ihre Leute zu Ihrer höchsten Priorität machen und sie in den Mittelpunkt Ihres Interesses stellen, wie Patton das getan hat, dann werden Sie auch in der Lage sein, Ihre gegenwärtigen Leistungsgrenzen zu durchbrechen.

Wir haben ja schon ausführlich diskutiert, daß Leitung und Management nicht dasselbe sind. Sie können eine großartige Führungspersönlichkeit sein, ohne sich überhaupt in einer Managementstellung zu befinden. Wie viele Arbeiter in einer Fabrik haben den Erfolg der ganzen Firma beeinflußt, indem sie klar Stellung gegen Unzufriedenheit, unterschwelligen Ärger, negatives Gerede und Verleumdung bezogen. Es ist durchaus nicht ungewöhnlich, daß Mitarbeiter auf der untersten Ebene einer Firma durch ihre Charakterstärke die moralische Atmosphäre im ganzen Betrieb bestimmen. Solche »führenden Persönlichkeiten« brauchen genauso viel Ausbildung, Anerkennung und Belohnung wie gute Manager, denn sie tun mindestens genauso viel für Sie.

Der erste Schritt, um Leiter heranzubilden

Sie können jemanden zum Manager ausbilden, aber Leiterqualitäten müssen durch das gute Beispiel vermittelt werden. Der erste Schritt auf diesem Weg ist es, seinen Mitarbeitern den Respekt anderen gegenüber zu vermitteln. Schon durch die Definition des Begriffes »Führungskraft« kann er unmöglich jemand sein, der seine Leute vorwärts drängt; er muß jemand sein, der sie *führt*, der ihnen vorangeht. Niemand wird einem Menschen folgen, den er nicht respektiert. Respekt ist eine Grundlage für jede Leiterschaft.

Auch in diesem Zusammenhang gilt ein unanfechtbares Naturgesetz, welches besagt, daß wir ernten, was wir säen. Wenn wir Unzufriedenheit säen, wird sie auf uns zurückfallen. Wenn wir Mißtrauen säen, wird es auf uns zurückfallen. Wenn wir Respekt säen, werden wir Respekt ernten. Wenn wir Respekt unseren Leuten gegenüber säen, werden sie uns, sich selbst und ihre Kollegen respektieren.

Durch Respekt werden wir Führungsqualitäten in denen aufkeimen sehen, von denen wir es am wenigsten erwarten. Sie waren nur unter dem mangelnden Selbstvertrauen verborgen, das mit Hilfe von Respekt und Anerkennung überwunden werden konnte. Mit dem Selbstvertrauen geht Mut einher, der jedes Mal zur Folge hat, daß die Menschen über ihre vorherigen Leistungen hinauswachsen. Von den einfachen Soldaten, welche die Stellung hielten und den Ausgang von Gefechten bestimmten, tat dies kein einziger, ohne aus dem Respekt für sein Land, seine Sache, seine Familie und sich selbst zu handeln. Wahre Leiterschaft besitzt ein starkes Fundament und Ziel, von dem sie nicht getrennt werden kann. Respekt ist der Zement, der dieses Fundament zusammenhält.

Der Umgang mit der Zeit

Der richtige Umgang mit Ihrer Zeit ist sowohl für einen guten Leiter als auch für den guten Manager wesentlich. Ein praktikabler Zeitplan wäre es, einen Tag für jede der fünf grundlegenden Säulen Ihres Unternehmens festzulegen. Abbildung 1 (S. 128) zeigt einen beispielhaften Zeitplan für einen Firmenchef.

Die Fähigkeit, einen Zeitplan aufzustellen und einzuhalten, ist grundlegend für den effektiven Umgang mit unserer Zeit, die ein äußerst wertvolles Gut ist. Jeder Zeitplan verlangt nach einiger Flexibilität, doch selten nach so viel, wie wir ihm gerne einräumen. Der durchschnittliche Manager verschwendet mehr als 30 % seiner Zeit damit, sich von einer Aufgabe weg der anderen zuzuwenden und wieder zur vorherigen zurückzugehen.

Wir müssen es lernen, uns nur durch Notfälle oder Dinge von außerordentlicher und klar definierter Wichtigkeit von unserem Zeitplan ablenken zu lassen. Wenn am Montag etwas über Marketing hereinkommt, dann legen Sie es in den Korb für Mittwoch und schauen es sich vor diesem Tag noch nicht einmal an. Wenn Ihr Kontoauszug am Dienstag hereinkommt, dann legen Sie ihn in den Korb für Donnerstag und betrachten ihn nicht vor diesem Tag. Sie werden erstaunt darüber sein, wieviel Sie mit solch einem Zeitplan erledigen können, und wieviel weniger Streß Sie mit Hilfe einer solch einfachen Gewohnheit haben werden.

Undefinierte Ziele und undefinierte Prioritäten sind zwei der wichtigsten Faktoren, die Effektivität und Produktivität lähmen. Listen und Kontrollisten können einfache, aber wirkungsvolle Heilmittel für diese Probleme sein. Die Erstellung sinnvoller Listen und Kontrollisten ist eine »Kunst«, eine Fähigkeit, die es zu entwickeln und zu vervollkommnen gilt. Einmal wirklich konsequent angewandt, vermag es die Effektivität eines jeden in ungeahner Weise zu vervielfachen. Wie bei jeder anderen

Montag – Die Verwaltung

1. Überprüfen und erstellen Sie Ihren Zeitplan.
2. Bewerten Sie die allgemeinen Ziele und den Fortschritt im Blick auf ihre Erfüllung, notwendige Korrekturen und Veränderungen.
3. Bewerten Sie die Effektivität und den Fortschritt im Blick auf die Ziele jeder der anderen fünf grundlegenden Säulen.
4. Betrachten Sie die Verwaltung und bewerten Sie die Effektivität und Arbeitsweise dieser Abteilung.
5. Treffen Sie sich mit dem Verwaltungsmanager.
6. Planen Sie. (Ihre Planung wird immer effektiver sein, wenn Sie eine bestimmte Zeit dafür reservieren.)
7. Überprüfen Sie das Verhältnis der Angestellten, Gewinne, usw.

Dienstag – Das Produkt

1. Bewerten Sie Ihr Produkt.
2. Bewerten Sie die Produkte Ihrer Konkurrenten, Neuheiten, usw.
3. Treffen Sie sich mit dem Manager für Produktentwicklung.

Mittwoch – Marketing

1. Bewerten Sie die Umsätze.
2. Bewerten Sie Marketingstrategie und Werbung.
3. Bewerten Sie Ihr Verkaufspersonal.
4. Treffen Sie sich mit dem Chef der Marketingabteilung.
5. Sehen Sie Marketing- und Handelszeitschriften durch, usw.

Donnerstag – Die Ressourcen

1. Überprüfen Sie die Berichte der Buchhaltung, wie z.B. Bilanz, geplante Einkünfte, usw.
2. Studieren Sie die Kapitalisierung und informieren Sie sich über verschiedene Optionen zur Erreichung der Ziele, planen Sie, um Raum für größere Effektivität und/oder Flexibilität zu schaffen.
3. Treffen Sie Ihre Buchhalter, treten Sie mit Vertretern der Banken und Maklern in Verbindung, usw.
4. Studieren Sie Kapitalisierung oder andere Ressourcen, die für Ihr Unternehmen von Bedeutung sind.

Freitag – Zeitplanung

1. Bewerten Sie Tendenzen bei Produkten, auf den Märkten, in der Finanzierung, usw.
2. Beantworten Sie Telefonanrufe. (Zu beachten: Das Telefon ist eines der mächtigsten Werkzeuge in der Geschäftswelt, doch es kann auch das störendste sein. Wenn Sie einen speziellen Zeitraum festlegen, um alle außer den allerdringendsten Anrufen zu erwidern, kann das Ihre Produktivität während der Woche enorm steigern.)
3. Widmen Sie gewisse Zeit der Beendigung von Arbeiten, die von Montag bis Donnerstag unerledigt blieben.

Abb. 1: Zeitplan-Beispiel für einen Firmenchef

»Kunst« sind auch hier Grundsätze zu beherzigen, die für fast jeden zutreffen, doch nachdem Sie diese erlernt haben, müssen Sie Ihren eigenen Stil entwickeln. Einige der Grundsätze zur Erstellung von Listen lauten wie folgt:

1. *Beginnen Sie mit einer »To Do«-Liste.*
Diese Art von Liste fungiert als Erinnerungsstütze und Organisationshilfe. Der bloße Blick auf das, was Sie niedergeschrieben haben, hilft Ihnen, Ihre Zeit und Ihre Kräfte konzentriert zu halten und Ablenkungen zu verringern.

2. *Bauen Sie Ihre Liste auf Ihren Zielen auf.*
Der Zweck der Liste ist es, Ihnen bei der Organisation zu helfen, damit Sie Ihre Ziele auch erreichen. Listen Sie Ihre Ziele auf und danach das, was notwendig ist, um sie zu verwirklichen, jeweils darunter. Lassen Sie dabei Platz frei, um Dinge hinzuzufügen, auf die Sie aufmerksam gemacht werden oder die Ihnen noch ins Gedächtnis kommen.

3. *Priorisieren Sie Ihre Liste.*
Eine einfache Skala von 1 bis 5 funktioniert gut. Arbeiten Sie nicht an den »3«er-Prioritäten, bevor die »1«-er und »2«-er nicht erledigt sind.

Haben Sie zu jeder Zeit einen Notizblock bei sich und benutzen Sie ihn auch! Jedes Mal, wenn man Ihnen eine Aufgabe aufträgt oder Sie eine Arbeit sehen, die zu erledigen ist oder Sie eine neue Idee haben, dann schreiben Sie diese auch auf. Sie werden überrascht sein, wie sehr Ihre persönliche Effektivität tatsächlich erhöht werden kann, indem Sie einfach diese Kunst des Ausarbeitens von Listen entwickeln.

Die Entwicklung und der Gebrauch einfacher und kurzer Kontrolllisten kann die Effizienz eines durchschnittlichen Unternehmens ebenfalls geradezu dramatisch beeinflussen. Wie Listen, so müssen auch Kontrolllisten einfach und handlich gehalten werden; das ist der Schlüssel für ihre Wirksamkeit. Als Beispiel zeigt Abbildung 2 eine Kontrolliste, die angelegt wurde, um einen Informationsbrief versandfertig zu machen.

Sie profitieren wahrscheinlich auch davon, wenn Sie Ihre bearbeiteten Kontrollisten zum späteren Nachschlagen aufbewahren. Sie können Ihnen dabei helfen zu entscheiden, daß eine oder mehrere der Aufgaben mehr Zeit in Anspruch nehmen werden als vorgesehen, usw.

Ein weiteres wertvolles Werkzeug für effektives Management ist die »Kunst« der Ablage. Die meisten Ablagesysteme sind dazu konzipiert, Dinge aufzubewahren, anstatt sie erneut einzusetzen. Ein wirkungsloses Ablagesystem kann ein durchschnittliches Unternehmen in wenigen Jahren ein wahres Vermögen kosten. Die Zeit, die damit zugebracht wird, ein wirksames Ablagesystem zu entwickeln, kann hohe Dividenden abwerfen, was die zukünftige Produktivität betrifft.

Faktoren:	Versanddatum: 1. Juli Der Drucker benötigt zwei Wochen. Das Sortieren dauert drei Tage.

1. ☐ Artikel fertiggestellt
spätestens 1. Juni
erledigt am_____

2. ☐ Layout fertiggestellt
spätestens 7. Juni
erledigt am_____

3. ☐ Beilagen erstellt
spätestens 7. Juni
erledigt am_____

4. ☐ Layout beim Drucker abgegeben
spätestens 10. Juni
erledigt am_____

5. ☐ Umschläge bestellt
spätestens 10. Juni
erledigt am_____

6. ☐ Adreßliste überprüft
spätestens 20. Juni
erledigt am_____

7. ☐ Adreßaufkleber gedruckt
spätestens 23. Juni
erledigt am_____

8. ☐ Brief beim Drucker abgeholt
spätestens 24. Juni
erledigt am_____

9. ☐ Adressieren, für Versand vorbereiten
spätestens 30. Juni
erledigt am_____

Abb. 2: Beispiel einer Kontrolliste für ein Werbe-Mailing

Zusammenfassung

Wie das Gehirn und das Nervensystem, so muß auch die Verwaltung eine funktionierende Partnerschaft zwischen Leitung und Management haben. Das Gehirn erteilt die Signale, aber das Nervensystem muß das Signal an das richtige Organ oder den richtigen Körperteil weiterleiten, um einen bestimmten Ablauf zu aktivieren. Es ist unabdinglich, daß Leitung und Management erkennen, wie sehr sie voneinander unterschieden sind und daß sie Dinge aus unterschiedlichen Blickwinkeln betrachten und verschiedene Prioritäten haben. Diese Unterschiede ergänzen sich gegenseitig und konkurrieren nicht miteinander. Um eine wirkungsvolle Verwaltung zu haben, muß eine Einheit von Ziel und Kommunikation zwischen den Leitern und den Managern hergestellt werden, bei der jeder vom anderen lernt und sich einige der Charakteristika des anderen aneignet.

Ich habe die Unterschiede zwischen Leiterschaft und Management ganz bewußt so stark betont, weil sie nur selten verstanden werden, aber jeder Leiter einige Managementaufgaben übernehmen und beinahe jeder Manager auch leiten muß. Sicher ist jedenfalls: Je stärker diese beiden sich auf ihr eigenes Gebiet spezialisieren können, desto effektiver werden sie normalerweise sein.

Doch was tun mit solchen Unternehmen, die zu klein sind, um Raum für eine Unterscheidung zu lassen – wie das kleine Geschäft, bei dem der Eigentümer gleichzeitig Leiter und Manager ist? Auch wenn Sie sich an einem Ort befinden, an dem Sie sowohl Leiter als auch Manager sein müssen, kann es immer noch eine Trennung Ihrer Pflichten geben, die es Ihnen erlauben wird, auf beiden Gebieten effektiv zu arbeiten. Sie können Ihre Montage der Strategie und Planung widmen (Leitung) und einen anderen Tag oder Tage für die Umsetzung (Management). Wenn Sie sich dazu zwingen, sich während der Zeit, die Sie dafür vorgesehen haben, nicht von der Planung ablenken zu lassen, werden Sie darüber staunen, um wievieles klarer Ihre Richtung werden wird. Wenn Sie sich danach dem Management und der Realisierung Ihrer Pläne widmen, werden Sie ins Staunen darüber geraten, wieviel effektiver Sie sein können. Die richtige Mischung dieser Gebiete führt zu erfolgreicher Verwaltung.

*Die Zeit und Mittel,
die Sie gezielt einsetzen,
um Ihren Markt zu erforschen,
können Ihnen ein Vielfaches dessen
einbringen, was Sie tatsächlich
dafür ausgegeben haben.*

Kapitel 12

Marketing

Sie können im Besitz des besten Produktes, der besten Verwaltung, der perfekten Zeitplanung und großzügig mit Kapital ausgestattet sein, doch schwaches Marketing kann Ihren Untergang bedeuten. Egal, wie sehr Sie vom Produkt begeistert sind, wie gut es gemacht ist oder welch großen Wert es besitzt, so wird es doch schwer zum Erfolg zu führen sein, wenn es nicht effektiv vermarktet wird. Einige der besten Produkte der Welt, die ungewöhnlich günstig angeboten wurden, waren aufgrund von schwachem Marketing erfolglos.

In unseren Überlegungen definieren wir Marketing als Werbung und Distribution, weil diese beiden eng miteinander verbunden sind. Dieses Kapitel erhebt nicht den Anspruch, eine umfassende Studie des Marketings zu liefern, sondern einen Überblick über einige allgemeine Prinzipien, von denen echter und dauerhafter Erfolg abhängen.

Strategische Forschung

Effektives Marketing beginnt immer mit einer intensiven Kenntnis Ihres Marktes. Erst danach werden Sie in der Lage sein, eine Strategie zu entwickeln, mit der Sie diesen Markt am besten erreichen können. Wenn Sie über diese Kenntnis nicht verfügen, müssen Sie zuerst einen Plan zu seiner Erforschung entwerfen.

Häufig erweist sich die Marktforschung als ebenso wichtig wie die Untersuchungen, die Sie gemacht haben, als Sie Ihr Produkt entwickelten. Zumindest ein Teil dieser Untersuchungen sollte abgeschlossen sein, bevor Sie das Produkt entwickeln. Sie können das tollste Ding der Welt haben, doch wenn nur drei Personen auf der Welt es brauchen und zwei es schon haben, dann ist Ihre Chance auf Erfolg gering. Je größer der Markt für Ihr Produkt ist, desto größer sind Ihre Aussichten auf Erfolg. Je kleiner oder umkämpfter Ihr Markt ist, desto geschickter müssen Sie bei der Verkaufsförderung für Ihr Produkt vorgehen.

Die Zeit und Mittel, die Sie gezielt einsetzen, um Ihren Markt zu erforschen, können Ihnen ein Vielfaches dessen einbringen, was Sie tatsächlich dafür ausgegeben haben. Diese Untersuchungen helfen Ihnen nicht nur dabei, Ihren Markt zu identifizieren, sondern auch dabei, Ihr Produkt zu entwickeln, über Qualität, Quantität und Preis dessen, was Sie produzieren, zu entscheiden, und sie verschaffen Ihnen auch eine gute Ausgangsposition für die Verbreitung des Produktes, wenn es fertiggestellt ist. Wie schon erwähnt, sollte ein Teil dieser Untersuchungen abgeschlossen sein, bevor Sie mit der Entwicklung und Produktion beginnen, und sie sollten auch nachher regelmäßig fortgeführt werden, denn Märkte verändern sich laufend.

Es existieren viele gute Marktforschungsinstitute, die diese Untersuchungen für Sie viel exakter und preiswerter vornehmen können als Sie selbst. Diese unabhängigen Studien können auch von großer Hilfe sein, wenn es darum geht, benötigtes Kapital für Ihr Unternehmen aufzubringen. Jeder Bankmanager und Investor weiß, daß Ihre Begeisterung für das Produkt oder Ihre Erfolgsträume Ihre Resultate beeinflussen werden, auch wenn Sie noch so sehr versuchen, in Ihrer Studie unvoreingenommen zu sein. Ein gutes Marktforschungsinstitut wird die Wahrheit herausfinden und sie Ihnen mitteilen, denn Sie müssen die Wahrheit über Ihren Markt kennen, um erfolgreich zu sein.

Das Ziel treffen

Viele schöne Produkte mit dem Potential zum Erfolg wurden allein aus dem Grund zu Flops, weil die Werbung den *falschen Markt* im Visier hatte. Hätten sie ihre Mühen auf den richtigen Markt gerichtet, wären sie aller Voraussicht nach erfolgreich gewesen.

Betrachten wir dieses Buch als Beispiel. Von einigen Ausnahmen abgesehen, lassen sich nur Gelehrte und Pädagogen von dicken, gebundenen Büchern anziehen. Außerdem verliert ein Buch, das 150 Seiten lang ist, ungefähr ein Prozent seiner potentiellen Leserschaft pro zusätzlicher zwei Seiten. Also verliert ein Buch mit 250 Seiten zirka fünfzig Prozent der potentiellen Leser eines 150 Seiten starken Buches.

Menschen, die dünne Bücher bevorzugen, finden sich an beiden Enden der Sozialskala; vielbeschäftigte Firmenvorstände und erfolgreiche Menschen bevorzugen sie, weil sie weniger Zeit verschlingen; andere mögen dünne Bücher, weil sie weniger einschüchternd wirken. Gelehrte und Pädagogen dagegen, die dicke, gebundene Bücher bevorzugen, betrachten dünnere Bücher normalerweise als weniger gehaltvoll und deshalb auch weniger beachtenswert.

Wenn die Zielgruppe Ihres Buches vielbeschäftigte Firmenchefs sind, das Werk aber dreihundertfünfzig Seiten hat, erreichen Sie wahrscheinlich nur einen kleinen Prozentsatz derer, die Sie mit einer kompakteren Ausgabe auf sich aufmerksam gemacht hätten. Es gibt Autoren, die mit ihrem Inhalt auf Gelehrte abzielen, aber die schmälere Paperback-Bücher produzieren, die dieser Zielgruppe jedoch »zuwider« sind. Andere geben ihr Buch in einer umfangreichen, gebundenen Ausgabe heraus, die vor allem akademisch Gebildete anspricht, schreiben aber in einem persönlichen, populären Stil, den dieselbe Leserschaft im Normalfall überhaupt nicht schätzt. Und umgekehrt: Menschen, die einen weniger wisenschaftlichen, aufgelockerten Schreibstil bevorzugen, werden von der umfangreichen und seriösen Erscheinungsform des Buches abgeschreckt. Die Leserschaft, die ein Schriftsteller gerne erreichen möchte, sollte betrachtet werden, während das Buch noch in Planung ist.

Jedes Kapitel dieses Buches hätte mit Leichtigkeit auf einen vollständigen Band von 150 und mehr Seiten ausgedehnt werden können, oder zu einer einzigen Ausgabe von beinahe 1 000 Seiten zusammengefaßt werden können, doch Menschen, die es zu etwas bringen wollen und Unternehmer, die ich gerne erreichen möchte, würden es dann nicht lesen. Also entschloß ich mich, die grundlegenden Prinzipien in diesem einen, recht kompakten Buch darzulegen; wenn es sich als erfolgreich erweist, ziehe ich vielleicht die Veröffentlichung ausgefeilterer Studien in aufeinander aufbauenden Bänden ungefähr der gleichen Länge in Erwägung. Wenn ich jedoch allein akademisch Gebildete im Blick gehabt hätte, würde das vorliegende Buch wesentlich umfangreicher und vor allem gebunden sein.

Ein Besuch bei einer guten Werbeagentur oder einem Wirtschaftsforschungsinstitut kann Ihnen nicht nur helfen, viel Zeit und Mittel zu sparen, sondern Sie sogar vor dem Mißerfolg zu bewahren. Der durchschnittliche Produzent denkt nicht wie der Durchschnittsverbraucher. Wahrscheinlich denken Sie nicht wie Ihre potentiellen oder tatsächlichen Kunden. Effektive Forschung kann Ihnen helfen, deren Perspektive zu verstehen, damit Ihr Produkt den Bedürfnissen und Wünschen Ihrer Zielgruppe noch besser entspricht, ganz egal, ob das Ihren Vorstellungen entgegenkommt oder nicht.

Im Folgenden finden Sie einige Fragen, die Sie vielleicht beantworten sollten, bevor Sie ein Produkt auf den Markt bringen, um eine effektive Marketing-Strategie zu entwickeln:

- Wer braucht Ihr Produkt?
- Wie können Sie diese Menschen am besten über Ihr Produkt informieren?
- Ist es besser, direkt an den potentiellen Kunden heranzutreten oder soll ein Großhändler oder Zwischenhändler eingeschaltet werden?
- Wenn Sie den Weg über den Großhandel wählen, wer sollte sich dann um die Werbung oder einen klar definierten Teil davon kümmern?
- Gibt es Handelsveröffentlichungen, die Ihre Zielgruppe auf effektive Weise erreichen?
- Welches ist der beste Zeitpunkt für Ihre Werbung?
- Eignet sich Ihr Produkt besser für eine Kurzzeitwerbestrategie mit hohem Profil oder eine beständigere Langzeitstrategie?

- Welche anderen Werbeformen eignen sich gut für Ihr Produkt?
- Benötigen Sie Ihre eigene Verkaufsstaffel oder können Sie auf Selbständige zurückgreifen?
- Was würde Sie dazu motivieren, der Werbung für Ihr Produkt Toppriorität einzuräumen?
- Gab es kürzlich eine Meinungsumfrage in Ihrer Zielkundschaft, die für Sie verwertbare Informationen liefert, oder sollten Sie die Durchführung einer solchen Umfrage in Erwägung ziehen?
- Wer sind Ihre Konkurrenten? Welche Stärken und Schwächen haben sie? Wie treu sind Ihre Kunden? Wie können Sie Ihre Werbung zu Ihren eigenen Gunsten nutzen?
- Können Sie Ihre Werbung in freie Radiosender oder das Fernsehen hineinbringen?
- Welche potentiellen Kunden benötigen Ihr Produkt vielleicht nicht unbedingt, könnten es aber durchaus gebrauchen? Zum Beispiel: Wenn Ihr Produkt Mineralwasser ist, dann brauchen Städte mit schlecht bewertetem oder übelschmeckendem Wasser Ihr Produkt, während andere zwar nicht darauf angewiesen sind, es aber durchaus »mitnehmen« würden.

Dies sind nur ein paar der Standardfragen, die Sie beantworten müssen, um Ihr Produkt bekannt zu machen. Es existieren sicher noch andere, die sich speziell auf Sie und Ihr Produkt beziehen. Faktoren wie die Größe des Unternehmens, des Marktes, die Entwicklungskosten für das Produkt werden bestimmen, wie extensiv diese Untersuchungen sein sollten.

Die »Einer für alle, alle für einen«-Falle

Viele Unternehmen haben allein durch die Kaufkraft eines einzelnen Kunden einen guten Start und sind erfolgreich, doch leben diese Unternehmen eigentlich beständig am Rande des Abgrunds. Je breiter gestreut Ihre Kundenbasis ist, desto sicherer ist Ihr Unternehmen. Auch wenn Ihr Kunde die besten Absichten hat, kann sich die Lage doch jederzeit verändern. Hier kann der ausschlaggebende Faktor die Zeitplanung sein, auf die wir in einem späteren Kapitel eingehen werden.

Meine Flugzeugvermietung hat sich allein durch die Kaufkraft eines einzelnen Unternehmens, nämlich *General Motors*, um ein Vielfaches vergrößert. Als *GM* seine Produktion um 15 % zurückdrehte, hatten wir 85 % Ausfall. Nicht einmal die Spitzenleute der Firma wußten, wie lange diese Rezession andauern würde, und sie warnten mich, nicht alles auf ihre Karte zu setzen, doch ich entschloß mich in dem Bewußtsein, daß zwei Wochen Geschäfte mit *GM* die Verluste von zwei Monaten durch zu hohe Personalkosten wettmachen konnten, die bei mir angestellten Piloten und das Bodenpersonal zu behalten. Dieses Glücksspiel wurde aus meinem Wunsch heraus motiviert, die Geschäfte mit *GM* aufrechtzuerhalten, was ich ja nur konnte, wenn ich zur Stelle war, wenn sie mich brauchten.

Die Rezession dauerte viele Monate länger als irgend jemand erwartet hatte, und bald war meine kleine Firma am Ende. In der letzten Minute machten wir uns auf und zogen neue Geschäfte an Land, was uns zu retten schien. Doch wir waren schon so sehr geschwächt, daß uns ein Irrtum über einen Betrag von $ 20 000 das Genick brach. An manchen Tagen hatten wir $ 40 000 eingenommen, doch zu diesem kritischen Zeitpunkt stürzte uns die Art, wie die Sache über uns kam, in die Zahlungsunfähigkeit.

Die Einsicht kommt spät, aber heute weiß ich, daß Entscheidungen auf Management-Ebene immer auf den Umständen gegründet sein sollten, wie sie gerade vorgefunden werden und nicht, wie man sie sich erwartet oder erhofft. Das soll nicht heißen, daß Schätzungen und Studien oder sogar einfach nur Hoffnung die Entscheidungen nicht beeinflussen dürften, doch sie sollten nur selten die Grundlage für solche Entscheidungen bilden.

Bitte nur Fakten

Ihre Marketing-Abteilung wird die Dinge fast immer optimistischer einschätzen, als es die Wirklichkeit erlaubt. Ihr Optimismus liegt auch in Ihrem Interesse, denn er motiviert sie zur Produktivität. Der Optimismus Ihres Verkaufspersonals ist meistens ehrlich; sie vermitteln die Dinge so, wie sie ihnen tagtäglich vor Augen kommen, doch auch sie neigen dazu, durch eine »rosarote Brille« zu blicken.

Wenn ihr Glaube mit geduldiger Ausdauer kombiniert ist, dann drängen sie der Wirklichkeit vielleicht sogar ihren Glauben auf und beeinflussen sie derart, daß die Dinge tatsächlich passieren, wie sie sie sehen, ihr Optimismus also Realität wird. Diese Kombination von Glaube und Geduld ist selten, doch wünschenswert – sie baut auf der Entschlossenheit auf, Schwierigkeiten zu überwinden und Niederlagen in gute Gelegenheiten zu verwandeln. Trotzdem ist wahrer Glaube eine exakte Einschätzung der Dinge, wie sie wirklich sind, verbunden mit der Vision und der Hoffnung für die Art, wie Dinge sich entwickeln können. Die Verbindung der Fähigkeit, gegenwärtigen Tatsachen so ins Auge zu sehen, wie sie sind, mit dem Glauben, der es erlaubt, all die verborgenen Möglichkeiten zu sehen, bildet die Grundlage für ein erfolgreiches Marketing-Team. Tricks verhelfen vielleicht zu kurzzeitigem Erfolg, doch sie führen fast immer zum letztendlichen Abstieg oder sogar zum Mißerfolg.

Gute Buchhalter sind normalerweise extrem konservativ, genau wie gute Verkäufer extrem optimistisch sind. Ein guter Manager wird sie beide anhören, doch nicht zulassen, daß der eine oder der andere die Politik bestimmt. Sie beide sollten je auf ihre Weise die Anstrengungen im Bereich des Marketings beeinflußen.

Wenn Sie ein Ein-Mann-Betrieb sind, dann denken Sie darüber nach, wie sehr Werbung Ihnen helfen könnte zu wachsen und konsultieren Sie danach Ihr Bankkonto, bevor Sie entscheiden, wieviel Sie ausgeben wollen. Normalerweise befindet sich Ihre erste Wahl irgendwo zwischen den beiden extremen Gedankengängen, die Sie gerade nachvollzogen haben.

Die beste Werbung

Ihr Erfolg kann davon abhängen, wie gut Sie die Nachricht von Ihrem Produkt unter die Leute bringen. Es gibt viele Möglichkeiten, um dies zu tun, doch Sie müssen entscheiden, welche die für Sie wirksamste und am besten geeignetste ist. Ich persönlich würde mich in den Händen eines Gehirnchirurgen nicht sehr wohlfühlen, der eine Anzeigentafel benötigt, um seine Dienste anzupreisen. Es gibt Produkte, deren beste, und in manchen Fällen einzige, angebrachte Art der Vermarktung diejenige durch die Empfehlungen zufriedener Kunden, einen guten Ruf und eine lange Erfolgsliste ist. Dabei handelt es sich um Produkte von größter Wichtigkeit mit höchsten Ansprüchen an eine moralische Integrität.

Wenn dem wirklich so ist, warum gründen wir dann unsere Marketingstrategie nicht auf Empfehlung, Ansehen und Erfolgslisten? Natürlich können viele andere Aspekte in die Marketingstrategie für verschiedene Produkte einbezogen werden, doch sollte dies nicht unsere grundlegende Strategie sein? Wenn wir nicht in der Lage sind, Empfehlungen zu bekommen, oder unser Ruf nicht derart ist, daß er sich zur Vermarktung eignet, dann sollte dies das grundsätzliche Bedürfnis nach einer Veränderung unseres Produktes, unserer Verwaltung oder sogar des ganzen Unternehmens wachrufen.

Hochrangige Unterstützung

Es gibt einen Grund dafür, weshalb Unterstützung eine der wirkungsvollsten Werbestrategien ist. Es ist derselbe Grund, aus dem die Unterstützung durch bekannte Persönlichkeiten aus Medienwelt und Sport nicht billig zu haben ist. Hiermit soll nicht gesagt sein, daß manche dieser Persönlichkeiten nicht auch »gekauft« wurden. Auch ihre Werbespots müssen nicht unbedingt ehrlich sein und frei von Manipulationsversuchen. Doch die meisten haben sich einen hohen Standard an moralischer Integrität bewahrt, auch wenn es vielleicht nur aus dem einen Grund geschieht, daß sie um den Verlust ihres Wertes als Werbeträger wissen, wenn bekannt wird, wie leicht sie gekauft werden können. Die Werbeunterstützung einer bekannten Persönlichkeit kann im Fernsehen ein wirksamer Weg sein, doch die Empfehlung eines zufriedenen Kunden gegenüber einem potentiellen Kunden ist eine tragfähigere Grundlage für dauerhaften Erfolg.

Effektives Marketing entsteht nur durch gute Planung, genau wie das bei wirkungsvollen Produkten der Fall ist. Sie sollten eine Strategie entwickeln, welche die Werbung durch Ihre zufriedenen Kunden kultiviert. Vielleicht holen Sie Kommentare von ihnen ein, die Sie dann in Prospekten oder anderen Werbeträgern einsetzen können. Fragen Sie ihre zufriedenen Kunden immer auch, ob sie bei anderen möglichen Kunden als Referenz angeben werden dürfen.

Besser noch als eine Unterstützung ist wohl eine Weiterempfehlung. Sie ist mehr als nur eine Unterstützung, sie ist wie ein »Fingerzeig«, der Ihnen die Aufmerksamkeit des potentiellen neuen Kunden mit großer Wahrscheinlichkeit sichern wird. Dies ist etwas, worum Sie Ihre zufriedenen Kunden bitten müssen, doch nur wenige werden etwas dagegen haben, wenn sie wirklich zufrieden sind, oder wenn Sie auf diesem Weg den Anreiz für neue Bestellungen bieten wie zum Beispiel durch eine Belohnung oder einen Preisnachlaß. Fragen Sie Ihre Kunden einfach nur, ob sie noch jemanden kennen, der Ihr Produkt oder Ihre Dienstleistung gebrauchen könnte, und manchmal, wenn Ihre Beziehung zu Ihrem Kunden wirklich gut genug ist, dann können Sie durchaus auch fragen, ob es ihm etwas ausmachen würde, mit Berufung auf ihn zu dem potentiellen Kunden Kontakt aufzunehmen. Kurzum, übersehen Sie nicht Ihre Marketingmöglichkeiten mit dem höchsten Potential – Ihre derzeitigen Kunden.

Es gibt ein Paar grundsätzliche Regeln, die Sie einhalten sollten, wenn Sie Werbeträger oder Empfehlungen einsetzen wollen:

1. Seien Sie sicher, daß die Person, deren Unterstützung Sie nutzen, einen guten Ruf besitzt. Selbst wenn jemand ein guter und zufriedener Kunde ist, heißt das nicht, daß er auf seinem Gebiet anerkannt ist. Manche Bekanntschaft kann Ihnen schaden.
2. Benutzen Sie niemals den Namen einer Person als Unterstützung oder Empfehlung, wenn Sie dies nicht vorab mit dem Betreffenden geklärt haben, sonst verlieren Sie leicht einen Stammkunden.

Ehren Sie Ihre Botschafter

Ein weiteres grundlegendes Prinzip für erfolgreiches Marketing besteht darin, daß die Effektivität Ihrer Marketingabteilung in direktem Zusammenhang mit der Wertschätzung und der Belohnung steht, die man ihr zukommen läßt. Verkäufer sind zwar eine der am meisten verschrieenen Berufssparten, und oft sind sie sogar innerhalb der eigenen Firma Zielscheibe des allgemeinen Gespöttes, doch sie sind wohl auch der wichtigste Grund für den Erfolg oder Mißerfolg dieser Firma.

Ihr Verkäufer ist Ihr Botschafter. Nur die dümmsten und rückständigsten Regierungen entsenden Botschafter, die sie selbst nicht schätzen oder respektieren. Genau wie ein Botschafter für seine Regierung spricht, so wird auch Ihr Verkäufer für Ihre Firma sprechen. Er repräsentiert Ihre Firma denen gegenüber, die er in Ihrem Auftrag trifft. Er repräsentiert den Eindruck, den potentielle Kunden von Ihnen haben werden.

Die grundlegende Fertigkeit

Gesunde Beziehungen zu anderen Menschen aufzubauen ist wohl eine der schwierigsten Aufgaben, die sich uns allen stellt. Schon von der Zeit an, als es nur zwei Brüder auf der Welt gab, nämlich Kain und Abel, hatten sie Probleme, miteinander zurechtzukommen. Die Fähigkeit, einen Menschen neu kennenzulernen, sein Vertrauen zu gewinnen und ihm ein Produkt zu verkaufen, ist nicht gerade eine leichte Aufgabe. Jeder Angestellte in der Verkaufsabteilung Ihres Unternehmens sollte höchste Wertschätzung genießen, wenn Sie Botschafter der besten Qualität haben wollen.

Wertschätzung wird normalerweise daran gemessen, wieviel Aufmerksamkeit der Chef den betreffenden Angestellten widmet. Wenn der Chef ein wahrer Leiter ist, wird er den größten Teil seiner Zeit von Natur aus den Menschen geben, die am wichtigsten sind. Aufmerksamkeit kann Ihr Verkaufspersonal sogar mehr motivieren als Gehaltserhöhungen oder Provisionen. Gute Verkäufer bekommen normalerweise ein großzügiges Gehalt: Sie brauchen also nicht so sehr Geld, wie sie Anerkennung nötig haben. Gewähren Sie ihnen diesen Respekt und sie werden es Ihnen um ein Vielfaches wiedergutmachen.

Außerdem ist es für einen Verkäufer wichtiger, von dem Produkt überzeugt zu sein, als nur eine positive Ausstrahlung zu besitzen, es sei denn, Sie wollen Ihren Verkauf auf bloße Überredungskunst aufbauen. Die genaue Kenntnis des Produktes ist wesentlich, wenn man wirklich davon überzeugt sein soll. Je besser das Verkaufspersonal über das Produkt informiert ist, desto mehr Selbstbewußtsein wird es bei seiner Vermarktung an den Tag legen. Wissen ist ein äußerst wichtiges Werkzeug für die echten Profis auf dem Gebiet des Marketings. Das Geld und die Zeit, die Sie in die Ausbildung Ihres Marketing-Teams investieren, werden hohe Dividenden abwerfen.

Der richtige Anfang

Angemessene Kleidung ist ebenso wesentlich für Marketing-Profis. Den ersten Eindruck, den ein möglicher Kunde von Ihnen haben wird, bestimmen aller Wahrscheinlichkeit nach Ihre Kleider. Wenn Sie Ihr Produkt unter Angehörigen gehobener Berufe oder unter erfolgreichen Geschäftsleuten vermarkten, werden diese Sie aller Voraussicht nach anhand Ihrer äußeren Erscheinung einschätzen. Eine konservative Aufmachung ist fast immer angebracht; es kommt sehr selten vor, daß sich jemand durch zu konservatives Auftreten beleidigt fühlt; das passiert viel leichter, wenn man zu sehr herausgeputzt oder zu leger gekleidet ist. Eine zu feine Aufmachung kann leichter überspielt werden als eine unangebracht legere; es ist viel einfacher, Ihre Krawatte abzunehmen oder das Jacket auszuziehen, um zwangloser zu erscheinen, als sich vor den Augen eines potentiellen Kunden eine Krawatte umzubinden. Lässige Kleidung ist wahrscheinlich eher angebracht, wenn man Freizeitboote oder Sportausrüstungen verkauft, doch ordentlich und konservativ gekleidet zu sein, paßt immer.

Ein Kurs über Etikette für Ihr Marketing-Team zahlt sich garantiert aus. Nicht nur, daß gute Manieren immer einen guten Eindruck hinterlassen, grundlegende Kenntnisse auf diesem Gebiet verleihen auch Selbstvertrauen im sozialen Umgang – eine wesentliche Eigenschaft für einen erfolgreichen Marketing-Fachmann.

Zuhören zu lernen ist für den fachmännischen Verkauf genauso wichtig wie zu lernen, sich gut auszudrücken. Es gibt wenig, was einen vielbeschäftigten Manager oder Unternehmer so schnell nervt wie ein Verkäufer, der nicht hört, was sein Gegenüber ihm zu vermitteln versucht. Sein Namensgedächtnis zu trainieren und zu lernen, sich an andere Einzelheiten von der betreffenden Person zu erinnern, ist mehr als hilfreich – es ist oft ausschlaggebend. Es zeigt, daß Sie zugehört haben, und daß Ihnen die Person wichtig ist. Es zeigt Ihrem zukünftigen Kunden auch, daß er im Falle von Problemen mit Ihrem Produkt einen persönlichen Kontakt hat, der ihm dabei behilflich sein wird, angemessene Aufmerksamkeit zu erhalten.

IBM ist zu einer der größten Firmen weltweit angewachsen. Sie hatten das richtige Produkt zum richtigen Zeitpunkt und waren mit seiner Herstellung so dominierend auf dem schnellst wachsenden Marktsektor seiner Zeit, daß jedes andere Produkt daran gemessen wurde, wie es im Vergleich mit dem *IBM*-Produkt abschnitt. Doch *IBM* öffnete einem Abstieg katastrophalen Ausmaßes hauptsächlich dadurch Tür und Tor, daß sie es nicht fertigbrachten, auf ihre eigenen Kunden zu hören. Als die Computerindustrie ihre Weichen neu stellte, verpaßte *IBM* diesen Zeitpunkt. Schon seit einigen Jahren versuchen sie nun, wieder an die Stelle zurückzukommen, wo sie die Abzweigung auf das richtige Gleis verpaßt hatten. Aber selbst wenn sie das schaffen, sind ihre Konkurrenten inzwischen schon ein gutes Stück auf dieser Strecke vorangekommen und nur schwer einzuholen.

Die Charakterzüge des perfekten Verkäufers

Eine einzigartige Persönlichkeit ist notwendig, um in Werbung und Verkauf gut zu sein. Es existieren bestimmte allgemeine Charaktereigenschaften, die typisch sind für Menschen, die sich zu diesen Berufssparten hingezogen fühlen. Einige davon sind Stärken, andere sind Schwächen. Das Verständnis dieser Eigenschaften kann hilfreich bei der Betonung der Stärken und der Überwindung der Schwächen sein. Ihr Verständnis kann auch denen helfen, die mit ihnen umgehen müssen, diesen Umgang effektiver zu gestalten. Im Folgenden finden Sie eine Liste beider Seiten. Stärken sind mit einem (+) gekennzeichnet und Schwächen mit einem (–). Behalten Sie im Blick, daß es sich dabei um Verallgemeinerungen handelt, und daß nicht alle Eigenschaften auf jede Person zutreffen.

(+) Sie sind lebensfroh
Marketing-Fachleute besitzen normalerweise einen klaren Blick dafür, warum sie das, was sie tun, überhaupt tun. Ihre Faszination für das Leben in seiner Vielschichtigkeit wirkt ansteckend und kann hilfreich sein, um andere aus ihrer Trübsal herauszuziehen. Sie sind meist freundlich, genießen den Umgang mit anderen Menschen und zeigen echtes Interesse an ihnen. Sie merken rasch, wo jemand Hilfe braucht und leisten diese auch willig. Sie leisten einen großen Beitrag zur allgemeinen Stimmung. Selbst unter schwierigen Umständen haben sie einen Scherz zur Hand, der dabei hilft, den Druck abzubauen, so daß die Situation wieder in die richtige Perspektive gerückt wird. Andere mögen ihre Gesellschaft, und sie stehen bei einer Party schnell im Mittelpunkt. Sie schaffen es sogar, anderen Freude an der Arbeit zu vermitteln, was wiederum die Produktivität stark beeinflussen kann.

(–) Sie lassen sich schnell ablenken
Sie neigen dazu, einen Großteil ihrer Zeit und der anderer Leute mit Gesprächen oder Spielereien zu vergeuden. Weil ihnen die Lebensfreude so wichtig ist, sind sie dann, wenn die Freude vorbei ist, oft auch verschwunden. Sie verlieben sich schneller, aber zögern auch nicht lange damit, sich scheiden zu lassen. Sie können eine richtige Spur enttäuschter Menschen, zerbrochener Beziehungen und bitterböser Feinde hinter sich herziehen. Weil sie von positiven Gefühlen motiviert werden, neigen sie vielleicht dazu, vor Problemen davonzulaufen und lösen nur selten Konflikte, die einer Konfrontation bedürfen.

Gegenmittel
Sie müssen mit Menschen zusammenarbeiten und von ihnen beeinflußt werden, die diszipliniert sind und sowohl in ihrer Leiterschaft als auch in ihrem Lebensstil besonnen vorgehen. Wenn man ihre Konzentration fesseln kann, dann werden sie zu ihren produktivsten Leuten werden. Fordern Sie ihre Überzeugungen heraus, indem Sie sie mit potentiellen Problemen und Schwierigkeiten konfrontieren. Lassen Sie ihnen Zeit, ihre Verpflichtungen zu überdenken, bevor Sie jemanden von diesem Typus unter Vertrag nehmen.

(+) Optimistisch
Sie erkennen schnell Potentiale, wo andere nur Probleme sehen. Sie erkennen gute Gelegenheiten und initiieren gewinnbringende Unternehmungen, die andere nicht einmal bemerken.

(–) Sie neigen zur Emotionalität
Häufig unterliegen sie emotionalem Ausgebranntsein oder sogar Zusammenbrüchen. Da sie oft zu optimistisch sind, werden sie auch oft enttäuscht. Da sie Probleme gerne übersehen, erleiden sie gewöhnlich einen größeren Schock als andere, wenn sie ein Problem schließlich bemerken.

Ihre Niedergeschlagenheit kann genauso extrem sein wie ihre Hochgefühle. Dadurch können sie auch anfällig für Abhängigkeiten werden. Sie stecken häufig in finanziellen Schwierigkeiten, denn sie können aus einer augenblicklichen Laune heraus Einkäufe tätigen oder Verpflichtungen eingehen, wenn sie auf einem emotionalen Hoch schweben, doch einer Begleichung der Rechnungen ausweichen, weil dieser Vorgang emotional so stark mitnimmt.

Gegenmittel
Siehe oben. Sie müssen zusammen mit jemandem in ein Team gesteckt werden, der diszipliniert ist und sich mehr von der Vernunft leiten läßt als von Gefühlen.

(+) Sie sind energiegeladen
Normalerweise arbeiten sie hart und viel. Sie melden sich rasch als Freiwillige oder zögern nicht, eine schwierige Aufgabe anzugreifen, wodurch andere dazu angeregt werden, es ihnen gleichzutun.

(–) Sie lassen Arbeiten gerne unvollendet
Sie melden sich so schnell als Freiwillige oder beginnen etwas Neues, daß sie sich selbst oft mit Projekten überfordern, die sie nicht zu Ende führen können. Sie meinen es ganz ehrlich, wenn sie irgendwelche Verpflichtungen eingehen und haben auch wirklich vor, sich daran zu halten. Doch weil sie sich von ihren Gefühlen leiten lassen, können sie leicht ihr Interesse verlieren und abgelenkt werden, nachdem das emotionale Hoch, das der Beginn einer Sache mit sich bringt, einmal vorbei ist. Aufgrund dieser Tatsache neigen sie dazu, den Arbeitsplatz häufig zu wechseln. Sie können auch einer gewissen Zögerlichkeit unterliegen, weil sie so viele Dinge tun wollen, daß sie sich für nichts richtig entscheiden können. Sie beginnen normalerweise schnell mit einer Sache, doch bringen sie nur langsam zuende.

Gegenmittel
Sie benötigen ein strenges Überprüfungssystem, und sie müssen lernen, »Nein« zu sagen. Sie brauchen eine starke Leitung und ein starkes Management. Erwarten Sie weniger, als sie versprechen, so daß Sie am Ende nicht enttäuscht sein werden. Ziehen Sie Mitarbeiter dieses Genres zur Verantwortung und lassen Sie sie jeden Schlamassel, den sie anrichten, auch selbst wieder in Ordnung bringen – besonders auf dem Gebiet der zwischenmenschlichen Beziehungen.

Nach der Lektüre der oben angeführten Liste mag mancher zu der Frage neigen, ob Menschen mit solch einem Temperament überhaupt der Mühe wert sind, sich mit ihnen zu beschäftigen. Sie sind es tatsächlich, und sie werden vielleicht sogar zu ihren wertvollsten Mitarbeitern, wenn Sie ihr Wesen verstehen und lernen, mit ihnen zusammenzuarbeiten und ihre Stärken zu nutzen und mit den Schwächen umzugehen. Sie können

Ihr Unternehmen zu Höhenflügen führen, die Ihnen ansonsten niemals möglich wären, doch vergessen Sie nicht, daß Sie durch diese Mitarbeiter nicht dort oben gehalten werden.

Die Bibel sucht ihresgleichen, wenn es darum geht, den menschlichen Charakter und menschliche Neigungen zu illustrieren. Der Apostel Petrus ist eine der großen Charakterskizzen der so veranlagten Menschen, die sich zu Berufen im Bereich des Marketings hingezogen fühlen. Petrus war der erste, der die Gute Nachricht von Christus verkündigte, aber er war auch der erste, der ihn verließ, als entmutigende Umstände sich breit machten.

Petrus verließ ihn nicht aus Feigheit; in derselben Nacht, als er Jesus verleugnete, hatte er eine komplette römische Kohorte ganz alleine herausgefordert. Eine römische Kohorte bestand aus 800 Mann! Menschen mit solchen Persönlichkeitsmustern neigen stark zur Entmutigung, aber nicht zur Feigheit.

Petrus war auch der, welcher sich auf das Wasser wagte, aber er sank genau so schnell, als er dort draußen war. Sie lassen sich oft zu leicht ermutigen und zu leicht entmutigen, aber sie lassen sich auch schnell wieder aufrichten. Nur wenige Wochen nach seinem größten Versagen hielt Petrus seine wirkungsvollste Predigt. Er hatte die Schlüssel zu der Tür empfangen, weil er sie auch benutzen würde. Geben Sie ihnen eine Arbeit, und sie werden Sie nicht darin enttäuschen, daß sie einen guten Anfang machen. Petrus konnte die christliche Gemeinde ins Leben rufen, doch es brauchte einen Paulus, um sie zu festigen und ihr Dauerhaftigkeit zu verleihen. Diese Art von Persönlichkeit kann ein hervorragender Leiter sein, aber nur ein schlechter Manager. Erwarten Sie nicht mehr von ihnen als Sie sollten, und Ihre typischen Marketing-Fachleute werden zu Ihren besten Mitarbeitern zählen.

Verteilung

Die wirkungsvollste Werbung kann durch ein schlechtes Verteilungssystem vollständig zunichte gemacht werden. Die Begeisterung über ein neues Produkt geht schnell wieder unter, wenn es zu schwierig zu bekommen ist. Die Modernisierung bringt es mit sich, daß die Welt »bequemlichkeitssüchtig« geworden ist. Ein Hauptanteil an dem Erfolg eines jeden Unternehmens wird heutzutage davon bestimmt, wie bequem das Produkt zu bekommen ist. Ihr Verteilungssystem muß deshalb genauso gut geplant und verwirklicht werden wie Ihre Werbung.

Ich verbinde Werbung und Verteilung miteinander, weil sie sich gegenseitig direkt beeinflussen. Wen wird Ihr Produkt ansprechen? Wenn es ein breites Spektrum der Bevölkerung anspricht, dann wollen Sie vielleicht ein paar Werbespots auf einer gern gehörten Radiostation senden und es über die großen Kaufhäuser vertreiben. Wenn Ihr Produkt wahrscheinlich nur für die ganz Reichen attraktiv ist, dann möchten Sie vielleicht auf einem klassischen Musiksender dafür werben und es über ein

Kaufhaus der gehobenen Klasse oder über Boutiquen vertreiben. Ihre Werbestrategie sollte sich in harmonischem Einklang mit Ihrer Verteilungsstrategie befinden.

Aufgrund ihrer Bequemheit ist »Direktversand« zu einer immer beliebteren Verteilungsart geworden. Wenn ein Konsument den Wert seiner Zeit berechnet, sind die Versandkosten meist geringer als die Kosten, die ein Einkaufsbummel verursachen würde. Doch die Lagerung Ihrer Ware in einem Laden ist ein Weg, für sie zu werben; jedesmal, wenn jemand daran vorbeigeht und Ihr Produkt sieht, wurde dafür geworben. Wenn Sie die Verteilung durch den »Direktversand« vorziehen, dann müssen Sie sich andere wirksame Werbemethoden ausdenken, um die Aufmerksamkeit Ihrer potentiellen Kunden zu wecken.

Die wirksamste Marketingstrategie ist eine Mischung aus Werbung und Verteilung. Wenn Sie beide als eine Einheit betrachten, dann werden Sie stärker dazu neigen, sie im Gleichgewicht zu halten. Vergessen Sie niemals, daß die beste Werbung der Welt durch ein schlechtes Verteilungssystem zunichte gemacht wird. In gewissem Sinne stellen diese beiden Dinge eine Kombination von Leiterschaft (Werbung) und Management (Verteilung) dar. Sie sind auf beide angewiesen, und Sie brauchen sie in einer funktionierenden Verbindung.

*Es ist leicht ersichtlich,
wie Disziplin und Beständigkeit
über einen längeren Zeitraum hinweg
es selbst einem kleinen Unternehmen
ermöglichen können, damit zu beginnen,
sich selbst zu finanzieren.*

Kapitel 13

Ressourcen

Sie können im Besitz des besten Produktes, der effektivsten Verwaltung, der besten Marketingstrategie und der perfektesten Zeitplanung sein, doch ein Fehlen angemessener Ressourcen kann für Ihr Unternehmen den Untergang bedeuten. Ressourcen beinhalten das Kapital und alle anderen Materialien, die zur Ausführung Ihres Unterfangens benötigt werden.
Das Kapital ist für jedes Unternehmen wesentlich. Ohne zumindest einen Teil der Mittel kommen Sie nirgendwohin; und ohne ausreichende Mittel kommen Sie nicht sehr weit. Das Fehlen einer soliden Finanzierung ist der Hauptgrund für Geschäftsaufgaben in Amerika.
Die leichtesten Wege, um an das Kapital für eine Geschäftseröffnung heranzukommen, enthalten allerdings auch meistens schon die Anlage zum endgültigen Untergang des Unternehmens.
Jedes Unternehmen wird tätig, um Geld zu erwirtschaften, doch viele Menschen, die im Geschäftsleben aktiv sind, verstehen nicht wirklich, was Geld ist. Wenn Sie der typische Unternehmer sind, dann ist das Ihr Hauptproblem. Ganz unabhängig davon, welcher Art Ihr Unternehmen ist, stellen Ihre Ressourcen wahrscheinlich Ihre größte Sorge dar. In diesem Kapitel werden wir Ihnen einen vernünftigen und leicht umsetzbaren Plan dafür vorstellen, wie Sie diese Tatsache ändern können. Wenn Sie ihn befolgen, dann können Sie aus diesem großen Problem Ihre geringste Sorge machen, so daß Sie Ihre Energie ganz neu auf Gebiete konzentrieren können, die mehr und dauerhaftere Ergebnisse bringen.

Das Leben steckt im Blut

Ihre Kapitalressourcen sind das Lebenselixier Ihres Unternehmens. Wenn Sie im Bereich der Kapitalbeschaffung immer wieder zu Blutarmut neigen, dann schwächt das auch alle anderen tragenden Säulen. Wenn der Kapitalfluß beschränkt ist, schweben Sie in andauernder Gefahr, einen schwächenden oder gar tödlichen »Herz«-Anfall zu erleiden, der sich auf Ihr ganzes Unternehmen auswirkt. Wenn Sie eine »Bluttransfusion« aus einer schlechten Quelle erhalten, kann Sie das schwer in Mitleidenschaft ziehen oder sogar umbringen.

Sie müssen über den Zustand Ihrer Kapitalvorräte genauso intensiv wachen, wie Sie das mit Ihrem Blutkreislauf und Ihrem Herzkranzsystem tun würden. Sie sollten das Unternehmen nicht gründen, bevor Sie über das angemessene Kapital verfügen und über einen realistischen Plan, wie Sie den Kapitalfluß in Gang halten. Dieser Plan sollte auch keinesfalls auf optimistischen Umsatzprognosen beruhen. Es gibt Bereiche im Geschäftsleben, wo Optimismus am Platz ist, doch dieser ist keiner davon.

Hilfreiche Fachkräfte

Bankiers können Ihnen dabei behilflich sein, einen Plan für Ihr Unternehmen aufzustellen, aber Sie müssen dabei bedenken, daß Bankiers das Geschäftsleben selten wirklich verstehen; wenn sie es verstünden, wären sie nicht im Bankgeschäft, sondern in der Wirtschaft tätig. Was sie aber verstehen, ist für die Wirtschaft immens wichtig, nämlich die Technik, wie man das »Lebenselixier« Kapital in Ihrem Unternehmen am Fließen hält. Trotzdem müssen Sie Ihren Banksachverständigen dabei helfen, der Versuchung zu widerstehen, Ihnen zu sehr unter die Arme zu greifen und zu versuchen, Ihr Unternehmen für Sie zu führen.

Steuerberater können eine große Hilfe sein, wenn es darum geht, einen soliden Finanzierungsplan für Ihr Unternehmen zu erstellen, doch behalten Sie auch hier im Blick, daß nur wenige die Regeln der Geschäftswelt wirklich verstehen. Nichtsdestoweniger ist das, was Steuerberater verstehen, wiederum lebenswichtig für die Wirtschaft. Auf den Punkt gebracht könnte man sagen, daß sie Ihnen dabei behilflich sein können, die Gesundheit des Lebenselixiers Ihres Unternehmens zu überwachen. Jedoch müssen Sie auch Ihren Steuerberatern dabei helfen, der Versuchung zu widerstehen, Ihr Geschäft für Sie führen zu wollen.

Ähnliches gilt auch für Rechtsanwälte; nur wenige von ihnen verstehen die Regeln der Geschäftswelt wirklich, doch was sie verstehen, kann ebenso lebenswichtig für Ihr Unternehmen sein. Doch auch ihnen müssen Sie dabei helfen, der Versuchung zu widerstehen, Ihr Unternehmen für Sie zu leiten.

All diese Fachkräfte sind wie Ärzte, die in Ihrem Unternehmen die nötigen Kontrolluntersuchungen durchführen können, und die Ihnen dabei behilflich sein können, auf Dauer gesund zu bleiben. Deshalb sollten Sie auch auf sie hören – aber lassen Sie nicht Ihr Leben von ihnen bestimmen. Einige dieser Fachkräfte sind gerissene Geschäftsleute, doch das ist selten. Viel häufiger zu finden sind die, die glauben, gerissene Geschäftsleute zu sein, weil sie so viel mit solchen Menschen zu tun haben, doch in Wirklichkeit verstehen sie die Gesamtzusammenhänge der Wirtschaft nicht.

Wenn Ihre Fachkräfte typische Vertreter ihrer Sparten sind, dann sind sie zu einem solchen Grad konservativ, daß der durchschnittliche Unternehmer davon irritiert wird. Ein Sprichwort besagt: »Die Schläge eines Freundes sind besser als die Küsse eines Feindes.« Die meisten Ihrer Unterredungen mit Ihrem Bankier oder Ihrem Steuerberater entpuppen sich als Schlag gegen Ihre Pläne und Ihr Ego, doch es sind die Schläge eines echten Freundes, die Sie vor den tödlichen Schlägen einer Niederlage retten können.

Trotzdem wären Sie wahrscheinlich nicht einmal der Leiter Ihres Unternehmens, wenn Sie so konservativ wären, wie diese Fachleute es oft sind, und Sie werden wohl auch nicht sehr erfolgreich sein, wenn Sie zu konservativ sind. Nur selten kommt Ihr Unternehmen einen großen Schritt vorwärts, ohne daß man sich hinaus in die tiefen Wasser des Risikos wagt. Sie dürfen nicht zulassen, daß Ihre Fachberater Sie davon abhalten, die Schritte zu tun, die nötig sind, um voranzukommen. Dennoch sollten Sie ihnen gut zuhören, denn sie werden Ihnen dabei helfen, die Fallen und Gefahrenpunkte im Bewußtsein zu halten, von deren Existenz Sie vielleicht gar nichts wissen. Gerade wenn Sie sich in diesen Gewässern bewegen, müssen Sie über die Gefahren Bescheid wissen.

Häufige Fehler

Es ist unmöglich, in diesem einen Kapitel eine umfassende Kapitalisierungsstudie zu liefern, doch wollen wir versuchen, einige der häufiger zu beobachtenden Fehler oder verpaßten Gelegenheiten zu beleuchten, die in Verbindung mit diesem fundamental wichtigen Gebiet Ihres Unternehmens gemacht werden.

Fehler Nummer Eins für viele besteht darin, daß sie es versäumen, allgemeine Buchhaltungsprinzipien zu erlernen und zu verstehen, also die Fähigkeit, über Ihre Ressourcen Buch zu führen. Wenn Sie das nicht können, werden Sie ausbluten. Genau wie ununterbrochene Blutungen einen Menschen schwächen und ihn schließlich umbringen, führt die Nichtanwendung angemessener Buchführungsprinzipien in Ihrem Unternehmen zum selben Ergebnis.

Genau wie die Nichtanwendung dieser Prinzipien zu Verlusten führen kann, wird ihre Anwendung die Kräftigung Ihrer ganzen Organisation zur Folge haben. Sie verschaffen Ihnen neue Einblicke in effektive Managementstrategien und -möglichkeiten. Kurzum, sie helfen Ihnen bei der Gesamtplanung und -organisation. Durch die Anwendung allgemeiner Buchhaltungsprinzipien bleibt Ihre Hand am Puls Ihres Unternehmens, Sie bekommen ein waches Auge für Probleme und Sie können gute Gelegenheiten rascher für sich verwerten.

Gegenmittel für dieses häufige Problem ist das Studium und das Verständnis der allgemeinen Buchhaltungsprinzipien, bevor Sie ein Unternehmen gründen und Disziplin in der kontinuierlichen Fortbildung auf diesem Gebiet. Die meisten Unternehmer sind konzeptorientierte Menschen –

Visionäre, für die Einzelheiten langweilig sind, und die ihnen deshalb gerne auszuweichen versuchen. Um Buchführung zu studieren und auf diesem Gebiet auf dem laufenden zu bleiben, ist Disziplin notwendig, die Sie unbedingt aufbringen müssen, damit Sie sich dieses wichtige Wissen aneignen.

Der wahrscheinlich zweitgrößte Fehler, den Unternehmer begehen, besteht darin, daß sie zu große Schulden auf sich nehmen, um ihre Finanzierung zu sichern. Wenn Sie zur Kapitalisierung Geld zu einem Zinssatz von fünfzehn Prozent aufnehmen, dann müssen Sie zusätzliche fünfzehn Prozent Gewinn erwirtschaften, allein um die Zinsen zu zahlen. Manchmal sind Schulden die einzige Alternative, doch sollte man sie, wann immer es möglich ist, als eine der letzten Möglichkeiten betrachten, es sei denn, man befindet sich in einer extrem Niedrigzinsperiode.

Gegenmittel ist im Idealfall die Schuldenfreiheit Ihres Unternehmens. Wenn Sie Ihr Unternehmen gründen, ziehen Sie andere Kapitalisierungsmöglichkeiten in Betracht, zum Beispiel private Schuldverschreibungen, die Gründung einer GmbH, usw. Natürlich haben sie alle ihre positiven und ihre negativen Seiten, doch wenige negative Seiten sind so schlimm wie Schulden.

Wenn Sie Schulden machen müssen, um Ihr Unternehmen zu gründen, dann setzen Sie sich als eines der Hauptziele, innerhalb eines bestimmten Zeitraumes schuldenfrei zu sein. Ansonsten geraten Sie in eine sehr schlechte und kostspielige Abhängigkeit, die stark der Drogensucht ähnelt.

So schnell wie möglich schuldenfrei zu werden, ist so einfach wie der Aufbau Ihrer eigenen Reserven für Notfälle, allgemeine Bedürfnisse und »Unternehmenskapital«. Wie ist das zu erreichen? Intelligenz, Disziplin, Entschlossenheit und Mut werden notwendig sein. Die Geschwindigkeit, mit der Sie Ihr Ziel erreichen, ist nicht so wichtig wie die Beständigkeit, deshalb seien Sie realistisch bei der Setzung eines zeitlichen Zieles. Im Folgenden finden Sie ein Beispiel für einen einfachen, kurzen aber gut umsetzbaren Plan, um schuldenfrei zu werden.

Schritt Nummer 1: Nehmen Sie nicht noch mehr Geld auf. Zahlen Sie bereits bestehende Schulden ab. Die Versuchung, immer mehr Geld auszuleihen, können Sie ohne weiteres mit dem Bedürfnis des Heroinsüchtigen nach einem neuen »Schuß« vergleichen. Sie schaffen es vielleicht, dieses »eine Mal« mit Vernunftgründen zu erklären, doch danach werden Sie immer weitermachen. Diese Abhängigkeit wird Ihr Unternehmen letztendlich zerstören.

Sie denken vielleicht, daß heutzutage jedermann seine Geschäfte so macht, und das stimmt auch, denn fast jeder Unternehmer unterliegt heute dieser Sucht. Die gesamte Geschäftswelt ist heute von den wenigen versklavt, die schlau genug waren, die Dealer zu werden und nicht die Abhängigen. Wenn Sie ins Geschäftsleben eintreten, dann begeben Sie sich nicht in die Sklaverei! Wenn Sie sich jetzt in der Sklaverei befinden, dann befreien Sie sich daraus!

Schritt Nummer 2: Bauen Sie Ihre Reserven auf. Legen Sie ein Prozent Ihres Bruttoeinkommens in einem Fond für Notfälle an, der nicht angegriffen werden darf, außer um Zahlungsverzug zu vermeiden. Nachdem der Notfallfond genug Reserven hat, um Ihr gesamtes Budget für drei bis sechs Monate abzudecken, sollten Sie dieses eine Prozent dem allgemeinen Reservefond zuführen.

Legen Sie zwei Prozent Ihres Bruttoeinkommens in einem allgemeinen Reservefond fest, der nur für ernste und klar umrissene Bedürfnisse verwendet werden darf. Wenn dieses Konto über genügend Kapital verfügt, um alle Ausgaben für zusätzliche sechs Monate bis zu einem Jahr zu bestreiten, dann nehmen Sie diese drei Prozent (ein Prozent aus dem Notfallfond, der jetzt ausreichend gedeckt ist) und beginnen mit dem Aufbau eines Spekulationsfonds, der dazu dient, daß Sie sich bietende gute Gelegenheiten ergreifen können, ohne ein Darlehen aufnehmen zu müssen.

Beinahe jedes Unternehmen, jede Wohlfahrtsorganisation, Gemeinde oder Familie kann mit siebenundneunzig Prozent ihres Einkommens wirtschaften, ohne die drei Prozent, die zum Aufbau dieser Reserven benutzt werden, im geringsten zu vermissen. Wenn Sie sich dazu nicht in der Lage sehen, dann leben Sie zu nahe am Abgrund des finanziellen Ruins. Solche Reserven können Ihnen dabei helfen, kurzfristige Kredite zu vermeiden, was normalerweise höhere Zinssätze nach sich zieht und so das Herz Ihres Unternehmens mit krankmachendem Streß belastet.

Schritt Nummer 3: Lernen Sie, mit weniger Geld auszukommen. Machen Sie es sich zum Ziel, daß Sie Ihre Reserven jedes Jahr um zusätzliche zwei Prozent erhöhen. In nur fünf Jahren werden Sie beinahe schmerzlos gelernt haben, von weniger als neunzig Prozent Ihres Einkommens zu leben. Wenn möglich, gelangen Sie schneller an diesen Punkt, doch langfristige Beständigkeit ist der Schlüssel zu Ihrer finanziellen Gesundheit.

Schritt Nummer 4: Lernen Sie, mit Ihrem Vermögen richtig umzugehen. Nutzen Sie den Zeitwert des Geldes zu Ihrem Vorteil, nicht zu dem der Bank. Betrachten wir einmal hypothetisch die Möglichkeiten, die man mit den Reservekonten eines kleinen Unternehmens hat, welches über ein gleichbleibendes Bruttoeinkommen von gerade 100 000,- DM per annum verfügt, und welches die konservative Vorgehensweise wählt und nur drei Prozent oder 3 000,- DM im Jahr zurücklegt. Abbildung 3 zeigt den Wert dieser kleinen Einlage zu verschiedenen Zinssätzen über einen gewissen Zeitraum hinweg an. Wenn Ihr Bruttoeinkommen 200 000,- DM beträgt, dann können Sie diese Zahlen verdoppeln. Wenn es bei 1 Mio. DM liegt, dann multiplizieren Sie mit zehn.

Diese Zahlen erscheinen jemandem, der sich über den Zeitwert von Geld nicht im klaren ist oder der den Effekt nicht versteht, den nur ein Paar Prozentpunkte bei Wiederanlage der Zinsausschüttung auf den endgültigen Gewinn haben können, vielleicht als übertrieben. Bankiers kennen diese Zahlen sehr gut, weshalb sie meistens auch über die größten Gebäude einer Stadt verfügen. Nur zwei Prozent Unterschiede in der Zinseszinsrate über vierzig Jahre können beinahe hundert Prozent Unterschied beim Gesamtgewinn ausmachen. Der Unterschied zwischen 14 % und 16 % Zinsen in unserem Beispiel beträgt 6 543 891,- DM oder *einhundert Prozent*!

	10 %	12 %	14 %	16 %
10 Jahre	54 642,- DM	62 211,- DM	71 055,- DM	81 405,- DM
	Gesamt-Investition: 30 000,- DM			
15 Jahre	111 252,- DM	136 221,- DM	167 892,- DM	208 402,- DM
	Gesamt-Investition: 45 000,- DM			
20 Jahre	202 227,- DM	272 193,- DM	364 773,- DM	493 509,- DM
	Gesamt-Investition: 60 000,- DM			
30 Jahre	620 232,- DM	1 088 925,- DM	1 578 915,- DM	2 579 802,- DM
	Gesamt-Investition: 90 000,- DM			
40 Jahre	1 763 943,- DM	3 373 062,- DM	6 597 783,- DM	13 141 674,-DM
	Gesamt-Investition: 120 000,- DM			

Abb. 3: Kapitalisierung von 3 % Rücklagen bei einem Brutto-Einkommen von 100 000,- DM jährlich. (Die Zahlen berücksichtigen nicht die Wirkung von veränderten Steuern oder anderen Kosten.)

Die Kunst der Investition

Ihre Fähigkeit, Ihre Ressourcen ordentlich zu investieren, wird sich mit großer Wahrscheinlichkeit genauso stark auf den absoluten oder Nettowert Ihres Betriebes auswirken wie Ihre Fähigkeit, Geld zu verdienen. Die meisten Menschen, die viel Geld verdienen, können es nicht sehr gut investieren.

Wenn Sie über ein Guthabenzertifikat verfügen, dann fragen Sie sich wahrscheinlich, nachdem Sie obige Skala betrachtet haben, wo man sichere sechzehn Prozent Gewinn für sein Geld bekommen kann. Es gibt eine Anzahl qualitativ hochwertiger und sicherer Investitionsmöglichkeiten (wie zum Beispiel Investmentfonds), die so viel oder mehr im Durchschnitt bieten. Die kurze Zeit, die man benötigt, um solche Investitionsmöglichkeiten zu verstehen und zu nutzen, wirft letztendlich, gemessen an Ihrer Zeit, größere Dividenden ab als Sie erwirtschaften können, während Sie sich um das Management Ihres Unternehmens kümmern.

Es gibt professionelle Makler und Geldverwalter, die Ihnen behilflich sein können, doch für Ihr eigenes Studium und Ihr Können im Bereich von Investment- und Geldmanagement gibt es keinen Ersatz. Wahrscheinlich gilt, daß Sie, wenn Sie viel Geld verdienen, nicht viel Zeit haben, um Ihr Geld zu verwalten und Sie auf die Dienste eines Maklers angewiesen sein werden. Wenn Sie einen Makler in Anspruch nehmen, müssen Sie trotzdem in der Lage sein, die guten von den schlechten zu unterscheiden, denn es gibt leider sehr viele schlechte. Die Zeit, die Sie damit zubringen, den Bereich der Vermögensverwaltung zu verstehen, wirft bestimmt genauso viel Gewinn im Blick auf Ihren Gesamtnettowert ab wie die Zeit, die Sie tatsächlich mit dem Geldverdienen zubringen – und wahrscheinlich wird sie einen viel größeren Einfluß auf Ihre gesamte finanzielle Situation haben.

Es ist leicht ersichtlich, wie Disziplin und Beständigkeit über einen längeren Zeitraum hinweg es selbst einem kleinen Unternehmen ermöglichen können, damit zu beginnen, sich selbst zu finanzieren. Dies sollte Ihr höchstes Ziel sein. Je näher Sie diesem Ziel rücken, desto gesünder wird Ihre Finanzlage sein. Anstatt daß Sie den größten Teil Ihres Gewinnes den Gläubigern oder Banken in Form von Zinsen bezahlen, können Sie damit auf eigene Rechnung wirtschaften und so die Früchte Ihrer Arbeit vervielfachen.

Wo wären die durchschnittlichen Unternehmen, Kirchengemeinden, Wohlfahrtsverbände oder Regierungen, wenn sie einen einfachen und konservativen Plan zur Rücklagenbildung fest eingebaut hätten, in dessen Folge sie sich letztendlich selbst finanzieren? Tatsache ist, daß die durchschnittliche Kirchengemeinde in Amerika, die länger als vierzig Jahre existiert, nie wieder zu einer Bank gehen müßte, um ihr Wachstum zu finanzieren und wahrscheinlich sogar die Gründung neuer Gemeinden und Dienste mittragen könnte. Die meisten Regierungen, die sogar schon länger existieren, müßten in den meisten Fällen noch nicht einmal einen Kredit oder die Herausgabe von Staatsanleihen in Erwägung ziehen und befänden sich in der Lage, neuen Industriezweigen und Unternehmen, die sich auf ihrem Gebiet niederlassen, viel bessere Anreize zu gewähren.

Der Zeitwert des Geldes

Wenn ein junges Paar, das im Alter von fünfundzwanzig Jahren heiratet, nur seine Steuerrückzahlung anlegt und so 4 000,- DM pro Jahr zurücklegt (jeder 2 000,- DM), dann hat es bei seiner Pensionierung über 2 Mio. DM, wenn es auf seine Investition jährlich zehn Prozent Zinsen erhält.

Wenn es etwas agressiver ist und vierzehn Prozent bekommt, haben beide beinahe 9 000 000,- DM Wenn sie sechzehn bekommen, dann haben sie am Ende über 17 000 000,- DM, also 15 000 000,- DM mehr, als sie bei nur zehn Prozent Zinsen erhalten hätten.

Es sollte Ziel einer jeden Familie sein, von weniger als fünfundsiebzig Prozent ihres Nettoeinkommens zu leben. Wenn Ihre Familie ein Jahreseinkommen von 40 000,- DM bezieht, dann leben Sie so, als ob Sie 30 000,- DM verdienen würden. Nehmen Sie einige Gehaltserhöhungen und Beförderungen hin, ohne ein paar Jahre lang gleich Ihren Lebensstandard zu erhöhen. Wenn Sie die Entschlossenheit und Disziplin haben, um dies zu tun, dann werden Sie bald dazu in der Lage sein, den Sprung in einen viel höheren Lebensstandard zu schaffen, ohne am Rande des finanziellen Abgrundes zu verweilen.

Die Durchschnittsfamilie zahlt ein Vielfaches dessen an Kreditzinsen, was sie am Ende als eiserne Reserven für die Zeit nach der Pensionierung in Händen halten. Mit nur ein wenig Planung, Disziplin und Selbstbeherrschung für den Zeitraum von ein paar Jahren kann dieses Verhältnis umgekehrt werden – Sie können ein Vielfaches dessen auf Ihrem Sparkonto haben, was Sie Banken oder anderen Geldgebern an Zinsen bezahlt haben. Ich wiederhole, daß Schulden wie eine Sucht betrachtet werden müssen, die in den Untergang führt.

Weisheit im Umgang mit Schulden

Es stimmt allerdings, daß nur wenige Unternehmen ganz ohne Schulden überhaupt gegründet werden könnten. Wenn Sie in der Wirtschaft mitspielen wollen, müssen Sie mit großer Wahrscheinlichkeit auch Darlehen und Hypotheken aufnehmen. Dennoch ist es wichtig, jegliche Schulden als etwas Schlechtes zu betrachten, und sie nur im äußersten Notfall zu gebrauchen nach dem Motto des biblischen Sprichwortes, das lautet:»Der Schuldner ist seines Gläubigers Knecht.« Es sollte immer unser Ziel sein, so schnell wie nur irgend möglich aus der Sklaverei zu entfliehen, was bedeutet, daß wir unsere Schulden abbezahlen und keine neuen mehr aufnehmen.

Es gibt auch Schulden, die man klugerweise aufnehmen sollte, wie zum Beispiel eine Hypothek in einem Gebiet, in dem erwartet wird, daß die Grundstückspreise steigen. Manchmal unterscheiden sich Abschlagszahlungen auf Hypotheken kaum von den Mietpreisen, die man für ein vergleichbares Anwesen aufwenden müßte, warum sollte man also nicht gleich kaufen? Der Steuervorteil, den die Abschreibung der Zinsen bringt, kann hier auch eine wichtige Rolle spielen. Doch sollte man sich auf diesen Steuervorteil nicht hundertprozentig verlassen, sondern ihn nur als Bonus betrachten. Alle Steuervorteile unterliegen der Veränderung.

Selbst wenn man die Steuervorteile mit einbezieht, kann ein Hauskauf mit Hypothek eine schlechte Langzeitinvestition sein, wenn Sie sich in einen Grundstücksmarkt einkaufen, der seinen Gipfel schon überschritten hat und dessen Werte sinken. Natürlich gibt es auch andere Faktoren, die zu einer Investition auf dem Grundstücksmarkt führen. Vielleicht benötigen Sie ganz einfach die Liegenschaft oder sind einfach von dem Objekt so begeistert, daß Sie das Risiko, ein wenig Geld dabei zu verlieren, gerne in Kauf nehmen. Grundbesitz kann bei bestimmten wirtschaftlichen Bedingungen auch eine gute Absicherung gegen Inflation sein. Trotzdem ist es immer klug, Ihre Schulden so schnell wie möglich zurückzubezahlen.

Die risikoreichste Schuldenform ist die der Spekulationsschulden. Wenn Sie einen Investitionsbereich haben, in dem Sie beständig zwanzig Prozent Zinsen erwirtschaften, dann wäre es in Ihrem Interesse, Geld aufzunehmen, für das Sie nur acht Prozent bezahlen, um es in diesem Bereich zu investieren, denn dann verdienen Sie ja zwölf Prozent an dem geliehenen Geld. Natürlich sollte dem Schuldenbetrag, der für diesen Zweck aufgenommen wird, auf seiten des Investitionsbereiches ein Höchstmaß an Sicherheit und Liquidität entgegenstehen. Auch hier sollte es Ihr Ziel sein, das geliehene Geld so schnell wie möglich zurückzuzahlen.

Antizyklisch investieren

Die grundsätzliche und erfolgreiche Investment-Strategie besteht darin, billig zu kaufen und teuer zu verkaufen. Für den Langzeitinvestor bedeutet dies oft, das Gegenteil dessen zu tun, was die Allgemeinheit tut; Sie müssen das kaufen, was gerade nicht beliebt ist und es verkaufen, wenn es beliebt wird und jedermann es kaufen will. Wenn Sie eine Ware kaufen, die der Konjunktur unterliegt, dann kaufen Sie, wenn ihr Kurs niedrig ist und verkaufen, wenn er hoch ist.

Die meisten Zeitungen drucken eine wöchentliche Liste der Hoch- und Niedrigpreise für Aktien. Einige der erfolgreichsten Investoren suchen einfach nach qualitativ hochwertigen Aktien, die ihr Jahrestief beinahe oder ganz erreicht haben, kaufen sie und warten dann, bis sie ihr Jahreshoch erreichen, um sie wieder zu verkaufen. Einige Aktien fluktuieren zwischen ihren Hoch- und Tiefständen um fünfzig Prozent oder mehr ihres Wertes, und manche erreichen beide Extreme mehrmals pro Jahr. Wenn Sie mit nur fünfundzwanzig Prozent Unterschied viermal im Jahr billig kaufen und teuer verkaufen, haben Sie Ihre Investition schon verdoppelt. Wenn dies nur einmal vorkommt, haben Sie immerhin fünfundzwanzig Prozent verdient, was im Vergleich zum Standard durchaus nicht schlecht ist.

Natürlich beinhaltet jede Investition ein gewisses Risiko, und normalerweise ist das Risiko desto größer, je größer der potentielle Gewinn ist. Es ist unklug, solche Investitionen mit Geldern zu tätigen, deren Verlust Sie sich nicht leisten können. Die Ungeduldigen und die, welche nicht bereit sind, eine Zeitlang »Papierverluste« hinzunehmen, sollten dieses Spiel nicht spielen. Sie kaufen vielleicht einen Aktienanteil zu seinem Jahrestiefstpreis, doch es könnte sein, daß er noch mehr an Wert verliert.

Klugerweise überprüfen Sie jede Firma, in die Sie investieren wollen, genau, um eventuelle Trends zu entdecken, die ihre Preise noch weiter fallen lassen könnten, als dies im letzten Jahr der Fall war. Hier kann sich die folgende Investmentstrategie als hilfreich erweisen.

Das Kursdurchschnittsverfahren

Die Investmentstrategie, die man »Kursdurchschnittsverfahren« nennt, kann äußerst effektiv sein, wenn Sie Langzeitinvestitionen tätigen. Diese Strategie verlangt die regelmäßige Investition des gleichen Geldbetrages in einen bestimmten Investment-Fond. Betrachten wir ein übertriebenes Beispiel hierfür, um den Effekt dieser einfachen und doch relativ sicheren und wirkungsvollen Strategie zu erläutern.

Tun wir einmal so, als ob wir monatlich 100,- DM in eine Firma investieren, deren Aktienanteile bei unserem Einstieg für 10,- DM das Stück gehandelt werden, die aber dann um 1,- DM pro Anteil und Monat fallen, bis sie neunzig Prozent ihres Wertes verloren haben. Auf diesem Tiefstand bleiben sie sechs Monate lang, bevor sie um nur 1,- DM pro Anteil und Monat steigen, bis sie gerade die Hälfte ihres ursprünglichen Wertes wiedererlangt haben. Wie Abbildung 4 veranschaulicht, erweist sich das, was wie ein übler Verlust aussieht, in Wirklichkeit als ein Gewinn von einhundertzweiundvierzig Prozent für Ihre Investition, wenn Sie getreu der Strategie des »Kursdurchschnittsverfahrens« handeln.

Es handelt sich hier um ein überzeichnetes Beispiel, das die Wirkung des »Kursdurchschnittsverfahren« dramatisch darstellen soll. Es gibt nicht viele Investmentvehikel, die in ihrem Abwärts- oder Aufwärtstrend so beständig sind. Man muß auch die psychische Belastung in Betracht ziehen, die man vielleicht während der ganzen Zeit aushalten muß, solange die eigene Investition auf dem Tiefstand ist, denn es gibt keine Garantie dafür, daß ihr Wert jemals wieder steigt.

Doch für Langzeitinvestitionen, die dieser Strategie folgen, muß der Preis fallen, während Sie kaufen, damit Sie mehr Anteile oder Anteilspakete für Ihr Geld erwerben können. Daraus resultieren vorübergehende Papierverluste, aber Sie haben auch gar kein Interesse daran, daß der Preis zu steigen beginnt, bis Sie vorhaben zu verkaufen. Der Schlüssel zu dieser Strategie ist Beständigkeit und Geduld. In meinem Beispiel sprach ich von Monaten, doch Sie können auch von Tagen, Wochen oder Jahren ausgehen, solange der Zeitraum und auch die Höhe der regelmäßigen Investitionen beständig bleiben.

Unser Beispiel beinhaltet auch die Versuchung, einfach nur zu warten, bis das entsprechende Investmentvehikel ins Bodenlose stürzt, bevor man Anteile kauft. Dies ist selbst für den scharfsinnigsten Investor beinahe ein Ding der Unmöglichkeit. Der Tiefpunkt kann beim Abstieg jederzeit erreicht werden und ebenso der Höhepunkt jederzeit beim Anstieg. Das »Kursdurchschnittsverfahren« hilft Ihnen dabei, die durchschnittlichen Zahlen zu benutzen, um entweder von einem abnehmenden oder einem ansteigenden Investment zu profitieren.

Monat	Preis der Aktie	Anzahl der gek. Anteile	Anzahl der Ant. in Besitz	Gesamt-Investition	Investitionswert	Gewinn <Verlust>	
1	10,-	10	10	100,-	100,-	- 0 -	
2	9,-	11	21	200,-	190,-	<10,->	-5 %
3	8,-	13	34	300,-	272,-	<28,->	-9 %
4	7,-	14	48	400,-	336,-	<64,->	-16 %
5	6,-	17	65	500,-	390,-	<110,->	-22 %
6	5,-	20	85	600,-	425,-	<175,->	-29 %
7	4,-	25	110	700,-	440,-	<260,->	-37 %
8	3,-	33	143	800,-	429,-	<371,->	-46 %
9	2,-	50	193	900,-	386,-	<514,->	-57 %
10	1,-	100	293	1000,-	293,-	<707,->	-70 %
11	1,-	100	393	1100,-	393,-	<707,->	-64 %
12	1,-	100	493	1200,-	493,-	<707,->	-59 %
13	1,-	100	593	1300,-	593,-	<707,->	-54 %
14	1,-	100	693	1400,-	693,-	<707,->	-51 %
15	1,-	100	793	1500,-	793,-	<707,->	-47 %
16	2,-	50	843	1600,-	1686,-	5,-	5 %
17	3,-	33	876	1700,-	2628,-	928,-	54 %
18	4,-	25	901	1800,-	3604,-	1804,-	100 %
19	5,-	20	921	1900,-	4605,-	2705,-	142 %

Abb. 4: Die Auswirkungen eines »Kursdurchschnittsverfahren« als Investment-Strategie. (Brüche und Pfennige wurden aufgerundet.)

Offensichtlich müssen Sie über Entschlossenheit und das entsprechende Kapital verfügen, um bei einer absteigenden Investition zu bleiben, bis die Kehrtwende eintritt, wenn Sie davon profitieren wollen. Dazu ist eine große Portion Mut nötig, was sicherlich nicht jedermanns Sache ist. Selbstverständlich sollte für so etwas nur »Risikokapital« verwendet werden.

Ich kann persönlich bezeugen, daß ich diese Investment-Strategie während der letzten Jahre für mein Pensionskonto genutzt habe. Ich habe sie mit den Aktien von über ein Dutzend Firmen benutzt, und noch habe ich bei keiner einzigen Firma, in die ich investiert habe, etwas verloren. Dabei konnte ich teilweise so gut abschneiden, daß ich meinen Investitionsgewinn aus einer Firma innerhalb von nur zwei Monaten verdoppeln konnte. Doch ich habe vor, noch über zwanzig weitere Jahre lang kein Geld von meinem Pensionskonto anzugreifen, also werde ich auch nicht übermäßig besorgt sein, wenn wir in einen »Bären«-Markt (Abwärtsbewegung) geraten sollten, der zehn oder mehr Jahre anhält – Tatsache ist, daß mir das sehr gelegen käme, denn dann wäre ich in der Lage, weitere Anteile für meine Geldanlage zu erstehen.

Eine Warnung

Einige Anzeichen weisen auch darauf hin, daß sich unsere gesamte Marktwirtschaft aufgrund der Staatsschulden in der ernsten Gefahr des totalen Zusammenbruchs befinden könnte. Es gibt Anzeichen, nach denen ich Ausschau halte, die zumindest ein Warnsignal dafür sein könnten, daß dies bevorsteht; in diesem Falle würde ich meine Anteile schnellstens verkaufen. Trotzdem gibt es keine Garantie dafür, daß vor einem Zusammenbruch katastrophalen Ausmaßes die notwendigen Warnsignale erkennbar sein werden. Obwohl die Vereinigten Staaten von Amerika vielleicht über die stärkste und gesündeste Wirtschaft in der Welt verfügen (eine Aussage, die heutzutage durchaus hinterfragbar geworden ist), steht die Wirtschaft der gesamten Welt auf sehr wackligem Grund und einige Erdbeben sind sehr wahrscheinlich.

Doch in gewisser Weise ist Reichtum wie Energie, er wird nie zerstört, er verändert nur seine Form. Reichtum wird im Falle eines katastrophalen Zusammenbruchs nicht zerstört, er wechselt nur den Eigentümer, und die Eigentümer, die ihn empfangen, sind diejenigen Menschen, die darauf vorbereitet sind. Die Menschen, die sich in der Lage befinden, um von dem kommenden, weltweiten Zusammenbruch zu profitieren, werden die sein, die ihre Schulden getilgt haben und eine starke Vermögensgrundlage besitzen. Über den Zeitpunkt dieses Zusammenbruchs läßt sich streiten, doch ohne drastische Veränderungen in der Regierungspolitik, zu denen bislang keine Regierung bereit war, ist er unvermeidbar.

Die andere Seite der Schulden

Der Reduktion Ihrer eigenen Schulden, um eine gesündere Kapitalposition zu erreichen, steht die Reduktion der Gelder, die andere Ihnen schulden, gegenüber – Ihre Außenstände. Viele Firmen, die bei der Entwicklung eines qualitativ hochwertigen Produktes erfolgreich waren und einen guten Platz auf dem Markt dafür erobert haben, gerieten allein deshalb in Konkurs, weil sie zu freigiebig Kredite gewährten und nicht in der Lage waren, ihre Außenstände einzutreiben. Wer Ihnen Geld schuldet, benutzt Ihr Vermögen als Arbeitskapital. Sie müssen vielleicht die Kreditzinsen für den gleichen Kapitalbetrag bezahlen, den die Personen, die Ihnen Geld schuldig sind, dazu verwenden, Zinsen zu erwirtschaften. Wenn Sie der Bank zwölf Prozent Zinsen auf einen Kredit für Betriebskapital zahlen, und Sie an diesem Geld zwölf Prozent verdienen könnten, wenn Sie es ordentlich investieren würden, bedeutet das einen Unterschied von vierundzwanzig Prozent in Ihrem Kapitalfluß (Bedenken Sie, wieviel nur wenige Prozentpunkte Differenz im Laufe der Zeit ausmachen können!)

Die beste Kreditpolitik finden Sie als Inschrift auf den amerikanischen Banknoten: »In God we trust« – »Wir vertrauen Gott« –, aber für jeden anderen gilt das Motto: bar zahlen! Natürlich ist diese Politik nicht immer umsetzbar. Oft bestehen gerade Ihre besten Kunden auf Kredit. Es sind viele Faktoren zu beachten, doch Sie sollten sich das Ziel setzen, Ihre Außenstände so nahe wie möglich bei Null zu halten. Um dies zu erreichen, ist gute Planung und Beständigkeit vonnöten.

Positives Inkasso

Es gibt positive und negative Anreize, die Sie als wirksames Zwangsmittel anwenden können, um Ihre Außenstände einzutreiben und sie generell niedrig zu halten. Die positiven Anreize erfreuen Ihre Kunden; die negativen machen sie häufig ärgerlich, doch beide können gut funktionieren. Nachdem Sie aber Ihre guten Kunden nicht verärgern wollen, sollten Sie wahrscheinlich auf die positiven Anreize zurückgreifen, bis Sie nicht mehr anders können, als die negativen einzuschalten.

Ein positiver Anreiz könnte ein Teilrabatt bei Vorauszahlung sein und ein geringerer Rabatt bei schneller Rechnungsbegleichung. Diese beiden haben sich als sehr wirksam erwiesen. Eine effektive Möglichkeit, diese Option im Blickfeld Ihrer Kunden zu halten, besteht darin, zwei verschiedene Endsummen auf der Rechnung abzudrucken – die geringere, die gilt, wenn die Rechnung bis zu einem bestimmten Datum beglichen wird und die andere, die nach diesem Datum gilt.

Sie können auch Respekt als einen Anreiz verleihen. Schicken Sie denjenigen Ihrer Kunden, die ihre Rechnungen umgehend begleichen, einen anerkennenden »Gold-Kredit«-Brief für ihre raschen Zahlungen. Schicken Sie denjenigen, die in ihrer Zahlungsleistung eine Ebene darunter einzustufen sind, einen »Silber-Kredit«-Brief, in dem Sie ihnen für die Begleichung der Rechnung danken, ihnen aber gleichzeitig auf taktvolle Weise vermitteln, daß auch ein »Goldener« Brief existiert. Lassen Sie alle anderen Kunden wissen, daß Sie über ein solches Einstufungssystem verfügen. Dies mag vielleicht sehr einfach klingen, aber es funktioniert tatsächlich. Gute Geschäftsleute sind erfolgs- und konkurrenzorientiert, und sie wollen die höchstmögliche Einstufung erreichen. Wenn weder Belohnung noch Strafe existieren, dann sind sie auch schlau genug, ihr Geld so lange wie möglich selbst zu gebrauchen.

Negatives Inkasso

Es gibt einen Punkt, an dem Sie entscheiden müssen, daß Ihre positiven Anreize bei einem bestimmten Handelspartner nicht funktionieren. Dann müssen Sie wahrscheinlich in zunehmendem Maße auf negative Maßnahmen zurückgreifen, um das zurückzuerhalten, was man Ihnen schuldet. Die meisten amerikanischen Firmen erhöhen die Rechnung nach dreißig Tagen automatisch um eineinhalb Prozent, und nochmals um eineinhalb Prozent pro zusätzlicher dreißig Tage Verspätung. Bemerkungen auf der Rechnung wie zum Beispiel »überfällig« können hilfreich sein. Ein Telefonanruf führt häufig zu einer Reaktion.

Nachdem diese Methoden erfolglos angewandt wurden, gibt es noch Inkassobüros, Rechtsanwälte, Kreditagenturen, usw. Doch gilt zu bedenken, daß, je extremer die Maßnahmen sind, auf die Sie zurückgreifen müssen, um Ihre Außenstände einzutreiben, desto wahrscheinlicher verlieren Sie dadurch den Kunden. Sie müssen entscheiden, an welchem Punkt es sich sowieso nicht mehr um einen wünschenswerten Kunden handelt. Derjenige Kunde, der Ihnen das meiste abkauft, fügt Ihnen größeren Schaden zu als jedermann sonst, wenn er Sie nicht bezahlt.

Der Kredit, den Sie durch Ihr Unternehmen gewähren, sollte gut durchdacht, systematisch und konsequent sein. Wenn Sie bei der Auferlegung der Vertragsstrafen nachgiebig sind, werden sie auch nicht wirksam sein, und Sie verlieren außerdem den Respekt Ihrer Kunden. Wenn der Kredit, den Sie bereitwillig einräumen, das Hauptkriterium für einen potentiellen Kunden ist, dann können Sie auf dieses Geschäft wahrscheinlich sowieso gut verzichten.

Es ist beinahe immer das Beste, wenn Qualität und Preiswürdigkeit die Gründe sind, die für Ihr Produkt sprechen und nicht ein Kredit, es sei denn, daß Sie in der Kreditbranche tätig sind. Es gibt aber eine ganze Reihe von großen Unternehmen, die als Voraussetzung für einen Geschäftsabschluß mit Ihnen verlangen, daß sie mehr Spielraum für die Begleichung der Rechnung erhalten, und das Geschäft mit diesen Unternehmen ist diese Ausnahme sehr wohl wert. Sie benötigen sicherlich die Flexibilität, um spezielle Arrangements einzugehen, doch im allgemeinen werden Ihre Außenstände Ihr Unternehmen letztendlich auf mannigfaltige und nicht sehr gute Art beeinflussen, wenn Sie nicht effektiv mit ihnen umgehen.

Zusammenfassung

Es existieren viele andere erfolgreiche und leicht verständliche Investment-Strategien. Wenn Sie vorhaben, Reserven aufzubauen, dann brauchen Sie einen Plan, um sie ordentlich zu verwalten. Wenn Sie diese nur auf das Bankkonto einzahlen, dann verlieren Sie den wahren Geldwert schon aufgrund der Inflation mit Leichtigkeit. Unabhängig davon, wie gut das Wachstum ist, das Sie für Ihr Unternehmen erreichen, oder wieviel Geld

Sie erwirtschaften, wenn Sie mit Ihrem Vermögen nicht ordentlich umgehen, werden Sie am Ende wahrscheinlich nur einen Bruchteil dessen haben, was Sie haben könnten. Wir wollen hier keine umfassende Studie über Vermögensverwaltung liefern, sondern einfach eine Ermutigung für Sie, Ihr Wissen in diesem Bereich zu vertiefen. Die wenigen Stunden, die Sie in die Fortbildung auf dem Gebiet der Vermögensverwaltung investieren, werfen sicherlich mehr Gewinn ab als alle anderen Dinge im Bereich von Wirtschaft und Management, mit denen Sie Ihre Zeit verbringen.

In beinahe jedem Unternehmen begegnen Ihnen günstige Gelegenheiten, die nicht darauf warten können, daß Sie finanziell stark genug werden, um sich selbst zu finanzieren. In diesen Fällen mag ein Kredit der gangbare Weg für Sie sein. Dennoch ist er vielleicht nicht der einzige Weg und sollte nur selten Ihre erste Wahl sein.

Die meisten erfolgreichen Unternehmen sind mehr auf Geschäftsbeteiligungen in Form von Aktienangeboten, Partnerschaften, usw., aufgebaut als auf Schulden. Wie Schulden, so haben auch diese Formen der Kapitalisierung ihre positiven und ihre negativen Seiten. Die meisten Unternehmer sind keine Feiglinge, sie sind unabhängige Denkernaturen und werden gerne aktiv, während andere immer noch diskutieren. Aus diesem Grund wollen sie die Kontrolle über ihr Geschäft oder Unternehmen nicht teilen und oft auch niemand anderem Rede und Antwort stehen. Doch begeben Sie sich nicht unter eine noch länger andauernde Kontrolle, wenn Sie sich mit Schulden eindecken?

Es gibt Wege, Kapital zu beschaffen, indem man einen Teil seines Unternehmens verkauft, ohne die Kontrolle darüber zu verlieren. So lange Sie mehr als 50 % der Anteile behalten, können Sie auch 100 % Kontrolle aufrechterhalten, es sei denn, daß Sie die Einschränkung Ihrer persönlichen Kontrollmöglichkeiten zum Teil des Angebotes machen. Es gibt auch andere Wege, doch vorzugsweise sind nicht stimmberechtigte oder andere Arten von Aktienanteilen geeignet, mit denen Sie das ganze Kapital, das Sie benötigen, beschaffen können und dabei doch in Wirklichkeit nicht die Kontrolle verlieren, wenn man einmal von dem größeren Augenmerk absieht, das die Börsenkommission Ihnen womöglich widmen wird; und deren prüfender Blick kann sehr hilfreich dabei sein, Ihr Unternehmen in seinen angemessenen Grenzen zu halten.

Wenn es darum geht, anderen Rede und Antwort zu stehen, dann haben die meisten Leiterpersönlichkeiten eine Abneigung dagegen, doch sie brauchen es trotzdem. Es gibt Menschen, deren Einsicht, Wissen und Klugheit Ihnen helfen können. Die erfolgreichsten Leiter sind diejenigen, die die Kunst des Zuhörens beherrschen. Die Fähigkeit, anderen Rede und Antwort zu stehen und sich ihre Ideen anzuhören, wird sich wahrscheinlich als unschätzbar für Sie erweisen, zumal jeder, der in Ihr Unternehmen investiert hat, dies auch verdient. Allein die Tatsache, daß sie über Ihre Aktivitäten Bericht erstatten müssen, kann Ihnen dabei helfen, Ihre Sinne zu schärfen und Ihre Gründe für eine bestimmte Handlungsweise besser herauszuarbeiten. Das wiederum kann Ihnen dabei helfen, andere Möglichkeiten oder auch Fußangeln zu entdecken, die Sie sonst vielleicht nicht gesehen hätten.

Wenn Sie sich dafür entscheiden, daß die Möglichkeit einer Beteiligung anderer an Ihrem Unternehmen der beste Weg ist, um Kapital zu beschaffen, dann gibt es immer noch verschiedene Arten, wie man dies tun kann. Sie sollten alle Ihre Möglichkeiten kennen, bevor Sie eine Entscheidung treffen. Ein Rechtsanwalt und Wirtschaftsprüfer kann Ihnen sehr oft Ratschläge erteilen, die ein Vielfaches dessen wert sind, was Sie ihm für seine Beratung bezahlen müssen (und das ist normalerweise ein schönes Sümmchen ...).

Es kann sein, daß eine Partnerschaft besser für Sie ist als die Umwandlung in eine Aktiengesellschaft, oder ein privates Angebot besser als ein öffentliches. Wen wünschen Sie sich als Teilhaber? Eine Ihrer besten Möglichkeiten könnte ein Plan sein, der Ihre Kunden dazu ermutigen würde, in Ihr Unternehmen zu investieren. Auf diese Weise können Sie sich diese Investoren als Kunden sichern. Natürlich kann es auch ein zweischneidiges Schwert sein; wollen Sie, daß der Personenkreis ein Mitspracherecht in Ihrem Management hat, dessen wahres Interesse darin liegt, Ihre Preise niedrig zu halten, usw.? In welchem Ausmaß werden diese Investoren Zugang zu Insider-Informationen haben? All diese Faktoren müssen bedacht werden.

Das Management Ihres Kapitals hat genauso große Auswirkungen auf den Erfolg Ihrer Firma wie jeder andere Faktor. Wenn Sie Ihre Kapitalisierung nicht kontrollieren, werden Sie von ihr kontrolliert werden.

Kapitel 14

Zeitplanung

Zeitplanung ist die letzte der fünf Säulen, mit der wir uns beschäftigen wollen, doch sie ist keineswegs die weniger wichtige. Eine angemessene Zeitplanung hat einen großen Einfluß auf die Qualität Ihres Produktes, die Wirksamkeit Ihrer Verwaltung, die Durchschlagskraft Ihres Marketings und die Stärke Ihrer Kapitalisierung. Im Grunde ist Zeitplanung einer der wichtigsten Faktoren, wenn es darum geht, Ihren Erfolg zu bestimmen.

Angemessene Zeitplanung ist das Ergebnis der persönlichen Fähigkeit, Geduld und Entschlossenheit gegeneinander abzuwägen. Geduld und Entschlossenheit sind oft Eigenschaften, die miteinander in Konflikt stehen, doch beide verlangen nach dem einen grundlegenden Charakteristikum, das bei allen wahren Leitern zu finden ist – dem Mut. Ohne Mut ist angemessene Zeitplanung schwer zu verwirklichen. Manchmal ist genausoviel Mut dazu notwendig, den richtigen Zeitpunkt abzuwarten wie dazu, vorwärtszupreschen. Zu Zeiten braucht man Mut, um vorwärtszugehen und die Chance des Augenblicks zu ergreifen, wenn die anderen in der Firma nicht vorbereitet zu sein scheinen und Sie unter Druck setzen, doch länger zu warten.

Mut ist nicht die Abwesenheit von Furcht; Mut ist die Fähigkeit, Furcht zu kontrollieren. Es gibt gesunde Ängste. Es ist gesund, sich vor Gewehrkugeln zu fürchten, wenn man sich mitten in einer Schlacht befindet. Die Helden, die in Gefechten oder anderen Krisen zur Tat schreiten, fürchten sich normalerweise genauso sehr wie alle anderen; sie überwinden diese Furcht auch nur, um etwas unternehmen zu können. Ein gewisses Maß an Furcht wird Ihnen wahrscheinlich dabei helfen, Ihre Situation besser zu verstehen. Die richtige Art von Furcht kann nützlich sein, doch der entschiedene Leiter hält seine Furcht unter Kontrolle; er läßt sich nicht von seinen Ängsten beherrschen. Wenn die Furcht beginnt, Sie zu beherrschen, dann fängt sie auch an, Ihre Einschätzung einer Situation zu verzerren, was häufig unangemessene Handlungen und schlechte Zeitplanung zur Folge hat.

Ein Aal wird zum Hai

T. Boone Pickens ist ein modernes Beispiel dafür, wie echte Führungsqualität Geduld und Entschlossenheit miteinander im Gleichgewicht halten kann. Er erwies sich als genialer Mensch, als er die Wahl des richtigen Zeitpunktes zu seinem Vorteil nutzte. Pickens, der Direktor der winzigen Firma *Mesa Petroleum*, schockierte die Welt der Großfirmen, als er verkündete, daß er die riesige *Cities Service Corporation* übernehmen würde. Geschäftsleute lachten über ihren Cocktails, als der lächerlich kleine Aal den Wal jagte. Doch nach wenigen Wochen stimmten sie ein anderes Lied an und begannen damit, den Aal »Hai« zu nennen!

Cities Service versuchte Pickens zuvorzukommen, indem sie sich ein Vorkaufsrecht auf *Mesa* sichern wollten, doch Pickens behielt seinen Kurs bei. Der Aal war nicht dazu in der Lage, den ganzen Wal auf einmal aufzufressen, doch er schaffte mehr, als irgend jemand ihm zugetraut hätte. Der »Aal« verwandelte sich in einen »Hai« und wandte sich dann den noch größeren Walen *Philipps* und *Gulf* zu. Nun lachte niemand mehr. Die Kühnheit und der Mut von Pickens und einer Handvoll von Westentaschenhelden zwang die Ölindustrie der Welt dazu, sich völlig neu zu formieren. Diese Umstrukturierung war nicht nur positiv, doch sie war sicher von grundlegender Wichtigkeit, wenn der Industriezweig in der sich schnell wandelnden Welt der Ölpolitik Bestand haben wollte.

Für die Unbedarften sah dieses Übernahmespiel der Aktiengesellschaften wie eine simple Strategie aus, die beinhaltete, daß man einen geringen Prozentsatz von Anteilen an einer Firma erwirbt, eine Übernahme öffentlich bekanntgibt, wodurch der Aktienkurs in die Höhe getrieben wird, dann die Anteile mit sehr viel Gewinn verkauft, womit viele Übernahmen dann auch endeten. Doch ganz so einfach ist es nicht. Pickens hatte alles auf eine Karte gesetzt und gewettet, daß er den Wal aufessen konnte. Er hätte *Mesa* verlieren können, und obwohl er am Ende einen Gewinn von mehreren Millionen einstreichen konnte, hätte er genausoviel verlieren können.

Pickens Siege ähneln sehr stark dem, was Oberst Travis am Alamo vollbrachte, als er Santa Ana dazu überredete, sich zu ergeben, und nicht nur Texas, sondern auch einen großen Teil Mexikos aufzugeben! Dies geschah nicht ohne einen hervorragenden Plan – und beinahe übermenschliche Entschlossenheit, an diesem Plan trotz großen Druckes festzuhalten, bis Santa Ana zu glauben begann, daß er umzingelt war. Pickens Siege über die anderen Ölriesen können mit der kleinen Truppe am Alamo verglichen werden, die damals die Regenten von Spanien und Italien überredeten, ihnen Millionen zu zahlen, damit sie ihnen nicht das Gleiche antäten, was sie Santa Ana zugefügt hatten.

»Boone Pickens gegen die Ölindustrie« war in der Tat eine moderne Version der Geschichte von David, der mit seiner kleinen Schleuder den Riesen Goliath angriff. Goliath trug nicht nur seine Rüstung, er war auch mit einem furchteinflößenden Speer, mit Schwert und Schild bewaffnet.

David hatte gerade genug Spielraum für einen guten Schuß, und der sollte ihn besser nicht nur an den Beinen treffen! Der gigantische Reichtum der Ölindustrie, ihre ganze Armee von Anwälten und Lobbyisten, ihr Einfluß bei Richtern, Gesetzgebern und der Presse, all das stand gegen Pickens, der nichts weiter in der Hand zu haben schien als einen scheinbar lächerlichen kleinen Plan. Als die Ölindustrie allem Anschein nach so stark wie nie zuvor war, entdeckte Pickens eine Schwachstelle und brachte den Mut auf, im besten Augenblick und mit großer Genauigkeit den Stein zu werfen. Auf solch einen Schuß waren sie überhaupt nicht vorbereitet!

Pickens gibt heute ein wunderbares Bild ab, doch wenn er nur ein klein wenig daneben getroffen hätte, sähe er ebenso dumm aus. Wenn Sie es auf die ganz Großen abgesehen haben, dann müssen Sie gut sein, und auch Ihre Zeitplanung muß hundertprozentig richtig sein. Um überhaupt in der Lage zu sein, die Schwachstelle zu entdecken, sind hervorragende Fähigkeiten nötig; um in der Lage zu sein, die günstige Gelegenheit zu nutzen, sind Mut, Können und die Wahl des richtigen Zeitpunktes nötig.

Mut zur Geduld

Oder erinnern Sie sich an die Taktik Wellingtons in der Schlacht von Waterloo, die ihn bis zum einzig richtigen Zeitpunkt zum Einsatz seiner letzten Reserve warten ließ. Wellingtons Geduld beim Einsatz von Colbornes Regiment erforderte ein außergewöhnliches Maß an Mut, um dem Druck einer jeden neuen Krise zu widerstehen, bis der richtige Zeitpunkt gekommen war. In dieser berühmtesten aller Schlachten lieferte er das perfekte Beispiel dafür, daß Mut und Geduld Geschwister sind.

Solange Sie nicht gelernt haben, Geduld zu wahren, wird Ihre Zeitplanung im Leben selten gut sein. Wahre Geduld ist nicht fehlende Entschlossenheit; sie ist das Verständnis für die Wahl des richtigen Zeitpunktes und die Aufmerksamkeit für diese Frage. Dieser eine Grundpfeiler ist die Scheidewand, die viele Gewinner von den Verlierern trennt.

Wenn Sie eine Straße entlanggehen und sehen, wie ein Fundament ausgehoben wird, dann wissen Sie, daß an dieser Stelle bald ein Haus oder ein kleines Gebäude errichtet werden wird. Doch wenn Sie in eine Straße einbiegen und sehen, daß der ganze Häuserblock abgezäunt ist, eine tiefe Grube ausgehoben ist und in dieser Grube Männer immer noch damit beschäftigt sind, Stützpfeiler auf der Suche nach felsigem Untergrund in den Boden zu rammen, dann wissen Sie, daß hier ein beeindruckendes Gebäude entsteht! Um wahrhaft große und dauerhafte Ergebnisse zu erzielen, müssen wir unser Unternehmen oder unsere Firma auf die gleiche Weise bauen. Je geduldiger wir beim Ausheben eines angemessenen Fundamentes sind, desto größer wird das Haus sein, das wir darauf bauen können. Geduld, die mit einem aufmerksamen Umgang mit der Zeitplanung einhergeht, ist entscheidend für das Ausmaß Ihres Erfolges oder Mißerfolges. Der bekannte Psychologe Carl Jung sagte einmal folgendes: »Eile kommt nicht vom Teufel: Sie ist der Teufel!« In der Heiligen Schrift ist der Teufel der Feind, und Eile kann sehr wohl der größte Feind sein, der Ihrem Unternehmen je begegnen wird.

Mut zur Entschlossenheit

Geduld ist grundlegend, wenn es um die Wahl des richtigen Zeitpunktes geht, aber genauso notwendig ist Entschlossenheit. Erfolg wird häufig in ähnlicher Weise erreicht wie ein Surfer auf eine Welle aufspringt. Damit er wirklich auf die Welle aufspringen kann, muß er zuerst erkennen, an welchem Punkt die Welle gebrochen wird, und sich dann dort plazieren. Wenn dann die richtige Welle auf ihn zurollt, *darf er nicht zögern* – wenn er es doch tut, wird die Welle über ihm zusammenbrechen. Um eine gute Gelegenheit zu nutzen, muß man zuerst erkennen, an welchem Punkt die Gelegenheit sich bieten wird und sich dann in die richtige Position bringen. Wenn sich die Gelegenheit dann bietet, muß man bereit sein zu handeln – selten wird eine Gelegenheit auf Sie warten. Wenn Sie es so weit gebracht haben, daß Sie sich zur richtigen Zeit am richtigen Ort befinden, dann lassen Sie nicht zu, daß Ihr Zögern eine Chance zunichte macht. Sondern greifen Sie zu!

Zusammenfassung

Wenn dieses Buch nun zum Schluß kommt und Ihnen nicht umfassend erscheint, so verstehen Sie bitte, daß gerade dies unsere Absicht war. Wir wollten Ihnen einen Überblick über die grundlegenden Eigenschaften für eine Führungspersönlichkeit, das Management und die fünf Säulen des Erfolges mitgeben. Es gibt noch viel mehr über jeden dieser Bereiche zu sagen, als in dieser kurzen Studie dargeboten wird. Ich bin der Meinung, daß die Informationen, die wir Ihnen hier liefern, sehr praktisch und nützlich sein können, doch meine Hauptintention beim Verfassen dieses Buches war es, Sie zum weiteren Nachdenken und zum Selbststudium anzuregen. Wahre Führungsqualitäten und qualitativ hochwertiges Management sind Lebensstile und nicht nur Studienfächer, die es zu verstehen gilt. Dieser Lebensstil macht es erforderlich, daß wir unsere Fähigkeiten und unser Wissen kontinuierlich erweitern. Wenn Sie damit aufhören, dann werden Sie in Ihrer Leiterschaft, Ihrem Management und Ihrem Leben mit Sicherheit Rückschritte machen.

Ich besitze nicht die akademischen Titel, um auf irgendeinem der hier präsentierten Gebiete als Experte anerkannt zu werden. Ich verfüge aber über Erfahrungen, sowohl gute als auch schlechte, die ich versucht habe, denen, die nach bedeutsamen Erfolgen streben, auf interessante Art und Weise zu vermitteln. Wenn dieses Buch den Wunsch in Ihnen entfacht hat, dieses Thema zu vertiefen, dann hat es seinen Sinn erfüllt.

Weitere Bücher aus der Management-Serie im Projektion J Verlag:

Gordon McDonald
Ordne dein Leben
Christliche Perspektiven für den richtigen Umgang mit dem Leben und der Zeit

Pb., 179 Seiten
ISBN 3-925352-59-7
DM/sFr 24,80
öS 194,-

Larry Burkett
Management auf biblischer Grundlage
Prinzipien christlichen Wirtschaftens für Geschäftsleute

Gb., 260 Seiten
ISBN 3-925352-54-6
DM/sFr 36,-
öS 281,-

Bill Hybels
Entfalte deinen Charakter
Ermutigende Einsichten, die Sie heute zu einem aufrichtigen und erfolgreichen Leben befähigen

Pb., 117 Seiten
ISBN 3-89490-007-5
DM/sFr 22,80
öS 178,-

Projektion J Buch- und Musikverlag GmbH • Niederwaldstr. 14 •
65187 Wiesbaden • Telefon (0611) 8 11 09 33/34
Telefax (0611) 8 11 09 28